新时代小学教师教育丛书（融媒体版）

刘　慧/丛书主编

XIAOXUE SHUXUE JIAOXUE SHEJI YU SHISHI

小学数学教学设计与实施

曾小平　曹一鸣/主　编

孙向晶　杨跃义/副主编

北京师范大学出版集团
BEIJING NORMAL UNIVERSITY PUBLISHING GROUP

北京师范大学出版社

图书在版编目（CIP）数据

小学数学教学设计与实施／曾小平，曹一鸣主编 . -- 北京：
北京师范大学出版社，2023.10（2025.7 重印）
ISBN 978-7-303-27851-0

Ⅰ . ①小… Ⅱ . ①曾… ②曹… Ⅲ . ①小学数学课—教
学设计—高等师范院校—教材 Ⅳ . ①G623.502

中国版本图书馆 CIP 数据核字（2022）第 055329 号

XIAOXUE SHUXUE JIAOXUE SHEJI YU SHISHI
出版发行：北京师范大学出版社 https://www.bnupg.com
　　　　　北京市西城区新街口外大街 12-3 号
　　　　　邮政编码：100088
印　　刷：北京虎彩文化传播有限公司
经　　销：全国新华书店
开　　本：889 mm × 1194 mm　1/16
印　　张：12.75
字　　数：290千字
版　　次：2023年10月第1版
印　　次：2025年7月第3次印刷
定　　价：35.00元

策划编辑：林　子　王建虹　　　　责任编辑：马力敏
美术编辑：李向昕　　　　　　　　装帧设计：焦　丽
责任校对：陈　荟　　　　　　　　责任印制：马　洁

代　序

认识小学儿童　认识小学教育（节选）[①]

一、重新认识现代小学儿童的发展特征与教育

小学教育是为小学儿童举办的，我们不能仅仅要求小学儿童适应现有的小学制度，适应小学教师现有的教育方式。相反，小学教育和小学教师必须正确认识小学儿童，认识他们的发展规律及发展需求。

拥有不断发展和进步的儿童观是我们办好小学教育的前提。儿童观是人们对儿童的总的看法和基本观点。意大利教育家蒙台梭利早就警示人们：了解儿童，注意我们和儿童世界的关系，是一个良心的问题。被誉为"中国儿童教育之父"的陈鹤琴先生也说，只有了解儿童，才能教好儿童。

6～13岁的小学儿童处于身心发展速度最快的一段生命时期，他们从以游戏学习为主的生活方式进入以在课堂学习各学科为主的生活方式。学校的学习生活和交往方式刺激着儿童脑突触的生长，并且有选择和有一定方向性地形成日益复杂的"互联网络"。小学儿童的学习潜能和创造力是巨大的，而且只要具备良好的、有滋养性的环境，他们就会有惊人的可塑性。同时，我们知道每个小学儿童都是一个独特的个体，他们有不同的神经活动方向和水平。

儿童的学习和发展是他们与其所处的环境互动的结果。认知学习的内容，成人世界的态度，儿童的情绪、情感表达顺畅与否等，构成对个人学习和发展不同的具体意义。所以，我们绝不应该对儿童采用同样的教育方式和评价方式。就社会生活方式和文化大环境而言，今天的儿童面对的信息量和传播方式、面对的价值观和引导方式，以及他们自身的交往方式都发生了重大的改变，因此我们不能不考虑他们对网络及媒体学习的兴趣和能力、他们受到的不健康风尚的影响和竞争的压力等。我们必须在新的历史条件下重新看待小学儿童。

二、重新认识小学教育的性质、任务和特殊的教育功能

小学教育与教育体系内其他教育阶段相区别的独特性主要表现在基础性、全民性、义务性和公益性等方面，而其中最重要的是基础性。长期以来，我们对基础性有如下两种理解：一是强

[①]　朱小蔓：《认识小学儿童　认识小学教育》，载《中国教育学刊》，2003（8）。引用时有改动。

调它是整个教育制度的基础，小学教育是为学生升入中学做准备的；二是强调培养目标上的"双基"，即基础知识、基本技能。近些年，有些家长把小学作为竞争的起跑线，提前演绎升学竞争。这种状况使学生过早地承受升学的压力，失去本该欢乐的童年，结果是学生的学习热情明显降低，日益厌恶和逃避学习。

小学教育不是升学教育的基础，而是素质教育的基础。在人类倡导构建学习化社会的时代，它是终身教育的奠基阶段，是为人生的发展奠定基础的。作为基础教育，而不是高等教育、职业教育，它是以提高国民素质为目标而进行的非定向、非专门的教育。它不是为某一行业，而是为社会所有行业培养人才打基础的。所以，它的知识、技能不是为了选拔、升学、择业，而是为了尽可能地给人的身心全面发展提供最有利的条件。今天，仅有传统上的"双基"是不够的，我们还要激发儿童积极的学习情感和态度，以促使他们终身保持热爱学习的欲望。从一定意义上说，这种起动力作用的情感态度比"双基"更为基本，更为重要。

三、重新认识小学教师的培养，转变传统教师的角色

小学教育是启蒙教育。在这一阶段，小学教师与可塑性极大的儿童相处，通过各类课程以及与儿童打交道的互动过程引导儿童向真、善、美的方向发展。小学教师要直接面对身心、智能、精神发展程度各异的儿童，要发现和感受他们的需要，激发他们学习知识、学习道德的兴趣。

教师要成为学生的关怀者、学生的促进者、教育的研究者。儿童的观摩、模仿和感受能力强，因此小学教师在言谈举止方面需要格外掌握分寸。小学儿童兴趣爱好的多向性、小学知识教育的综合性，对小学教师的知识面、性格、气质、敏感程度及应对能力等综合素质的要求很高。小学教师与中学、大学教师相比，在许多方面都具有鲜明的专业特殊性。对小学教师最有效且长远的培养是在小学教育的岗位上、在教育改革的活动中。为此，小学教师必须与新课程同行，从传统的角色中走出来，在新课程实施中实现自身的发展，提升我国小学教育的质量。

朱小蔓

丛书总序

本套丛书集中呈现了我们长期从事小学教师教育理论研究与实践探索的成果，体现了我们对小学儿童、小学教育、小学教师教育及其关系的认识与理解，也着重体现了国家对当代小学教育专业的认证标准、基本理念、培养目标与毕业要求。

培养好的小学教师是当代教师教育的重要使命。何谓好的小学教师？好的小学教师如何培养？这是新时代小学教师教育研究者和工作者必须回答的问题。小学教师是小学教育的实施者，小学教师的素质直接关涉小学教育的质量、小学儿童的生命健康成长状况。《国家中长期教育改革和发展规划纲要（2010—2020年）》明确提出，有好的教师，才有好的教育。因此，要加强教师教育，深化教师教育改革，创新教师培养模式，提高教师培养质量。近些年来，我国颁布了《教师教育课程标准（试行）》《小学教师专业标准（试行）》《普通高等学校师范类专业认证实施办法（暂行）》《教育部关于实施卓越教师培养计划2.0的意见》等，这些政策文件从多方面为培养好的小学教师划定了内涵边界，提供了政策保障。习近平总书记提出的"四有"好老师为培养好的小学教师指明了方向。

我国本科层次的小学教师培养开启于20世纪90年代末。经过多年的探索，中小学不分的局面被打破，小学教师的特性、小学教师与中学教师培养的差异性渐渐凸显，培养中学教师的"学科＋教育"之"双专业"模式并不适合小学教师的培养；"综合培养、分科选修"的"2+2"培养模式，"综合培养、特色人才"的培养模式，"分方向"的培养模式，"2+大文大理"的培养模式，随着卓越小学教师培养计划项目的推进开始逐渐升级迭代。① 例如，首都师范大学的小学教师培养模式正由"综合培养、发展专长、注重研究、全程实践"的1.0模式迭代为"儿童取向"的2.0模式，其核心强调的是以儿童为本，实施儿童教育，凸显儿童性、生命性、体验性、综合性。

基于人本教育理念的理性审视，小学教育的实质是儿童教育，而非学科教学。儿童教育意味着以儿童为本，回归儿童的生活，助力儿童的健康成长，为儿童的幸福人生奠基。卓越小学教师之"卓越"的核心在于突破学科本位，回归儿童教育本位。卓越小学教师是能以儿童为本、研究儿童、理解儿童、读懂儿童、实施儿童教育的好教师，是儿童健康成长的指导者和引路人。

促进儿童健康成长，是落实立德树人根本任务的重要体现，是小学教师全部工作的出发点和归宿。儿童的健康成长离不开教师的爱，爱是小学教师最重要的品质。教师之爱首先体现为爱

---

① 刘慧：《关于初等教育学科建设的几点思考》，载《首都师范大学学报（社会科学版）》，2009（1）。

生命、凸显生命性。生命是教育的基点，基于儿童生命立场的教育教学活动是促进儿童健康成长的必然要求。爱儿童的生命，就要认识儿童、理解儿童、读懂儿童，为儿童提供合适的教育。因此，研究儿童，理解儿童生命成长的规律、儿童认识世界的方式、儿童生活的特性是小学教师的必备品质与关键能力。

高质量的教育发展需要高素养的教师，提高素养是小学教师专业发展的必要条件。我国当代小学教师的发展主要经历了增长学科知识、提高教学能力、提升学历层次、促进专业发展等阶段，而今正走向人的发展阶段。所谓人的发展，实质是人的生命发展。生命发展为教师专业发展提供不竭动力。培育小学教师的发展素养、促进小学教师的生命发展是新时代小学教师教育的核心任务。

未来已来，过去未去。当今人类社会正处在一个新的转型期，人工智能正在改变人类的生存方式，不仅挑战着现代人的体力、智力，而且正逐渐替代人类诸多赖以生存的职业。但也有人工智能不能替代的事物，就目前而言，人工智能的"天花板"是生命。关注人的生命、情感、感受、体验等是人工智能难以替代的，这正是小学教师的价值所在。

从未来的角度看，成为生命教师是教师发展的理想价值。所谓生命教师，是对生命有着深刻认识与理解，能以生命为本、以生命为师，用生命从事教育事业，以生命影响生命的教师；是能使教育回归生命，能以学生健康成长为宗旨和使命的教师。生命教师是未来对教师的角色定位，也是教师应对人工智能挑战的一张"王牌"。

正基于此，本套丛书的创编注重由"知识本位"转向"以人为本"，注重以学生为中心，凸显生命体验。教材的编写不是只见知识而不见人；不是以"教"为主，而是以"学"为主，体现以学定教；凸显新型"融媒体"教材的特点，体现新时代对创编教材的要求，即通过增强教材的交互性和开放性，使教材成为师生学习的一部分，注重信息技术的应用，教学媒介由单纯的纸质教材延伸到包括电子课件、模拟动画、微课视频及考试系统等多媒体手段上来。

感谢北京师范大学出版社的邀请，尤其是林子编辑积极、热情的投入与推动；感谢参与本套丛书出版的全体作者。

谨以本套丛书为我国高校小学教育专业创建二十周年献礼。

刘琴

前　言

　　课堂是教书育人的主阵地，教学设计与实施是教师教育教学工作的核心内容。因此，"教学设计与实施"被列为高等师范院校师范专业的必修课程，它的主要目的是帮助未来教师理解、掌握教学设计与实施的基本原理和常用策略。该课程具有较强的实践性，注重初等教育学与学习心理学的基本理论和教育教学实践的有机结合，对于培养合格的教师具有非常重要的意义。

　　基于习近平新时代中国特色社会主义思想，全面贯彻党的教育方针，落实立德树人根本任务，遵循教育规律，强化教师队伍基础作用，我们在严谨开展理论探索与教学实践研究的基础上，编写了《小学数学教学设计与实施》一书。本书主要包含"教学设计与实施的基础理论"和"教学设计与实施的实践策略"两个模块，借助生动的案例，深入浅出地阐述了小学数学教学设计与实施的原理和方法。同时，精选了富有时代性的经典练习题，让学生在实践性作业中领悟思想方法和提升专业能力。

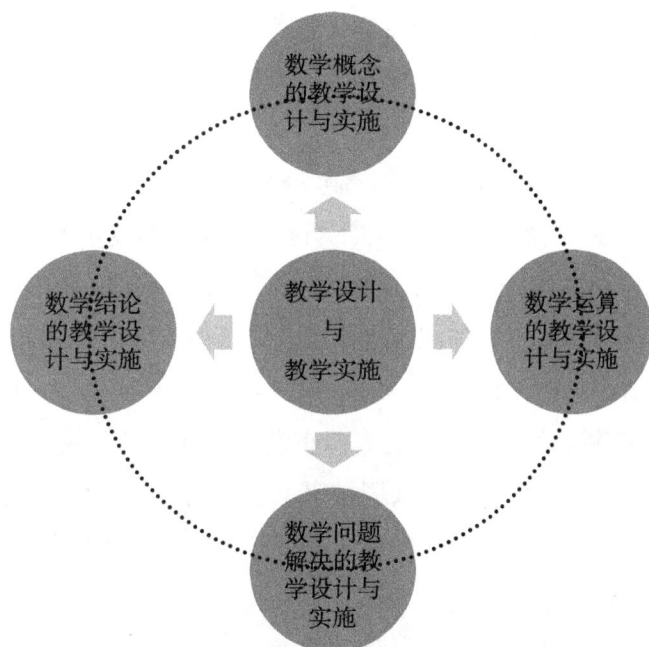

　　作为《小学数学课程理解与教材分析》的姊妹篇，本书对于新时代培养"四有"好老师、对于卓越教师教育等高素质教师培养，将会起到积极的促进作用。本书的突出特点是：

　　第一，继承传统精华。精选数学教育、教学设计与课堂教学的经典原理和方法，形成本书的基本结构体系，同时用生动的教学案例和教学设计进行说明，用"电子图书馆"呈现相关的研究成果，便于读者拓宽视野，更好地理解原理和掌握方法。

第二，反映时代需求。重点是党的二十大精神、全国教育大会精神、《新时代基础教育强师计划》、《小学教育专业师范生教师职业能力标准（试行）》、《义务教育数学课程标准（2022年版）》、《关于全面深化新时代教师队伍建设改革的意见》、《教师教育振兴行动计划（2018—2022年）》、《中国教育现代化 2035》、《普通高等学校师范类专业认证实施办法（暂行）》、《小学教师专业标准（试行）》、《小学教师资格考试标准》对小学数学教师知识与能力的要求。

第三，好教易学结合。用大量生动的小学数学教学案例和教学设计案例解释、分析原理与方法，便于教师生动的讲授和学生富有兴趣的学习。例如，第3章中的第1节阐述数学概念的含义与特点。第2节阐述小学生学习数学概念的基本方式，即概念形成的基本过程。第3节阐述某个概念的教学设计，即简要写出教学设计。第4节相对简要叙述第3节中所选概念的一个教学实录。最后第5节是根据第1节、第2节以及我们的预想第3节对第4节的教学实例进行研讨，重在让学生作为一个职前、新手教师，从中可以学习什么。对应的模拟教学环节，就可以进一步优化教学设计，进行模拟教学或者微格教学。

第四，注重教学实践。以《义务教育数学课程标准（2022年版）》、人教版小学数学教材（2022年8月以后修订版）为依据，结合实例进行讲解，其他版本的小学数学教材作为作业和练习。尤其是精选可以模仿的案例（有现成的教学视频可以观看，通过视频网站也可以搜索到），供学生情境观摩、模拟教学、课例研讨等，从而理解理论、掌握基本方法与策略。

第五，轻松复习备考。为备考教师资格证做准备，本书中有大量教材研读与教学设计案例。尤其是每章末的"练习"栏目，配置了基础知识、原理运用、案例分析、教学设计、模拟研讨等，生动有趣，便于学生轻松地复习备考。

本书的编写，由曾小平（首都师范大学，副教授，硕士生导师）和曹一鸣（北京师范大学，教授，博士生导师）提出总体构想，经编写成员讨论修改，形成本书的结构框架。各章编写的具体分工：第一章，由曾小平和曹一鸣共同撰写；第二章，由曾小平和赵晓燕（南京师范大学）共同撰写；第三章，由沈利玲（集宁师范学院）撰写；第四章，由孙向晶（北京市大兴区教师进修学校）和曹一鸣共同撰写；第五章，由杨跃义（长白山职业技术学院）和朱彪（曲靖师范学院）共同撰写；第六章，由尹侠（贵州省余庆县实验小学，特级教师，入选国家"万人计划"）和丁芊兮（上海师范大学附属第二实验学校）共同撰写。初稿完成后，由孙向晶和杨跃义两位副主编进行了全面阅读和修改，并在首都师范大学等高校进行了阶段性教学实验，最后经过曾小平和曹一鸣两位主编讨论和修改形成最终文稿。

本书的编写，得到了首都师范大学刘慧教授、张润杰研究员、孙建龙副教授和北京市东城区教研中心王彦伟老师、江苏教育报刊社殷英老师等诸多学者和教师的关心和支持。本书的出版，得到了北京师范大学出版社林子等老师的大力支持。本书的编写还得到了很多小学一线教师的支持，从教学一线收集和整理了一系列生动的教学案例。同时，本书在编写过程中，广泛参考和引用了国内外的相关文献和资料，在此也向原作者表示衷心感谢。

本书既可以作为高等师范院校小学教育或者数学与应用数学（师范）专业的教材，又可以作为小学骨干教师在职培训的教材，还可作为小学教师资格证考试"教育教学知识与能力"的备考用书。为了方便高校教师使用本书作为教材，我们建设了配套的教学资源，有需要的高校教师可以和我们联系 672596583@qq.com。需要说明的是，虽然我们本着高度负责的精神编写本书，但由于时间、精力、能力等诸多因素的限制，本书一定存在不少疏忽和不足之处，恳请读者与同行批评指正。我们在此致以衷心的感谢，并在下一步修订时不断改进和完善。

编者

2023 年 6 月

目　录

第 1 章
小学数学教学设计的基本要素

"凡事预则立，不预则废。"修建大厦需要事先画好建筑图纸；上好课需要教师预先做好教学设计。本书讨论的小学数学教学设计，是指依据一定的教育理念和教学理论，整体理解课程目标和教材内容，根据学生的实际情况制定教学目标和选择教学方法，科学、合理地设计教学过程、师生活动和学习评价。因此，小学数学教学设计是实施有效教学的前提，是一项富有创造性的活动，是教师教学素养与智慧的重要体现。

　　小学数学教学设计的构成要素，在教学实践中各有侧重，至今尚无定论。本书将其分为五个基本要素，即"教学内容分析""学生认知分析""教学目标设定""教学过程设计""学习评价设计"[①]。为了把这五个要素阐述清楚，本书选择具有代表性的三个案例作为实例进行解析。这三个案例是一年级下学期"十几减9"、四年级下学期"营养午餐"和五年级下学期"长方体的体积"，它们分别属于"数与代数""统计与概率""综合与实践""图形与几何"四个领域。

---

① 注："学习评价设计"将在本书第2章进行阐述。

第 1 节　教学内容分析

2019 年 6 月 23 日，《中共中央　国务院关于深化教育教学改革全面提高义务教育质量的意见》中指出，"充分发挥教师主导作用，引导教师深入理解学科特点、知识结构、思想方法，科学把握学生认知规律，上好每一堂课。突出学生主体地位，注重保护学生好奇心、想象力、求知欲，激发学习兴趣，提高学习能力。"[①]

数学教育就是用数学来育人。它的主要目的是通过课堂教学，让学生掌握数学基础知识、培养数学基本能力和领悟数学思想方法，进而促进学生思维、能力和智力、情感和智慧的健康发展。因此，数学教师要懂数学，要领悟数学的本质特征和思想方法，理解数学教育的价值与目标，并将它们整合渗透到数学课堂教学的活动过程当中，数学教育的目标才能真正实现。要做好小学数学教学设计，首先要精准分析教学内容，即准确把握"教什么、学什么"。

一、课程标准的要求

课程标准是对学生在经过一段时间的学习后应该知道什么和能做什么的界定和表述，实际上反映了对学生学习结果的期望。因此，要"坚持以习近平新时代中国特色社会主义思想为指导，全面贯彻党的教育方针，落实立德树人根本任务，遵循教育规律""发展素质教育，培养德智体美劳全面发展的社会主义建设者和接班人"。[②]

小学数学教学主要属于智育，按照我国的教育方针，要"着力培养认知能力，促进思维发展，激发创新意识。严格按照国家课程方案和课程标准实施教学，确保学生达到国家规定学业质量标准"。[③]《义务教育数学课程标准（2022 年版）》（以下简称《数学课标（2022 年版）》），规定了我国义务教育阶段数学学科的课程性质、课程理念、课程目标、课程内容、学业质量、课程实施，是我国基础教育数学学科教学的重要指导性文件。

《数学课标（2022 年版）》对小学数学教学具有普遍指导性的和高度约束性的内容体现在"总目标"中。"总目标"带有全局性、方向性、指导性，并从核心素养、知识技能、数学能力和情感态度四个方面进行具体阐述。

---

① 中华人民共和国中央人民政府：《中共中央　国务院关于深化教育教学改革全面提高义务教育质量的意见》，http://www.gov.cn/zhengce/2019-07/08/content_5407361.htm，2021-04-29。

② 中华人民共和国中央人民政府：《中共中央　国务院关于深化教育教学改革全面提高义务教育质量的意见》，http://www.gov.cn/zhengce/2019-07/08/content_5407361.htm，2021-04-29。

③ 中华人民共和国中央人民政府：《中共中央　国务院关于深化教育教学改革全面提高义务教育质量的意见》，http://www.gov.cn/zhengce/2019-07/08/content_5407361.htm，2021-04-29。

拓展阅读

《数学课标（2022年版）》的总目标①

通过义务教育阶段的数学学习，学生逐步会用数学的眼光观察现实世界，会用数学的思维思考现实世界，会用数学的语言表达现实世界（简称“三会”）。学生能：

（1）获得适应未来生活和进一步发展所必需的数学基础知识、基本技能、基本思想、基本活动经验（简称“四基”）。

（2）体会数学知识之间、数学与其他学科之间、数学与生活之间的联系，在探索真实情境所蕴含的关系中，发现问题和提出问题，运用数学和其他学科的知识与方法分析问题和解决问题（简称“四能”）。

（3）对数学具有好奇心和求知欲，了解数学的价值，欣赏数学美，提高学习数学的兴趣，建立学好数学的信心，养成良好的学习习惯，形成质疑问难、自我反思和勇于探索的科学精神。

同时，针对某个教学内容，我们还需要理解《数学课标（2022年版）》在课程内容、课程理念、课程实施等方面的具体要求。这些要求有助于我们更好地把握具体教学内容的课程理念、数学本质、教育价值和教学要求。因此，要认真研读课程标准中的内容，结合教材片段，综合分析，形成教学设计的指导思想与理论依据。

例如，“营养午餐”（教材片段见图1-1-1）属于“综合与实践”领域的内容，我们就要对《数学课标（2022年版）》中的相关内容进行认真研读。查阅课程标准，有多处涉及“综合与实践”，但侧重点不同。

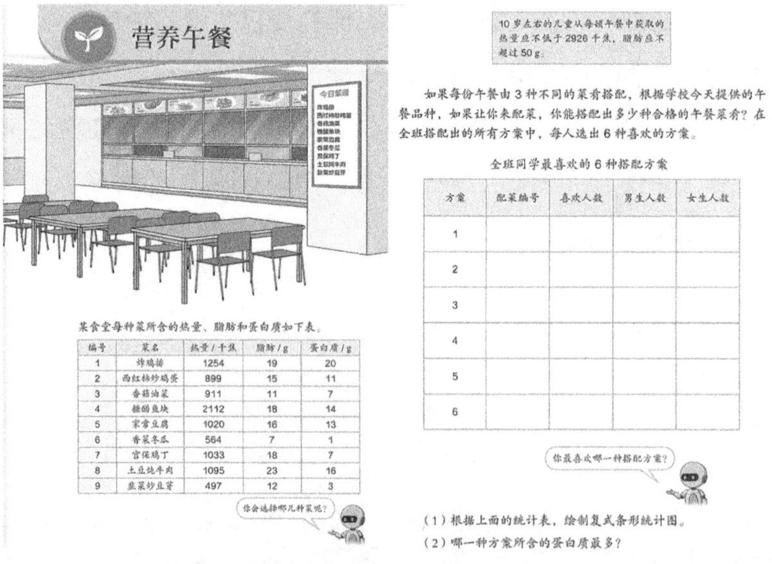

营养午餐

某食堂每种菜所含的热量、脂肪和蛋白质如下表。

编号	菜名	热量/千焦	脂肪/g	蛋白质/g
1	炸鸡排	1254	19	20
2	西红柿炒鸡蛋	899	15	11
3	香菇油菜	911	11	7
4	糖醋鱼块	2112	18	14
5	家常豆腐	1020	16	13
6	香菜冬瓜	564	7	1
7	宫保鸡丁	1033	18	7
8	土豆炖牛肉	1095	23	16
9	韭菜炒豆芽	497	12	3

你会选择哪几种菜呢？

10岁左右的儿童从每顿午餐中获取的热量应不低于2926千焦，脂肪应不超过50 g。

如果每份午餐由3种不同的菜肴搭配，根据学校今天提供的午餐品种，如果让你来配菜，你能搭配出多少种合格的午餐菜肴？在全班搭配出的所有方案中，每人选出6种喜欢的方案。

全班同学最喜欢的6种搭配方案

方案	配菜编号	喜欢人数	男生人数	女生人数
1				
2				
3				
4				
5				
6				

你最喜欢哪一种搭配方案？

（1）根据上面的统计表，绘制复式条形统计图。

（2）哪一种方案所含的蛋白质最多？

图1-1-1

① 中华人民共和国教育部:《义务教育数学课程标准（2022年版）》，11页，北京，北京师范大学出版社，2022。

《数学课标（2022 年版）》在课程内容中指出，“综合与实践以培养学生综合运用所学知识和方法解决实际问题的能力为目标。”[①] 这实际上指出了综合与实践的特性：①综合性，综合运用数学学科内部多个领域、数学与其他学科（如营养科学）相互联系的知识和方法解决问题；②实践性，强调与现实社会生活的联系，解决实际问题；③问题性，经历问题发现与提出、分析与解决的全过程，培养问题意识、应用意识和创新意识；④过程性，在提出设计思路、制订解决方案、应用与反思的过程中，积累数学学习活动经验，提高学生解决现实问题的能力，体会数学的意义和价值。

二、数学教材的内容

教材又称为课本，是根据学科课程标准编写的、系统反映学科内容的教学用书。因此，我们要认真研读教材的具体内容，分析学科知识结构，挖掘隐含的科学与人文因素，为教学设计服务。分析教材可以从以下几个角度入手：教材的编排体系和知识之间的内在联系；教材的重点、难点和关键；能力培养因素和渗透的思想方法；教材蕴含的德育、美育、劳育等非智育因素；教材中例题和习题的特点。

例如，分析五年级下册“长方体的体积”（图 1–1–2），我们就能理解教材展示的长方体和正方体的体积计算公式的推导和运用过程。教材片段顺应学生的思维特点，逐步展示了“问题提出”“发现体积公式”“运用体积公式”三个主要过程。其中体现的思维方式是：观察摆出的几个不同的长方体，利用合情推理得到长方体的体积公式；根据长方体的体积公式，利用演绎推理，得到正方体的体积公式和进行例 1 的计算。这就体现了“三会”中的“会用数学的思维思考现实世界”。

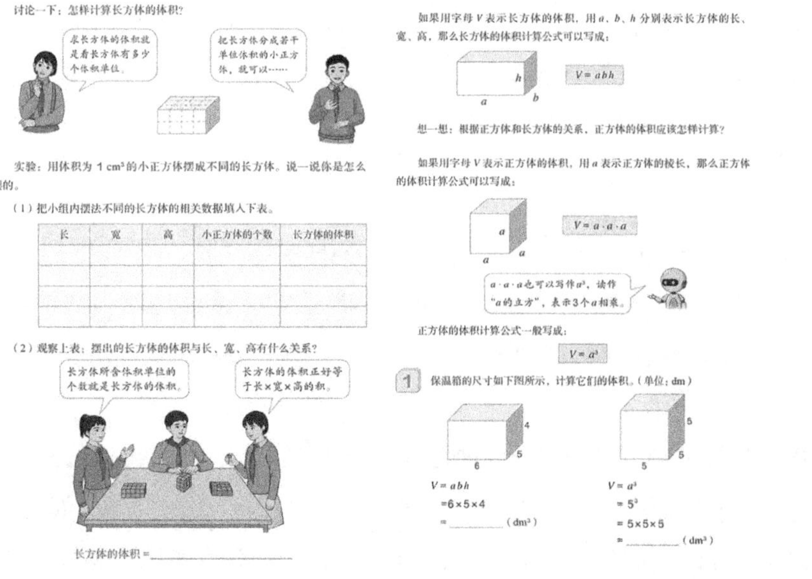
讨论一下：怎样计算长方体的体积？

实验：用体积为 1 cm³ 的小正方体摆成不同的长方体。说一说你是怎么摆的。

（1）把小组内摆法不同的长方体的相关数据填入下表。

长	宽	高	小正方体的个数	长方体的体积

（2）观察上表：摆出的长方体的体积与长、宽、高有什么关系？

长方体的体积 = ________

如果用字母 V 表示长方体的体积，用 a、b、h 分别表示长方体的长、宽、高，那么长方体的体积计算公式可以写成：

$V=abh$

想一想：根据正方体和长方体的关系，正方体的体积应该怎样计算？

如果用字母 V 表示正方体的体积，用 a 表示正方体的棱长，那么正方体的体积计算公式可以写成：

$V=a\cdot a\cdot a$

正方体的体积计算公式一般写成：

$V=a^3$

1　保温箱的尺寸如下图所示，计算它们的体积。（单位：dm）

$V=abh$
$=6\times5\times4$
$=$ ________（dm³）

$V=a^3$
$=5^3$
$=5\times5\times5$
$=$ ________（dm³）

图 1–1–2

---

① 中华人民共和国教育部：《义务教育数学课程标准（2022 年版）》，16 页，北京，北京师范大学出版社，2022。

　　首先，提出问题"怎样计算长方体的体积？"学生首先明确：长方体的体积，就是长方体所含体积单位数量的多少。有的学生根据体积的概念，想到了把它切成小立方体来求体积。这种方法有时候可行，但操作太麻烦。有的学生由长方体联想到长方形，长方形的面积由长和宽决定，且长方体的长、宽、高是容易测量的，长方体的体积是否可以由长、宽、高决定。通过比较发现，后一种方法可能是求一个长方体的体积的比较好的方法。

　　其次，发现长方体的体积公式。教材以"用体积为 1 cm³ 的小正方体摆成不同的长方体"为任务进行探索活动。通过对摆出长方体的长、宽、高、小正方体的个数、长方体的体积等相关数据进行分析，引导学生借助归纳推理的方式找出长方体中所含体积单位的个数与它的长、宽、高的关系，从而总结出长方体的体积公式。在此基础上用语言和符号（含字母）表示出长方体的体积公式，进一步理解公式的含义。

　　最后，长方体的体积公式的运用。先根据长方体和正方体之间的从属关系，得到正方体的体积公式，同时介绍了"立方"的含义。之后是长方体和正方体的体积公式的运用，也就是例1。通过例1也回应了教材最开始提出的问题"怎样计算长方体的体积？"用公式计算，显然要比切成小正方体方便和准确，这也是体积公式的价值所在。

　　通过上述分析，也就基本决定了教学过程（创设情境，提出问题—动手操作，发现公式—巩固运用，解决问题）。但是，在教学中，有的学生会提出疑问，"为什么长方体的体积一定是长、宽、高的乘积呢？"这个问题其实就是教学的难点（请读者想一想，怎么解决这个问题？）。此外，有的学生还会深入思考，我们是在长、宽、高都是整数的情况下，用拼长方体的方法得到的长方体的体积公式，据此提出疑问"如果长、宽、高不是整数，这个公式还成立吗？"这其实是一个非常好的问题，把我们推向更深层次的数学思考与理解。

　　把上述分析进行精简，可以得到如下分析结论：教材在讲述了长方体和正方体的概念与基本特征、体积概念和体积单位的基础上，安排学生学习长方体和正方体的体积。本节课的重点是长方体的体积公式来源、意义和运用等，同时也为学生今后学习圆柱与圆锥的体积打下了基础。

三、数学学科的本质

　　小学数学的内容，看似简单，实则蕴含着丰富的数学背景。合理挖掘小学数学背后隐藏的数学背景，这是一名教师站在更高的角度来审视小学数学，这也是教师数学素养的重要体现。如何从数学本质的角度来分析小学数学呢？下面从数学知识、数学思想方法和数学历史文化三个角度进行分析。

　　从数学知识的角度，首先，需要分析所要教学的内容属于什么类型的知识。本书根据相关研究，把小学数学知识分成三类：陈述性知识，是关于是什么方面的知识，如数学概念和数学结论；程序性知识，是关于怎么做方面的知识，如数学运算；策略性知识，是关于怎么想方面的知识，如问题解决和综合实践。其次，需要分析所要教学的内容与前后内容之间的联系，建立内容的结构关系网络。教育家布鲁纳指出：“无论我们选教什么学科，务必使学生理解学科的基本结构。”[1]
最后，需要分析所要教学的内容与其他学科的联系、与社会生活的联系。对学生来讲，知识不是
孤立的，知识的运用不是单一、简单的，而是密切联系的，只有“融汇”才能“贯通”。

从数学思想方法的角度，其实就是从“三会”的角度进行分析。“会用数学的眼光观察现实
世界”，就是强调数学抽象和直观想象，表现为数感、符号意识、几何直观、空间观念等。“会用
数学的思维思考现实世界”，就是强调数学推理和数学运算，表现为运算能力、推理能力等。“会
用数学的语言表达现实世界”，就是强调数学建模和数据分析，表现为数据分析观念、模型思想、
应用意识和创新意识等。

从数学历史文化的角度，就是分析在所要教学的内容上，在人类历史长河中谁做过什么事
情，对我们有什么影响和启发。一方面，我们要分析“谁做过什么事情”，重点分析数学家在什
么背景下提出问题的，怎么解决问题的，解决的效果如何。这就将数学知识从静态的符号与文字，
转化为生动的历史故事，便于学生生动活泼地学习。另一方面，我们还要分析“对我们有什么影
响和启发”，重点分析数学家的成就对我们有什么用，他们的思想、方法、精神、意志有哪些值
得我们学习的地方，这就将数学提升到情感态度与价值观的高度。

下面我们就从数学学科知识层面，简要谈谈“长方体的体积公式”中，如果长、宽、高不
是整数，这个公式为什么还成立。要回答这个问题，我们分解为以下四个阶段：阶段一，长、宽、
高均为整数；阶段二，长、宽、高至少其中之一为分数；阶段三，长、宽、高至少其中之一为有
限小数；阶段四，长、宽、高至少其中之一为无理数。阶段一其实就是前面提到的小学数学“长
方体的体积公式”的教学难点。如果这四个阶段都完成了，就说明了在实数范围内，长方体的体
积都等于长、宽、高的乘积。

1. 长、宽、高均为整数

如果长方体的长、宽、高均为整数，不妨分别设为 5 cm，3 cm，3 cm（图 1-1-3）。把这
个长方体切成边长为 1 cm 的正方体，一共可以切成 $5 \times 3 \times 3 = 45$ 个，可以得到长方体的体积为
45 cm³。也可以看作，用边长为 1 cm 的正方体来填这个长方体。每一层沿长可以放 5 个正方体、
沿宽可以放 3 个正方体，每一层可以放 $5 \times 3 = 15$ 个；高为 3 cm，表示可以放 3 层，一共可以放
$15 \times 3 = 45$ 个。

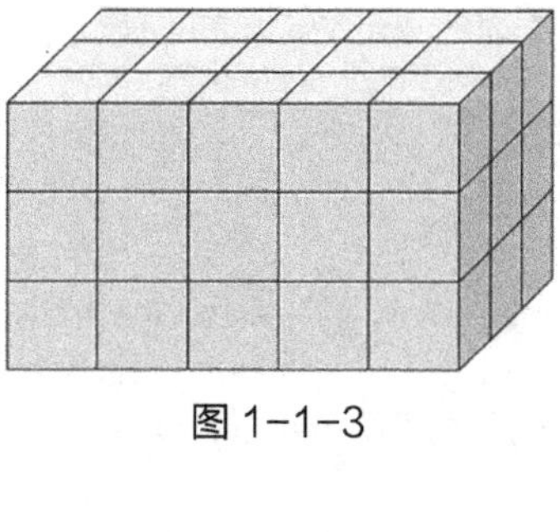

图 1-1-3

---

[1]　[美] 布鲁纳：《教育过程》，78 页，北京，文化教育出版社，1982。

一般地，对于一个长、宽、高分别为 a, b, c 的长方形，用边长为 1 的正方体来填这个长方体。每一层沿长可以放 a 个正方体、沿宽可以放 b 个正方体，每一层可以放 ab 个；高为 c，表示可以放 c 层，一共可以放 abc 个。因此，这个长方体的体积为 abc。也可以看作，每一层放的个数乘层数。因此，长方体的体积又等于底面积乘高。

2. 长、宽、高至少其中之一为分数

如果长方体的长、宽、高至少其中之一为分数，其实就是把它切成小长方体，看每个小长方体的体积是多少，再把它们相加，就可以求得长方体的体积。

例如，长方体的长、宽、高分别为 $\frac{4}{5}$ cm，$\frac{3}{4}$ cm 和 $\frac{1}{3}$ cm，我们可以把边长为 1 cm 的正方体看作长方体，沿长平均分成 5 段，每段 $\frac{1}{5}$ cm；沿宽平均分成 4 段，每段 $\frac{1}{4}$ cm；沿高平均分成 3 段，每段 $\frac{1}{3}$ cm。

这就相当于把这个正方体平均切成了 $5 \times 4 \times 3 = 60$ 个小长方体，每个小长方体的体积为 $\frac{1}{60}$ cm³。我们要求的长、宽、高分别为 $\frac{4}{5}$ cm，$\frac{3}{4}$ cm 和 $\frac{1}{3}$ cm 的长方体由 $4 \times 3 \times 1 = 12$ 个体积为 $\frac{1}{60}$ cm³ 的小长方体构成。因此，它的体积为 $\frac{1}{5}$ cm³。

我们再看 $\frac{4}{5} \times \frac{3}{4} \times \frac{1}{3} = \frac{1}{5}$，可见，长、宽、高中有分数时，长方体的体积仍等于长、宽、高的乘积。

3. 长、宽、高至少其中之一为有限小数

当长方体的长、宽、高至少其中之一为有限小数时，可以根据单位换算，转化为整数。

例如，一个长、宽、高分别为 2.4 m，1.5 m，2 m 的长方体，可以看作长、宽、高分别为 24 dm、15 dm、20 dm 的长方体，然后计算出体积为 24 m × 15 m × 20 m=7200 dm³=7.2 m³。

由此可见，长、宽、高至少其中之一为有限小数时，长方体的体积仍等于长、宽、高的乘积。

4. 长、宽、高至少其中之一为无理数

这个问题困扰了人们很久，当实数理论建立后，人们才用无限逼近的方法解决了它。根据实数理论，对于任何一个无理小数，都可以用两列有限小数以不足近似值和过剩近似值的方法从左右两侧无限逼近它。这样，对于长、宽、高不是整数、分数和有限小数的长方体，我们可以用长、宽、高是有限小数的两列长方体无限逼近它，这两列长方体体积的极限是相等的。这个相等的数值就是要求的长方体的体积，它仍然等于长、宽、高的乘积。

比如，对于长为 $a=\sqrt{3}$、宽为 $b=\frac{1}{3}$、高为 $c=\frac{1}{4}$ 的长方体，用 V 表示其体积。

因为长 $a=\sqrt{3}=1.73205\cdots$ 的不足近似值依次为 $\underline{a_1}=1.7$，$\underline{a_2}=1.73$，$\underline{a_3}=1.732$，$\cdots$，过剩近似值依次为 $\overline{a_1}=1.8$，$\overline{a_2}=1.74$，$\overline{a_3}=1.733$，$\cdots$，易知 $\underline{a_1} \leqslant \underline{a_2} \leqslant \cdots \leqslant a=\sqrt{3} \leqslant \cdots \leqslant \overline{a_2} \leqslant \overline{a_1}$。

宽 $b=\frac{1}{3}=0.333\cdots$ 的不足近似值依次为 $\underline{b_1}=0.3$，$\underline{b_2}=0.33$，$\underline{b_3}=0.333$，$\cdots$，过剩近似值依次为 $\overline{b_1}=0.4$，$\overline{b_2}=0.34$，$\overline{b_3}=0.334$，$\cdots$，易知 $\underline{b_1} \leqslant \underline{b_2} \leqslant \cdots \leqslant b=\frac{1}{3} \leqslant \cdots \leqslant \overline{b_2} \leqslant \overline{b_1}$。

高 $c=\dfrac{1}{4}=0.250\cdots$ 的不足近似值依次为 $c_1=0.2$，$c_2=0.25$，$c_3=0.250$，$\cdots$，过剩近似值依次为 $\overline{c_1}=0.3$，$\overline{c_2}=0.25$，$\overline{c_3}=0.250$，$\cdots$，易知 $\underline{c_1}\leqslant\underline{c_2}\leqslant\cdots\leqslant c=\dfrac{1}{4}\leqslant\cdots\leqslant\overline{c_2}\leqslant\overline{c_1}$。

该长方体的体积可以近似表示为 $\underline{V_n}=\underline{a_n}\times\underline{b_n}\times\underline{c_n}$ 和 $\overline{V_n}=\overline{a_n}\times\overline{b_n}\times\overline{c_n}$（其中 $n=1$，2，3，$\cdots$），显 然 有 $\underline{V_1}\leqslant\underline{V_2}\leqslant\cdots\leqslant V\leqslant\cdots\leqslant\overline{V_2}\leqslant\overline{V_1}$。当 $n\to\infty$ 时，$\underline{a_n}\to a\leftarrow\overline{a_n}$，$\underline{b_n}\to b\leftarrow\overline{b_n}$，$\underline{c_n}\to c\leftarrow\overline{c_n}$，则 $\underline{V_n}\to V=abc\leftarrow\overline{V_n}$。

对于小学数学中的基础知识，如果我们不去思考，会觉得它们很简单。如果认真思考，就会发现里面蕴藏了丰富的数学思想。这就需要教师站在更高的角度，探究和理解教材和教师教学用书中没有涉及的数学知识和数学思想。

这样，教师在上课的时候，才能根据学生学习的实际情况，适当补充相应的内容，合理地启发学生学习科学的数学知识和思想方法，并发展他们的数学能力。由此可见，"只有教师理解数学学科的知识内容、把握数学的本质与特征、领悟数学思想方法的精髓，才有可能合理地设计和有效地组织数学教学，才有可能充分地利用数学教学中的生成性资源来发展学生的数学思维。"[①]

电子图书馆

陈洁 . 从"形式模仿"走向"意义理解"——"小数的意义"教材比较研究引发的思考 [J]. 基础教育课程，2020（7）。

吴立宝，王光明，王富英 . 教材分析的几个视角 [J]. 教育理论与实践，2016（23）。

唐少华 . 如何将"学科素养目标"转化成"课堂教学目标"[J]. 基础教育课程，2019（Z1）。

陈薇 . 数学教学的表征处理策略——基于专家教师的课堂教学分析 [J]. 课程·教材·教法，2018（6）。

蒋敏杰 . 专业化教材解读：提升教师教学能力的有效途径之一 [J]. 基础教育课程，2019（17）。

第 2 节　学生认知分析

教育心理学家奥苏贝尔有一句经典的话："如果我不得不将所有的教育心理学原理还原为一句话的话，我将会说，影响学习的最重要因素是学生已经知道了什么，并根据学生的原有知识状况进行教学。"可见，学生已有的认知基础对学习非常重要，因为学生的学习是建立在已有认知基础之上的。因此，我们要做适合学生的教学设计，就要分析学生已有的认知基础。

[①] 曾小平、韩龙淑：《长方形面积公式的由来与教学》，载《教学月刊·小学版（数学）》，2011（10）。

一、学生认知的分析方法

学生的认知发展受到年龄、文化、家庭背景、自身智力与非智力诸多因素的影响，表现出很大的差异性与不确定性。要准确分析学生的认知发展水平，是一件比较复杂的事情。或许我们永远也没办法完全、清晰地刻画学生的认知发展水平。但是，作为教育工作者，我们要尽可能地想办法并尽量了解学生的认知状况，为有效设计教学打下坚实的基础。

1. 问卷调查法

问卷调查法就是研究者根据研究对象和目的，预先设计好调查问卷，让研究对象完成问卷，通过对问卷的分析来进行研究的一种方法。它是教育学、心理学研究中比较广泛使用的一种方法，具有可量化、好分析、结构化等诸多特点。我们在进行教学设计之前，可以根据教学内容设计问卷，让学生做问卷，通过对问卷的分析，了解学生对教学内容具备的认知基础。

例如，在进行"长方体的体积"的教学设计之前，根据教材片段，可以设计问卷对学生进行调查。五年级学生学习长方体的体积，与之关联比较紧密的三个问题是：①长方体的体积与长方体的哪些因素有关？②长方体的体积与表面积和面的表面积之间相关吗？③如何从体积单位出发寻求简单长方体的体积？解决了这三个问题，学生就比较容易发现长方体的体积公式了。就以上三个问题，对学生进行了教学前测，测试结果如下。

问题1：你认为长方体体积的大小与它的什么有直接关系？

测试目的：了解对于刚刚接触体积的学生，能否从二维到三维的过渡中，正确区分表面积与体积，面积对体积的认识是否存在干扰。

测试结果：认为与长方体的长、宽、高有关的24人，约占64.9%；认为与表面积有关的9人，约占24.3%；认为与底面积有关的3人，约占8.1%；回答不好说的1人，约占2.7%。

问题2：图1-2-1中，哪个长方体的体积最大？为什么？

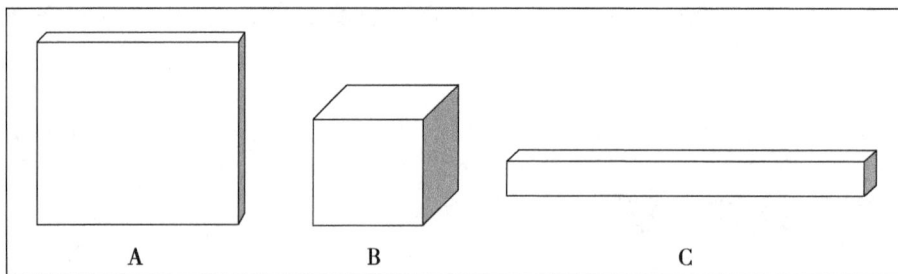

图 1-2-1

测试目的：考查学生是否知道长方体体积的大小取决于它的长、宽、高。

测试结果：选正确答案B的30人，约占81.1%；选A和B的2人，约占5.4%；选一样大的1人，约占2.7%；选A的4人，约占10.8%。

问题3：你能用不同的办法得到图1-2-2中长方体的体积吗？（单位：cm）

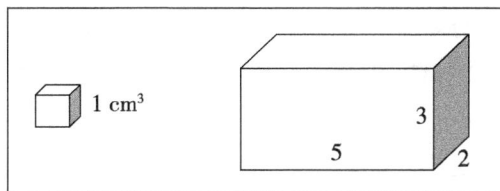

图 1-2-2

测试目的：了解学生对长方体的体积是否已经知道其计算方法，是否能用不同的方法得到长方体的体积。

测试结果：34 人答对，约占 91.9%；3 人答错，约占 8.1%。

正确做法：方法一，分割成 30 个 1 cm³ 的小正方体；方法二，直接用公式，$5 \times 2 \times 3 = 30$（cm³）；方法三，利用三个不同的面作底面，再乘高得到体积。

通过问卷调查可以发现：①学生容易将体积与表面积混淆。对于刚刚接触体积的学生而言，从二维到三维的过渡中，能否正确区分表面积与体积，面积对体积的认识存在干扰；②学生并不理解体积公式是怎么来的。虽然许多学生已经知道了长方体的体积公式，但对公式的理解还比较肤浅，似乎只关心公式本身，而对公式的形成过程、对公式的内在含义的理解还很肤浅；③学生不理解为什么长、宽、高共同决定体积。有的学生知道长方体的体积与长方体长、宽、高中的某一项有关，但不太理解为何与长、宽、高均有关，更不太理解是长、宽、高的乘积，特别对体积的立方增长方式知之甚少。

因此，本节课需要解决以上三个问题，才能让学生更好地理解长方体的体积公式。同时要积累观察想象、实验验证、充分想象、推理解释、运用计算等数学活动经验，感悟数学推理与模型的基本思想。

2. 交流访谈法

小学中低年级学生书面语言表达还比较弱，采用问卷调查法往往只能得到一个结果，不容易摸清学生到底是怎么想的。针对这种情况，采用师生交流访谈的方式进行学生认知分析，即教师将要调研的内容，以书面或者口头语言的方式呈现给学生，让学生进行口头或者书面回答，针对学生回答情况，适当追问以了解学生的真实想法。采用交流访谈法需要创设一个轻松愉悦的环境，让学生在没有压力的情况下，自由表达自己真实的想法。

例如，针对一年级下学期刚开始的教学内容"十几减 9"，由于学生在一年级上学期已经学过一些相关内容，但是隔了一个寒假，不知道学生现在掌握得如何。教师可以出一道与例题相近的题"计算 13-9="，让学生做一做，不论学生做对与否，都追问一下"你是怎么想的？"便于了解学生的真实想法。

教师根据交流访谈的结果，进行分类整理，梳理出各种可能的情况，就可以比较准确地了解学生的认知基础。下面我们分为"做对"和"做错"两个大类进行整理，"做对"中包括哪些正确做法（表 1-2-1），"做错"中包括错误类型和原因（表 1-2-2）。需要注意的是，13-9 的难度略低于 15-9 的难度，还可以降低一点儿难度，如用 12-9 或者 11-9。

表 1-2-1 学生正确计算 13-9=4 的基本情况

序号	方法	具体做法	备注
1	数数	从 12 开始倒着数数，数到第 9 个数为止，即 12，11，10，9，8，7，6，5，4，因此 13-9=4	
2	摆小棒	取出 13 根小棒（1 捆加 3 根），把 1 捆解散成 13 根，从中拿走 9 根，还剩下 4 根，因此 13-9=4	13-9=4
3	摆小棒	取出 13 根小棒（1 捆加 3 根），把 1 捆解散成 10 根，从中拿走 9 根，还剩下 1 根，加上 3 根是 4 根，因此 13-9=4	破十法：10-9=1，1+3=4
4	画图		13-9=4
5	画图		破十法：10-9=1，1+3=4
6	计算	10-9=1，1+3=4，因此 13-9=4	破十法
7	计算	9-3=6，10-6=4	平十法
8	以加算减	要算 13-9=（ ），想想 9+（ ）=13，试一试发现 9+（4）=13，因此 13-9=4	加减互逆关系

表 1-2-2 学生错误计算 13-9 的基本情况

序号	类型	错在何处	备注（分析）
1	13-9=5	从 13 开始往前倒着数数，数到第 9 个数为止，即 13，12，11，10，9，8，7，6，5	
2	13-9=22	把"-"看成"+"了。 $\begin{array}{r} 1\ 3 \\ -\ \ 9 \\ \hline 2\ 2 \end{array}$	加减混淆、乘加混淆，是学生常出现的错误
3	13-9=2	10-9=1，3-1=2	涉及几个计算环节，到底是加还是减，学生容易混淆出现错误
4	13-9=16	9-3=6，10+6=16	
5	13-9=16	个位 3 减 9，算成 9-3=6，十位 1 不变。 $\begin{array}{r} 1\ 3 \\ -\ \ 9 \\ \hline 1\ 6 \end{array}$	在计算减法时，低年级学生常用大数减小数，而不考虑减数与被减数的位置
6	13-9=6	向十位借 1，个位 3 减 9，算成 9-3=6。 $\begin{array}{r} 1\ 3 \\ -\ \ 9 \\ \hline 6 \end{array}$	知道向十位借 1

通过正误分析，我们能了解学生常见的思维方式和常见的计算错误，了解一些错误产生的原因。但更为重要的是，我们需要鉴别、区分哪些是成人化的方式。这些成人化的方法仅仅是一些技巧，学生没必要掌握，哪些是数学上必须掌握的方式，这些方式具有思维的普遍性。

例如，我们不太重视正确做法的第 8 种方法"以加算减"，其实这是一种重要的方法。想一想，我们怎么计算 12÷3 的？是不是想到"乘法口诀"中的"三四十二"（3×4=12），这本质用的就是乘除互逆关系。现在我们要算减法 13-9，回想一年级上学期学习了几加几，几加几的结果其实就是"加法口诀"，利用 9+4=13 和加减互逆关系，就可以算出 13-9=4。

3. 文献研究法

我们知道，问卷调查法和交流访谈法需要花费比较大的人力和物力，对每一个教学内容都用这两种方法进行研究，既没有必要，也不现实。一般情况下，我们可以多读一些书（尤其是小学教育和儿童心理方面的书），根据书上的理论和自身的工作经验，分析学生的认知发展水平。这就需要我们平时加强阅读，并把有价值的部分摘录下来，为我们的教学工作服务。

例如，"小学生的思维特点是，以直观形象思维为主，逐渐向抽象逻辑思维过渡，但是逻辑思维是初步的"，有研究者还画出了学生思维的发展曲线（图 1-2-3）。

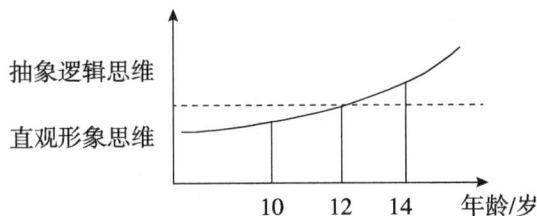

图 1-2-3

这就能比较好地解释学生在计算 13-9 时的表现情况。由于一年级学生还处在以形象思维为主的时期，具体动作和图像是他们典型的思维方式，借助动作和图像进行计算（如摆小棒、画图形等）大都计算正确。破十法、平十法、竖式计算等符号和形式运算，需要较强的抽象逻辑思维，而学生的逻辑思维还没有发展到相应程度，因而大部分都计算错了。

再如，皮亚杰有很多经典的心理学研究结果，他把儿童的认知发展分成四个阶段（表 1-2-3）[①]，对我们分析儿童的思维特点就有很好的启发意义。

表 1-2-3　儿童认知发展阶段

阶段	年龄段	含义
感知运算阶段（感觉—动作时期）	0～2 岁	儿童的主要认知结构是感知运动图式，儿童借助这种图式可以协调感知输入和动作反应，从而依靠动作去适应环境。通过这一阶段，儿童从一个仅仅具有反射行为的个体逐渐发展成为对其日常生活环境有初步了解的问题解决者

① 叶浩生：《西方心理学理论与流派》，358 页，广州，广东高等教育出版社，2004。

阶段	年龄段	含义
前运算阶段 （前运算思维期）	2～7岁	儿童将感知动作内化为表象，建立了符号功能，可凭借心理符号（主要是表象）进行思维，从而使思维有了质的飞跃
具体运算阶段 （具体运算思维期）	7～11岁	儿童的认知结构由前运算阶段的表象图式演化为运演图式，具有守恒性、去自我中心性和可逆性。该时期的心理操作着眼于抽象概念，属于运算性（逻辑性）的，但思维活动需要具体内容的支持
形式运算阶段 （形式运算思维期）	从11岁开始	儿童思维发展到抽象逻辑推理水平，可以进行假设—演绎推理，思维形式摆脱思维内容。形式运算阶段的儿童能够摆脱现实的影响，关注假设的命题，可以对假设命题作出有逻辑的和富有创造性的反应

根据皮亚杰的观点，一年级学生在7岁左右，处于前运算阶段和具体运算阶段的过渡时期。他们凭借表象进行思维，因而在计算13-9时，主要采用画图的方式，即正确解答的4和5。同时，他们逐渐开始具备抽象概念，具有可逆性，因此可能会想到"以加算减"的方法，即根据9+4=13，计算出13-9=4。他们还可能倒着数数（正确解答的情况1），计算出13-9=4。

4.同行求助法

由于学生的认知基础还受到诸多因素影响，呈现出一定的差异性。文献研究法得到的信息有可能不太准确，但又没有那么多精力进行问卷调查法和交流访谈法，这时就可以采用同行求助法，即向同行教师，特别是老教师和经验丰富的教师求助，因为他们有比较丰富的教育经验，根据自己的经验，可以大致预测学生的认知基础。

例如，要了解高年级学生在归纳推理方面的性别差异，就可以向老教师和经验丰富的教师请教，得到一些比较有价值的结论。具体如下：大多数男生对解决问题的想法更多，思考的角度更多；女生表达能力更强；在解决问题的过程中，男生创新能力更强，更擅长归纳推理；大多数女生则更喜欢以稳妥的方式解决问题，多采用演绎证明，思维比较保守。[①]

二、基于学生的教材加工

要进行有效的教学设计，除了认真研究教材、读懂教材表面的和隐含的信息，更需要基于学生的未来发展和认知基础对教材进行加工。加工的目的，是在保留教材优势的基础上，根据学生的需要进行个性化的改进，并不是否定教材和批判教材。这种加工主要包括情境图、核心知识、例题和习题。下面我们仍以"十几减9"为例（教材片段见图1-2-4），在认真分析教材的基础上，谈一谈如何基于学生认知与发展对教材进行加工。

---

① 刘丽哲：《小学生数学归纳推理研究》，硕士学位论文，首都师范大学，2017。

图 1-2-4

1. 情境图

为了便于建立数学世界和学生生活世界的联系，唤醒学生的生活经验用于数学学习，教材在展示新知识前，都会设置情境图。其目的就是创设数学情境，让学生经历数学新知识在现实生活中产生或运用的过程。但是，教材针对的是大部分学生，其情境是否符合所要教学班级的少部分学生的实际，还有待进一步探讨。同时，情境中展示的信息是否科学合理，学生是否认同，也是需要考虑的。因此，我们需要在读懂情境的基础上，再考虑是否有必要进行加工和优化。

现在，我们来分析图 1-2-4，教材呈现的是"送气球"的情境图。"原来有 15 个气球，送出 9 个"。一个学生提出问题"还剩几个气球？"教材的目的是引导学生在整体观察的基础上，首先研究 15-9 的问题，同时体现了所学的知识与现实生活的联系。

但是，仔细分析不难发现，这个问题存在一些不真实、不合理的地方，主要表现为以下几个方面。首先，学生提出问题"还剩几个气球？"一看就知道还剩下 6 个，可见学生提出这个问题欠妥。其次，"原来有 15 个气球，送出 9 个"好像是自言自语，如果是这样，他就应该继续说"还剩下 6 个"。最后，从情境图中，我们可以看到，送出 9 个和剩下 6 个，比较自然的问题是"原来有几个气球？"这就成了一个加法问题了。

怎么对教材进行改进呢？我们可以想一想，现在要学习的是减法，其本质是"从总体中去掉一部分，求剩下的部分是多少"。因此，换成已知总体和部分，求另一部分更合适。最好总体和其中一部分都是顺其自然已知，而要求的部分是不知道或者看不见的，确实是未知。由已知求未知，用减法计算，才能真正体现减法的意义和数学价值。

基于上述思考，可以换成"投小棒游戏"（图 1-2-5）。一个人往不透明的篓子里投小棒，投不进的都掉在地上了。他投了 15 根，9 根掉在了地上。对此，人们自然会提出问题"投进多少根？"。类似这样的情境（如套圈游戏、投飞镖游戏等也可以），就比较自然，也符合学生生活实际，能使学生产生兴趣。

图 1-2-5

2. 核心知识

小学数学的知识应该是数学核心知识，其中包含了典型的思想方法。而一些成人化的、技巧性很强的内容，并不适合所有的学生学习。因此，我们在研究教材、选择教学内容时，一定要反复问自己"学生为什么要学习这个内容？""这种方法必须学习吗？""这是通法还是技巧？"……同时，在确定为核心知识之后，还要确定进入课堂的顺序。一般来讲，直观形象的内容在先，抽象逻辑的内容在后，这样便于学生循序渐进地学习掌握。

现在，我们来分析图 1-2-4。教材利用直观的方式帮助学生理解算理，让学生利用学具开展摆一摆或画图等活动，为理解算理、掌握算法积累感性经验。同时，呈现了两种计算方法：一种是"破十法"；另一种是"以加算减"。还可以通过问题"你是怎样计算的？"让学生说说其他算法，如果学生有其他方法，都应予以尊重。另外，教材突出了"破十法"，以圆片图和分步计算的方式，展现了"破十法"和口算的过程，帮助学生理解算理和掌握"破十法"。此外，"以加算减"也是对照直观图呈现，以便于学生理解。

根据前面交流访谈的结果和对学生认知特点的分析，我们会发现一些隐蔽的问题。首先，"破十法"是一种成人化的方法，是一种计算技巧，今后用处也不大，教学时不宜过分强调。其次，"以加算减"是利用加减互逆关系进行计算，这种思想方法是比较有代表性的，应当引起教学的重视。最后，对于这些方法出现的顺序，应该按照由具体到抽象的顺序进行。即摆小棒（动作），再画图（表象），最后列算式（符号），具体如图 1-2-6 所示。

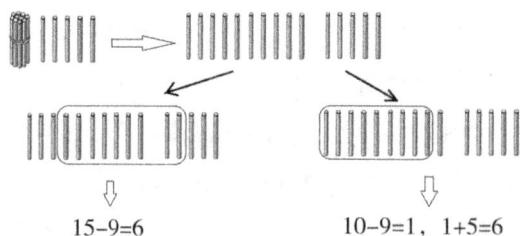

15-9=6　　　　　　　　10-9=1，1+5=6

图 1-2-6

3. 例题习题

教材的例题是学生理解知识、巩固方法的样板，应该具有很好的示范性和启发性。习题则是学生理解知识、形成技能、领悟方法的载体，应该具有很好的基础性和拓展性。同时，例题和习题的难易程度还需要考虑到学生的实际水平，在学生力所能及的范围内进行。难度太小，会让学生感觉没兴趣，觉得枯燥乏味；难度过大，容易打击学生的积极性。控制好难易度，是一种教学的艺术，需要长时间的磨炼。

现在，我们来分析图 1-2-4 中的习题。第 1 题和第 2 题，通过摆一摆、圈一圈等活动进行计算，属于新知识的巩固运用。第 3 题一方面体现算法的多样化，另一方面给学生留出比较、消化的空间，启发学生在进一步体验中选取最优的方法。

这三道练习题的目的性很明确，层次性也很强，体现了习题的基本功能。但是，如果学生的基础比较好，我们还可以在拓展性上下一点儿功夫，即可以再补充一道习题"整理一下十几减 9 的算式，你有什么发现？和同学们一起交流一下吧。"

学生会按照这样的顺序（或者反序）进行整理。

$11-9=2$　$12-9=3$　$13-9=4$　$14-9=5$　$15-9=6$

$16-9=7$　$17-9=8$　$18-9=9$　$19-9=10$

然后学生会有不同的发现。有的学生从计算方法上总结，有的学生从结果上总结，有的学生从变化规律上总结。这样，学生的思维被激活了，学习数学的兴趣慢慢地提高了，学习的效果自然就提高了。

电子图书馆

周志，胡重光.在运算教学中渗透思维训练——"20 以内的退位减法"单元教学设计与评析 [J]. 小学教学（数学版），2019（5）。

姚建法.儿童视域下"错"与"误"的价值生长 [J].基础教育课程，2019（15）。

阳海林，章勤琼.基于学习路径分析的小学数学课例研究——以"两位数减一位数的退位减法"为例 [J]. 小学教学（数学版），2019（Z1）。

李赛男.前测，对学生思维起点的了解更深入——"圆柱的体积"教学前测研究 [J].教学月刊·小学版（数学），2020（Z1）。

胡存宏.前测，让教学走向更精准——"除数是小数的除法"教学思考 [J].教学月刊·小学版（数学），2020（Z1）。

章勤琼，黄荣金，南欲晓.为数学理解而教——基于学习路径分析的小学数学教学课例研究 [J].课程·教材·教法，2019（11）。

第 3 节　教学目标设定

2019 年 2 月 23 日，中共中央、国务院印发的《中国教育现代化 2035》指出，"培养德智体美劳全面发展的社会主义建设者和接班人。"同时，提出了推进教育现代化的八大基本理念：更加注重以德为先，更加注重全面发展，更加注重面向人人，更加注重终身学习，更加注重因材施教，更加注重知行合一，更加注重融合发展，更加注重共建共享。[①]

教育现代化的实现，需要经历一个宏观的、相对较长的过程，要落实到课堂中微观的、相对较短的具体的教学目标上。因此，教学目标的设计，对有效进行教学具有很重要的意义。教学目标是关于教学将使学生发生何种变化的明确表述，是指在教学活动中所期待得到的学生的学习结果。小学数学教学活动要以教学目标为导向，始终围绕实现教学目标来进行，并期望最终实现教学目标。

一、教学目标的要素

教学目标虽然是针对一个教学单元或者一节课来制订的，但却是针对学生长远发展来考虑的。它是将学生今后发展必备的，分解并细化为现在可以做的、可以实现的。因此，在制订教学目标时，首先要考虑的是培养什么人、如何培养人和培养效果等问题。

2015 年，经济合作与发展组织（Organization for Economic Co-operation and Development，OECD）启动了一个研究项目，即"教育 2030：未来的教育与技能"项目。该项目主要探讨两个问题：第一，今天的学生需要什么知识、能力、态度与价值观，才能在 2030 年茁壮成长并塑造自己美好的世界；第二，今天的教学如何做，才能有效地发展学生的知识、能力、态度与价值观。

2018 年，经济合作与发展组织发布了阶段性研究成果《OECD 学习框架 2030》，阐述了学生应当具备的素养（图 1-3-1）。它具体包括三个方面：知识层面，包括学科的知识、跨学科的知识、经验的知识、程序的知识；能力层面，包括认知和元认知方面的能力、社会和情感方面的能力、身体和实践方面的能力；态度与价值观层面，包括个人的、地方的、社会的、全球的这四个方面的态度与价值观。

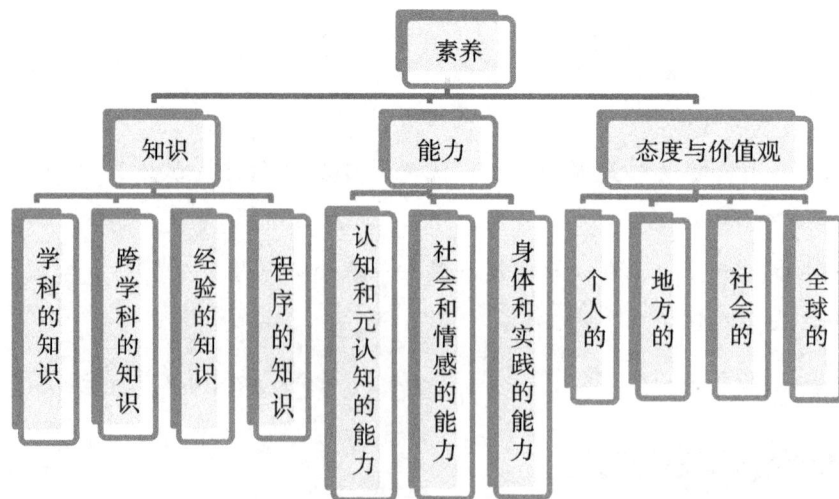

图 1-3-1

[①] 中共中央、国务院印发《中国教育现代化 2035》，www.gov.cn/zhengce/2019-02/23/content_5367987.htm，2021-07-07。

▶ 拓展阅读

OECD 学习框架 2030[①]

经济合作与发展组织（OECD）的 2030 年利益相关方共同开发了一个学习指南，展示了年轻人如何驾驭自己的生活和世界（图 1-3-2）。

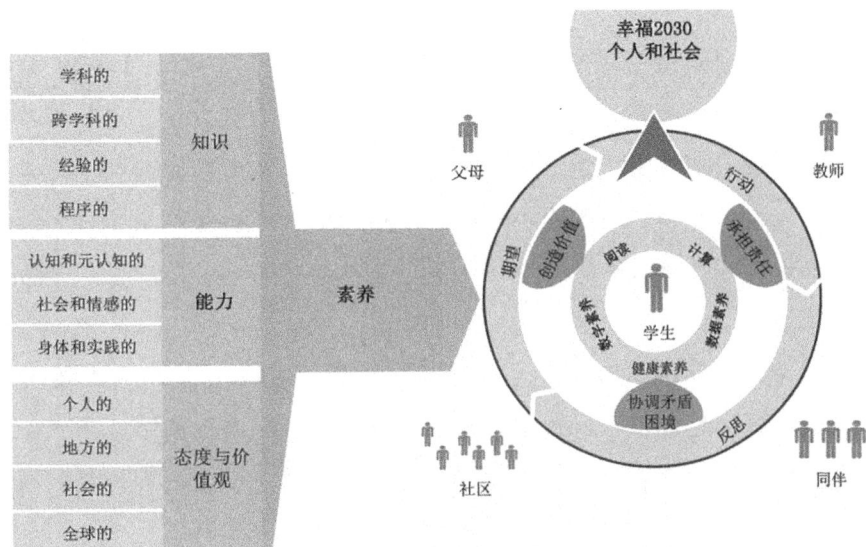

图 1-3-2

一、素养

素养不仅仅意味着获得知识和技能，它包括调动知识、能力、态度与价值观来满足复杂的需求。

（一）知识

未来的学生需要广泛和专业的知识，作为发展形成新知识的基础学科知识仍然很重要。但是还需要跨学科思维和"连接"的能力，例如，知道如何像数学家、历史家或科学家那样思考。程序性知识是在理解某事物如何完成的过程中，在为实现目标而采取的一系列步骤或行动中获得的。一些程序性知识是某些领域特有的，也有一些是跨领域的。它通常是通过实际解决问题来发展的，如设计思维和系统思考。

（二）能力

学生将需要在未知的和不断变化的环境中应用他们的知识。为此，他们需要广泛的能力：认知和元认知的能力，如批判性思维、创造性思维、学会学习和自我调节；社会和情感的能力，如同理心、自我效能感和协作能力；身体和实践的能力，如使用新的信息和通信技术设备。

（三）态度与价值观

使用这种更广泛的知识和技能将由态度与价值观决定，如动机、信任、对多样性和美德的

---

①　经济合作与发展组织：《OECD 学习框架 2030》，载《开放学习研究》，2018（3）。本书做了较大的精简和修改。

尊重。人们的态度与价值观可以在个人的、地方的、社会的和全球的方面上得到体现。

二、变革能力

如果学生在生活的各个方面都能够发挥积极的作用，他们就需要在不确定的、各种各样的环境中航行。经济合作与发展组织"教育2030：未来的教育与技能"项目确定了三种更深层次的能力类别，即"变革能力"，共同解决年轻人需要创新、负责任和意识的日益增长的需要。

（一）创造新价值

创新可以为经济、社会和文化困境提供至关重要的解决方案。为了准备2030年，人们应该能够创造性地思考、开发新的产品和服务、新的工作、新的过程和方法、新的思维方式和生活方式、新的企业、新的行业、新的商业模式和新的社会模式。越来越多的创新不是来自个人的思考和工作，而是通过与他人的合作，利用现有的知识创造新的知识。支撑创造性思考的能力包括适应能力、创造力、好奇心和开放性等。

（二）善于解困境

在一个相互依赖和冲突的世界里，人们只有通过发展理解他人需求和愿望的能力，才能成功地保障自己、家庭和社区的幸福。要为未来做好准备，从长期角度来看，个人必须学会以一种更综合的方式思考和行动，考虑到矛盾或不相容的思想、逻辑和立场之间的相互联系。

（三）敢于担责任

假设每个人都能独立思考并与他人合作，来处理新事物、变化、多样性。同样，创造力和解决问题的能力也需要考虑一个人行动的后果，评估风险和回报，并接受对自己工作成果的责任。这意味着一种责任感。行为伦理意味着问责与规范、价值、意义和限制有关的问题，例如，我应该做什么？我这样做是对的吗？极限在哪里？知道我所做的事情的后果，我应该这样做吗？这个能力的核心是自我调节，包括自我控制、自我效能感、责任心、解决问题和适应能力。

实际上，经济合作与发展组织的素养框架，对21世纪教育界长期探讨的"素养"一词的构成要素，给出了比较全面合理的描述，即素养应该包括三个方面：知识、能力、态度与价值观。其中，把我们通常所说的技能，也划归到知识当中。这就说明，我们在制订教学目标时，应该兼顾素养的三个方面，把这三个方面具体化、精细化，转化成可以通过教学实现的东西。

实际上，我国《数学课标（2022年版）》中的"总目标"以及"总目标"的首段阐述了数学核心素养的具体表现，后三段基本上也是按照素养的三个方面进行阐述的。第二段阐述"四基"，第三段阐述"四能"，第四段阐述"情感态度与价值观"。对"四基""四能"的行为表现，我们可以进行层次性解释（表1-3-1），便于更准确地刻画学生的学习结果和过程。"四基"分为四个层次，即"了解""理解""掌握""运用"；"四能"分为四个层次，即"经历""体验""感悟""探索"。

表 1-3-1　《数学课标（2022 年版）》对数学学习行为的阐述

领域	层次	含义	同义词	示例
知识与技能	了解	从具体实例中知道或举例说明对象的有关特征；根据对象的特征，从具体情境中辨认或举例说明对象	知道，初步认识	◆知道轴对称图形的对称轴 ◆结合具体情境，初步认识小数和分数，感悟分数单位
	理解	描述对象的由来、内涵和特征，阐述此对象与相关对象之间的区别和联系	认识，会	◆认识长方体、正方体和圆柱 ◆会同分母分数的加减法
	掌握	多角度理解和表征数学对象的本质，把对象用于新的情境	能	◆能比较实数的大小
	运用	基于数学对象和对象之间的关系，选择或创造适当的方法解决问题	证明，应用	◆证明三角形的内角和定理 ◆在实际情境中，综合用比例尺、方向、位置、测量等知识，绘制校园平面简图，标明重要场所
过程与方法	经历	有意识地参与特定的数学活动，感受数学知识的发生发展过程，获得一些感性认识	感受，尝试	◆结合实例，感受平移、旋转、轴对称现象 ◆尝试运用各种方式（如文字、图画、表格等）呈现小组的调查结果，讲述调查的过程和结论
	体验	有目的地参与特定的数学活动，验证对象的特征，获得一些具体经验	体会	◆体会一次函数与二元一次方程的关系
	感悟	在数学活动中，通过独立思考或合作交流，获得初步的理性认识		
	探索	在特定的问题情境下，独立或合作参与数学活动，理解或提出数学问题，寻求解决问题的思路，获得确定结论		

　　2016 年 9 月 13 日，中国学生发展核心素养发布，指出"学生发展核心素养，主要是指学生应具备的，能够适应终身发展和社会发展需要的必备品格和关键能力"[1]。中国学生发展核心素养以培养"全面发展的人"为核心，分为文化基础、自主发展、社会参与 3 个方面，综合表现为人文底蕴、科学精神、学会学习、健康生活、责任担当、实践创新 6 大素养，具体细化为国家认同等 18 个基本要点（图 1-3-3）。这些可以作为小学数学教学"情感态度与价值观"教学目标的补充和拓展。

---

　　[1]　核心素养研究课题组:《中国学生发展核心素养》，载《中国教育学刊》，2016（10）。

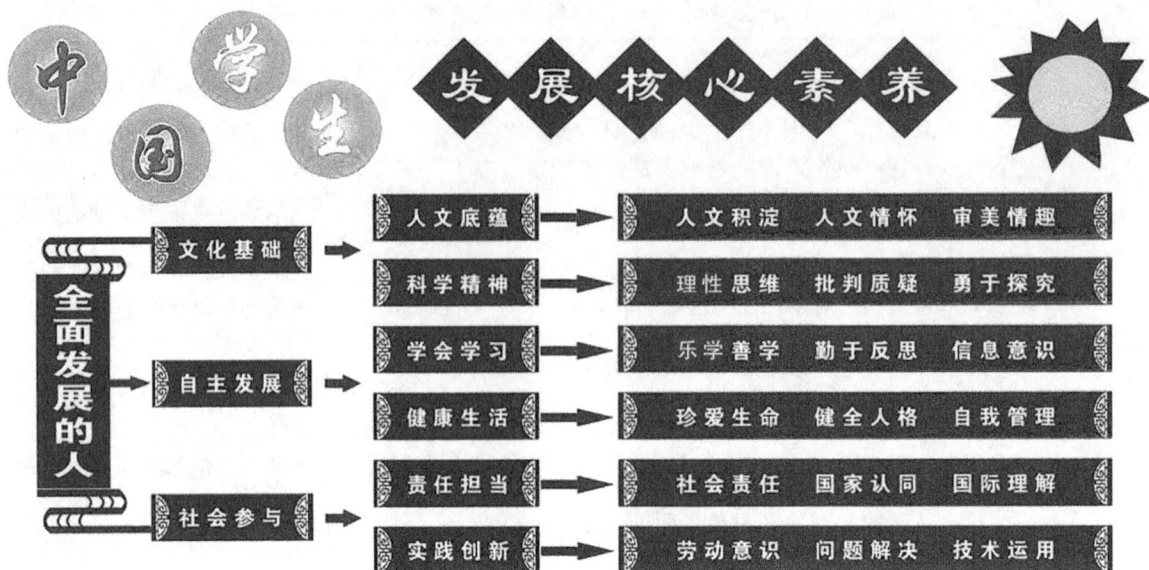

图 1-3-3

▶ 拓展阅读

与数学学习密切的核心素养

应该说，"中国学生发展核心素养"的 3 个方面、6 大素养和 18 个基本要点都与数学学习相关，小学数学教学也要密切关注这些方面。限于篇幅，我们把小学数学教学中与核心素养密切相关的要点介绍如下，它们可以作为学生在"情感态度与价值观"方面的学习目标。

人文积淀：具有古今中外人文领域基本知识和成果的积累；能理解和掌握人文思想中所蕴含的认识方法和实践方法等。

人文情怀：具有以人为本的意识，尊重、维护人的尊严和价值；能关切人的生存、发展和幸福等。

审美情趣：具有艺术知识、技能与方法的积累；能理解和尊重文化艺术的多样性，具有发现、感知、欣赏、评价美的意识和基本能力；具有健康的审美价值取向；具有艺术表达和创意表现的兴趣和意识，能在生活中拓展和升华美等。

理性思维：崇尚真知，能理解和掌握基本的科学原理和方法；尊重事实和证据，有实证意识和严谨的求知态度；逻辑清晰，能运用科学的思维方式认识事物、解决问题、指导行为等。

批判质疑：具有问题意识；能独立思考、独立判断；思维缜密，能多角度、辩证地分析问题，做出选择和决定等。

勇于探究：具有好奇心和想象力；能不畏困难，有坚持不懈的探索精神；能大胆尝试，积极寻求有效的问题解决方法等。

乐学善学：能正确认识和理解学习的价值，具有积极的学习态度和浓厚的学习兴趣；能养成良好的学习习惯，掌握适合自身的学习方法；能自主学习，具有终身学习的意识和能力等。

　　勤于反思：具有对自己的学习状态进行审视的意识和习惯，善于总结经验；能够根据不同情境和自身实际，选择或调整学习策略和方法等。

　　健全人格：具有积极的心理品质，自信自爱，坚韧乐观；有自制力，能调节和管理自己的情绪，具有抗挫折能力等。

　　自我管理：能正确认识与评估自我；依据自身个性和潜质选择适合的发展方向；合理分配和使用时间与精力；具有达成目标的持续行动力等。

　　问题解决：善于发现和提出问题，有解决问题的兴趣和热情；能依据特定情境和具体条件，选择制订合理的解决方案；具有在复杂环境中行动的能力等。

二、教学目标的确定

　　苏联教育心理学家维果茨基提出了思维发展的"最近发展区"理论。认为学生的发展有两种水平：一是现有发展水平，表现为儿童能够独立地、自如地完成的智力任务。二是潜在发展水平，即儿童还不能独立地完成任务，要在他人的帮助下，通过模仿和自己努力才能完成的智力任务。这两个水平之间的差距，就是最近发展区。教学应着眼于学生的最近发展区，为学生发展提供带有一定难度的内容，使学生发挥潜能，积极主动地学习，从而超越其最近发展区达到下一发展阶段。从某种程度上讲，教学目标设计，就是找准学生的最近发展区，设计教学活动，描述学生学习之后达到的结果。

　　确定教学目标，就是描述通过教学过程之后，学生发生的变化，尤其描述清楚学生变化的程度，最好具有可测性。在具体描述时，尽量做到四个结合：全面阐述与简明扼要相结合，即涵盖"知识与技能""过程与方法""情感态度与价值观"三个维度，但尽量用简明扼要的语言进行阐述；过程目标与终极目标相结合，即描述清楚通过什么学习活动（过程），学生达到什么状态（结果）；心理描述与行为描述相结合，即外显的（知识与技能）和内隐的（情感态度与价值观）以及介于两者之间的（过程与方法）要有机结合起来，层层推进地描述学生的学习过程和学习结果；多维分析与综合设计相结合，即从宏观上把握总方向，从微观上将总方向解剖为几个维度并进行各个维度的分析。

1. 知识与技能目标的确定

　　知识与技能目标的确定，即"通过什么样的活动，学生能做什么"。"什么样的活动"指的是学习过程，是对教学过程的高度概括。"能做什么"是指学生对所学知识的把握程度，也就是"了解""理解""掌握""运用"这四个行为动词中至少一个。但要注意这四个行为动词的程度是不同的，要根据具体的内容和学段来确定。例如，二年级"角的初步认识"，就是了解什么是角，能从指定图形中认出角就可以。四年级"角的再认识"，就是理解角的概念，"能用量角器测量角的大小""能用量角器画出指定度数的角"，就是掌握角的概念。在"探索三角形的内角和"时，要对三角形的某些角进行平移、旋转、对称等变换，其实就是运用角的概念。

例如，"长方体的体积"教学的知识与技能目标可以这样确定："通过无盖长方体纸盒体积的测量问题，发现长方体的体积公式，理解体积公式的原理，并能简单运用体积公式计算长方体的体积，解决动车组列车行李车厢的设计问题"。其中，"通过无盖长方体纸盒体积的测量问题"就是学习活动（详见下一节）；"发现长方体的体积公式，理解体积公式的原理"就是达到的目标；"能简单运用体积公式计算长方体的体积，解决动车组列车行李车厢的设计问题"就是达到的程度。

2. 过程与方法目标的确定

过程与方法目标的确定，即"通过什么样的活动，学生发展了哪方面的能力"。在此，本书特别提醒读者注意：行为动词的主体是学生，而不是教师。如果写成"通过什么样的活动，使学生发展什么能力"或者"通过什么样的活动，学生发展什么能力"，行为主体就成教师了，这样的表述就欠妥了。

"通过什么样的活动"，是指学习活动，表现为"经历""体验""感悟""探索"四个层次。经历了，不一定能留下多少印象，或许就是不陌生而已。体验了，就会有一些感觉，留下一些印象，下次再遇到类似问题，或许可以尝试去解决。感悟了，对遇到的问题，通过独立思考或合作交流，获得初步的理性认识。探索了，就说明已经能比较熟练地运用已有知识和方法，尝试从数学角度去思考、分析和解决问题了。

例如，一年级上学期刚开始学习"加与减"时，就是通过合并、聚合等活动体会加法的含义，通过分离、拿走等活动体会减法的含义。两类活动都可以看作学生获得"加减互逆"的经历，未必留下什么印象。到一年级上学期学习"几加几等于十几"时，学生再通过聚合与分离等相反意义的活动，就会进一步体验"加减互逆"的关系，并留下一些印象。到一年级下学期学习"十几减9""十几减8"等知识点时，学生就可能根据上学期留下的"加减互逆"的经历和体验，从"加减互逆"的角度，采用"以加算减"的方法去思考解决问题的办法，但结果可对可错。

"发展了哪方面的能力"，是指发展数学学科比较典型的能力。例如，发现与提出问题的能力、分析与解决问题的能力，寻求数学学科内部、数学与其他学科之间和数学与社会生活之间建立联系的能力，还包括《数学课标（2022年版）》提出的十大核心概念，即数感、符号意识、空间观念、几何直观、数据分析观念、运算能力、推理能力和模型思想、应用意识和创新意识。

例如，"长方体的体积"教学的过程与方法目标可以这样确定："在探索长方体的体积公式的过程中，发展推理能力，在使用长方体的体积公式设计行李箱的活动过程中，发展应用意识和创新意识"（具体过程见下一节）。其中"在探索长方体的体积公式的过程中，发展推理能力"，就包括测量无盖长方体纸盒体积的过程和对数据的观察和猜想，发现其体积等于长、宽、高之积，这就是归纳推理；同时还包括解释为什么长方体的体积等于长、宽、高之积，这就需要学生根据体积的概念进行解释，这就属于演绎推理；归纳推理和演绎推理组成推理能力的两个方面。"在使用长方体的体积公式设计行李箱的活动过程中，发展应用意识和创新意识"，指的是学生使用体积公式，进行长方体体积的实际问题计算，这就是应用意识；在设计行李箱的过程中，学生要进行开放性的思考，根据具体数据灵活进行组合，自由地发挥和想象，这就会发展创新意识。

拓展阅读

数学核心素养 [①]

数学核心素养是具有数学基本特征的关键能力、思维品质、情感态度与价值观。它反映了数学的学科特征及其独特的育人价值，也是现代社会公民素养系统的重要组成部分。《数学课标（2022 年版）》指出，在小学阶段，数学核心素养表现为：会用数学的眼光观察现实世界，会用数学的思维思考现实世界，会用数学的语言表达现实世界。

1. 会用数学的眼光观察现实世界

数学为人们提供了一种认识与探究现实世界的观察方式，这就是数学的眼光。在小学教育阶段，数学眼光主要表现为：抽象能力（包括数感、量感、符号意识）、几何直观、空间观念与创新意识。通过对现实世界中基本数量关系与空间形式的观察，学生能够直观理解所学的数学知识，表述概念的现实背景；能够在生活实践和其他学科中发现基本的数学研究对象，及其所表达的事物之间简单的联系与规律；能够在实际情境中发现和提出有意义的数学问题，进行数学探究；逐步养成从数学角度观察现实世界的意识与习惯，发展好奇心、想象力和创新意识（表 1-3-2）。

表 1-3-2

表现	含义	主要形式
数感	对数与数量、数量关系及运算结果的直观感悟	• 能够在真实的情境中理解数的意义，能用数表示物体的个数或事物的顺序 • 能够在简单的真实情境中进行合理估算，做出合理判断 • 初步体会并表达事物蕴含的简单数量规律
量感	对事物的可测量属性及大小关系的直观感知	• 知道度量的意义，能够理解统一度量单位的必要性 • 根据真实的情境选择合适的度量单位进行度量，会在同一度量方法下进行不同单位的换算 • 初步感知度量工具和方法引起的误差，能合理得到或估计度量的结果
符号意识	能够感悟符号的数学功能	• 知道符号表达的现实意义 • 能够初步运用符号表示数量、关系和一般规律 • 知道用符号表达的运算规律和推理结论具有一般性 • 初步体会符号的使用是数学表达和数学思考的重要形式
几何直观	运用图表描述和分析问题的意识与习惯	• 能够感知各种几何图形及其组成元素，依据图形的特征进行分类 • 根据语言的描述画出相应的图形，分析图形的性质 • 建立形与数的联系，构建数学问题的直观模型 • 利用图形分析实际情境与数学问题，探索解决问题的思路
空间观念	对空间物体或图形的形状、大小和位置关系的感悟	• 根据物体特征抽象出几何图形，根据几何图形想象出所描述的实际物体 • 想象并表达物体的空间方位和相互之间的位置关系 • 感知并描述图形的运动和变化规律
创新意识	主动尝试从日常生活、自然现象或科学情境中发现和提出有意义的数学问题	• 初步学会通过具体的实例，运用归纳和类比发现数学关系与规律，提出数学命题与猜想，并加以验证 • 勇于探索一些开放性的、非常规的实际问题与数学问题

[①] 中华人民共和国教育部：《义务教育数学课程标准（2022 年版）》，5~11 页，北京：北京师范大学出版社，2022。本书引用时做了适当删减。

2. 会用数学的思维思考现实世界

数学为人们提供了一种理解与解释现实世界的思考方式，这就是数学的思维。在小学教育阶段，数学思维主要表现为：运算能力、推理意识。经历独立的数学思维过程，学生能够理解数学基本概念和法则的发生与发展，数学基本概念之间、数学与现实世界之间的联系；能够合乎逻辑地解释或者论证数学的基本方法与结论，分析、解决简单的数学问题和实际问题；能够探究自然现象或现实情境所蕴含的数学规律，经历数学"再发现"的过程；逐步养成讲道理、有条理的思维习惯，形成实事求是的科学态度与敢于质疑的理性精神（表1-3-3）。

表1-3-3

表现	含义	主要形式
运算能力	根据法则和运算律进行正确运算	• 能够明晰运算的对象和意义，理解算法与算理之间的关系 • 能够理解运算的问题，选择合理简洁的运算策略解决问题
推理意识	对逻辑推理过程及其意义的初步感悟	• 知道可以从一些事实和命题出发，依据规则推出其他命题或结论 • 能够通过简单的归纳或类比，猜想或发现一些初步的结论 • 通过法则运用，体验数学从一般到特殊的论证过程 • 对自己及他人的问题解决过程给出合理解释

3. 会用数学的语言表达现实世界

数学为人们提供了一种描述与交流现实世界的表达方式，这就是数学的语言。在小学教育阶段，数学语言主要表现为：数据意识、模型意识、应用意识。经历利用数据和数学模型对现实世界的表达过程，学生初步感悟数学与现实世界的交流方式；能够有意识运用数学语言表达现实生活和其他学科中事物的性质、关系和规律，并能解释表达的合理性；能够感悟数据的意义与价值，有意识地使用真实数据表达、解释与分析现实世界中的不确定现象；欣赏数学语言的简洁与优美，逐步养成用数学语言表达与交流的习惯，形成跨学科的应用意识与实践能力（表1-3-4）。

表1-3-4

表现	含义	主要形式
数据意识	对数据意义和随机性的感悟	• 知道在现实生活中，有许多问题应当先做调查研究，收集数据，感悟数据蕴含的信息 • 知道同样的事情每次收集到的数据可能不同，而只要有足够的数据就可能从中发现规律 • 知道同一组数据可以用不同方式表达，需要根据问题的背景选择合适的方式
模型意识	能够初步感悟数学模型的普适性	• 知道数学模型可以用来解决一类问题，是数学应用的基本途径 • 能够认识到现实生活中大量的问题都与数学有关，有意识地用数学的概念与方法予以解释
应用意识	有意识地利用数学的概念、原理和方法解释现实世界中的现象与规律，解决现实世界中的问题	• 能够感悟现实生活中蕴含着大量的与数量和图形有关的问题，可以用数学的方法予以解决 • 初步了解数学作为一种通用的科学语言在其他学科中的应用，通过跨学科主题学习建立不同学科之间的联系

3. 情感态度与价值观目标的确定

情感态度与价值观目标的确定，即"通过什么样的活动，学生在心理上发生了哪些变化"。"通过什么样的活动"指的是"知识与技能"和"过程与方法"中的活动。"学生在心理上发生了哪些变化"包括《数学课标（2022 年版）》中对"情感态度与价值观"的总目标与具体描述和中国学生发展核心素养中的 18 个基本要点。

我们来回顾"长方体的体积"这节课的大致过程：首先是学生通过测量无盖长方体纸盒的体积，对数据的观察发现了体积公式；然后利用体积的概念解释长方体的体积为什么等于长、宽、高之积；最后是体积公式的运用，解决两个问题，第一个是设计行李箱并计算体积的问题，第二个是用一张 A4 制作体积最大的纸盒的问题。

对照《数学课标（2022 年版）》的总目标，我们发现上述教学过程，有助于培养和发展"提高学习数学的兴趣，增强学好数学的信心"。再对照"中国学生发展核心素养"的 18 个基本要点，可以培养"勇于探究"和"问题解决"。这样，我们就可以确定"长方体的体积"这节课的情感态度与价值观目标，具体表述为："经历长方体的体积公式的探索和应用过程，依据特定情境和具体条件选择制定合理的解决方案，发展问题解决和勇于探究的精神；同时体验数学探索、发现、应用的乐趣，提升学习兴趣，增强学好数学的信心"。

4. 教学重难点的确定

教学重难点的鉴定标准是不同的。教学重点是由学科决定的，也就是学习内容在数学上很重要，占有基础性和发展性的地位。在今后的生活和学习中，学生会经常用到，不学习不行。"长方体的体积"就是这样一个内容，在生活与学习中会经常用到，没有长方体的体积公式，就无法推导其他几何体的体积公式。

教学难点是由学生决定的，学生不容易理解或者产生困惑。即学生在学习时，由于知识水平、基础能力和认知结构的限制，学习和掌握学习内容会产生较大困难。对于"长方体的体积"的学习，学生的最大困难在于理解"为什么长方体的体积等于长、宽、高之积"。

鉴于此，确定"长方体的体积"这节课的教学重点为"长方体的体积公式的发现过程与运用体积公式解决具体问题"。教学难点确定为"长方体的体积公式的原理，即由体积概念解释长方体的体积等于长、宽、高之积"。当然，在开始学习体积度量时，由平面到空间思维方式的重要转变，对学生来讲也是一个难点，根据教学的具体情况，也可以添加到教学难点当中。

▶ 拓展阅读

"十几减 9"的教学目标

知识与技能：通过解决 15-9 的计算问题，发现计算十几减 9 的计算方法，会用摆小棒、圈一圈、破十法、以加算减等方法计算十几减 9。

过程与方法：在探索计算 15-9 的过程中，发展推理和想象能力，在计算十几减 9 的过程中，发展运算能力和数感。

情感态度与价值观：经历计算 15-9 的探索过程，感受数学学习的乐趣，发展勇于探究的精神；通过十几减 9 中多个算式的整理发现，培养观察发现、数学创造的精神，增强数学学习的信心。

教学重点：用破十法、以加算减等方法计算十几减 9。

教学难点：根据加减互逆关系，用以加算减的方法计算十几减 9。

📚 电子图书馆

核心素养研究课题组.中国学生发展核心素养 [J].中国教育学刊，2016（10）。

周朝正，陈晓丽.多元智力理论视域下小学数学教学目标设计研究 [J].教学与管理，2020（6）。

牛献礼.关于数学教学目标的思考 [J].小学教学研究，2013（31）。

陆世奇，彭亮.基于单元知识结构的数学教学目标和重难点确立——以苏教版四年级下册第一单元为例 [J].教育研究与评论（课堂观察），2018（3）。

谢娇.巧用学具吃透算理——以《十几减 9》教学为例 [J].湖北教育（教育教学），2016（8）。

第 4 节　教学过程设计

教学备课中一项重要的转变，就是从教案转向教学设计，这说明我们的教学理念已经发生了很大的变化。第一，从关注教师的教，转变为关注学生的学，因此，学生是课堂的中心。第二，从关注课堂教学的进程，转变为关注教师教和学生学的整个教与学的宏观过程，包括前期设想（想要教学些什么？）、中期的教学行动（怎么学？）、后期的教学效果（如何评价教学效果？）。第三，从关注知识的传授，转变为关注素养的培育，即在知识获得的基础上增加了能力与智力、情感态度与价值观，教学内容更加丰富多彩。

一、常见的课型

教师在进行教学设计时，要根据教学内容，选择相应的课型，课型在一定程度上决定了教学的基本过程。常见的课型有新授课、练习课、复习课和讲评课四种类型。任课教师要根据选择的教学任务和教学实际情况，来确定课的类型。

1. 新授课

新授课，是以教学新知识为目的的课。比如，我们第一次学习"长方体的体积"，核心是探索与发现长方体的体积公式，就属于新授课。新授课的基本环节为"情境引入→探索新知→巩固练习→小结提高"。

新授课的注意事项：让学生在生动有趣的情境中主动学习；引导学生独立思考、探究问题的基础上开展合作交流；培养问题意识、提出新问题的能力和解决问题策略与方法的多样化。

2. 练习课

练习课，是在新授课之后进行巩固新内容的以练习为主的课。比如，我们已经学习了长方体的体积公式，但是学生运用还不熟练，需要一节课来教学如何运用体积公式解决具体问题，就属于练习课。练习课的基本环节是"复习旧知→讲解例题→练习巩固→反馈评价"。

练习课的注意事项：针对要巩固的知识内容和方法技能，选择有代表性的典型例题，采用具有普遍性的解法；练习的安排由浅入深，形式要灵活多样，尽量避免难题、偏题、怪题；针对学生的练习情况，有针对性地给予评价，能激励学生认真思考、好好学习。

3. 复习课

复习课，是在一单元或者章节之后以复习巩固所学系统知识为主要目标的课。比如，长方体的体积所在单元是"长方体与正方体"，在这一单元的新知识教学完了之后，我们要对整个单元进行整理，这就是复习课。复习课的基本环节是"归纳整理→重点讲述→总结提升→作业练习"。

复习课的注意事项：复习课的目标是对所学知识进行整理归类，让分散的知识有机结合起来，使学生获得稳定清晰的核心概念，形成良好的认识结构，便于理解和记忆，为后续学习打好基础；让学生参与建立知识的整体结构，掌握典型的、基础性的方法和必要技巧，并认识到及时复习、总结的重要性。

4. 讲评课

讲评课，即讲评单元测试或者期中期末测试、考试的试卷的课。比如，在学习完成"长方体与正方体"的单元复习后，要进行单元测试，之后对试卷进行整体讲评，这就是讲评课。讲评课的基本环节是"批改试卷→分析试卷→错误归类→讲解（练习）。

讲评课的注意事项：讲评课的难点在于对学生的错误进行正确归因，针对多数学生进行讲解；对典型（创新性）的解题方法给予重视；多鼓励，让尽可能多的学生有信心、提升学习动力；不能就题论题，需要深入分析，共同寻求解决方法和途径，讲到要点，讲求实效。

二、教学过程的设计

教学过程与教学环节是两个不同的概念。教学环节是每节课大致要经历的几个阶段，阶段的名称，就是教学环节之名。教学过程是教学环节每个环节的细化，也就是每个环节怎么进行的详细描述或者构想。对于四种课型来讲，课型基本上决定环节，但环节不能决定过程，即两节课可能环节相同，但过程往往差异很大。

教学过程怎么进行，需要教师进行创造性思考，也需要教师有智慧地进行构想。下面我们以"长方体的体积"为例，来谈一谈如何进行教学过程的设计。读者认真阅读教学过程之后，再回想上一节的教学目标设计，就会有更深刻的理解。从教学现实与效果的程度上讲，教学过程就决定了教学目标以及目标实现的程度。

1. 情境导入（观察—操作—体验）

（1）观察无盖长方体纸盒

教师出示无盖长方体纸盒，让学生指认长、宽、高；再把长方体展开，让学生指认长、宽、高。

（2）学生活动，动手折长方体

学生四人一组，每组四张长方形纸片（长为 12 cm、宽为 9 cm）。

师：你能用一张长方形纸片折一个无盖长方体纸盒吗？长、宽、高取整数，说一说，你是怎么折的？

学生折纸盒，然后汇报方法，如图 1-4-1 所示（单位：cm）。

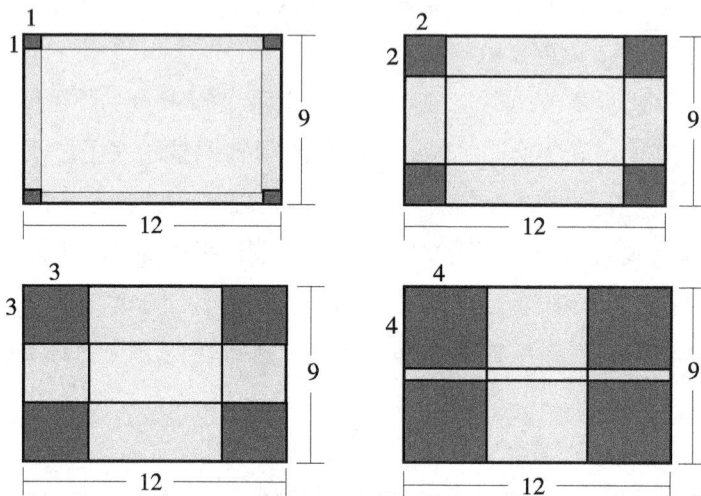

图 1-4-1

【设计意图】发展学生的想象力，将学生的思维从平面引向空间，进一步建立和理解体积的概念。

2. 探索新知（归纳—猜想—论证）

（1）看一看，直观感知纸盒的体积大小

师：请你看一看，四个纸盒中，哪一个纸盒的体积最大？

师：请你说一说，你为什么认为它的体积最大？尽量说得清楚一些。

（2）测一测，经历测量体积的过程

学生用 $1\ cm^3$ 的小正方体测纸盒的体积。活动要求如下。

①四人一组，每人一个小纸盒，用 $1\ cm^3$ 的小正方体测出纸盒的体积；

②把你的数据填入表 1-4-1 中，认真观察数据，发挥你的想象，你能发现什么？

表 1-4-1　长方体纸盒的体积

长方体	每排个数	排数	层数	总个数	体积 /cm³

（3）说一说，猜想发现体积公式

师：再次认真观察数据，发挥你的想象，你能发现什么？

学生说自己的发现，有的用文字，有的用字母。尽管形式不同，但本质都相同。

（4）议一议，讨论体积公式的原理

师：你为什么觉得长方体的体积一定等于长、宽、高之积？

引导学生利用体积的概念进行解释，仅限于长（a）宽（b）高（c）为整数的情形，要点如下。

把这个长方体切成若干个棱长为 1 的小正方体。沿长切成 a 个，沿宽切成 b 个，沿高切成 c 个，一共可以切成 abc 个。可以得到长方体的体积为 abc。

用棱长为 1 的小正方体来填这个长方体。每一层沿长可以放 a 个正方体、沿宽可以放 b 个正方体，每一层可以放 ab 个，高为 c，表示可以放 c 层，一共可以放 abc 个。因此，这个长方体的体积为 abc。也可以看作每一层放的个数乘层数。因此，长方体的体积又可以等于底面积乘高。

【设计意图】发挥学生的想象力，让学生比较纸盒的大小，再动手操作验证；让学生自主地去感知、观察发现长方体的长、宽、高与小正方体的个数之间的关系，在操作基础上，进一步展开想象，发现长方形的体积公式。

3. 巩固练习（学以致用）

出示火车票，铁路旅客乘车须知：

免费携带物品：成人 20 kg，儿童 10 kg。长、宽、高之和 160 cm（动车组 130 cm），超过按规定办理托运。

我来设计：请设计一个动车组列车的随身携带旅行箱，外部尺寸长、宽、高之和不超过130 cm。

师：说一说，你设计的旅行箱的长、宽、高分别是多少，并计算出旅行箱的体积？（取整数）。

师：说一说，通过旅行箱的外部尺寸与体积，你有什么发现？

【设计意图】充分发挥想象力，学以致用，设计旅行箱，在运用中巩固了长方体的体积公式，进一步让学生感受到长方体的体积与它的长、宽、高有直接关系；同时把课堂上学到的数学知识应用到实际生活中，让学生体会到数学在实际生活中的应用价值。

4. 小结提高（小结—拓展）

总结：通过今天的学习，你还想了解长方体的哪些知识？

作业：请你用一张 A4 纸，做出体积尽可能大的纸盒。

【设计意图】发挥想象，拓宽学生的视野，加深学生对长方体体积的认识，并为后续学习做好铺垫。

三、过程设计的注意事项

教学过程设计是一种创造性劳动，是一种复杂的社会再生产。优秀的教学过程设计是设计者教育思想、智慧、动机、经验、个性和教学艺术的综合体现。教师在写教学设计时，应尽量注意以下几点。

1. 科学性

所谓科学性，就是教师要认真贯彻课程标准精神，按教材的内在规律，结合学生的实际确定教学过程（当然也包括教学目标和重难点）。教学过程设计应避免出现知识性错误，切记不要远离课程标准，不要脱离教材的完整性和系统性。

2. 创新性

教学有法，但无定法。课怎么上全凭教师的智慧和才干。教师在做教学设计时要学习大量的参考材料，充分利用教学资源，听取名家的指点，吸取同行经验。然后从教材内容变成胸中有案，再落到纸上，形成书面教学设计，继而到课堂实际教学。这就是教学实施。

3. 差异性

每名教师的知识、经验、特长、个性是千差万别的，而教学工作又是一项富有创造性的工作，因此写教案也就不能千篇一律。教师要充分发挥自己的聪明才智和创造力，结合学生特点，因材施教。

4. 艺术性

教学过程设计要构思巧妙，不仅能让学生在课堂上学到知识，而且得到艺术的欣赏和快乐的体验。教学设计要成为一篇独具特色的"课堂教学散文"或者是课本剧，要层层递进，扣人心弦，达到立体的教学效果。教师的说、谈、问、讲等课堂语言要字斟句酌，该说的一个字不少说，不该说的一个字也不多说，要做到恰如其分。

5. 可操作性

教师在写教学设计时，一定从实际出发，要考虑教学过程的可行性和可操作性。因此，教师需要考虑课堂的容量、进程、时间分配、任务分配等诸多因素。

6. 可变性

教学面对的是一个个活生生的、富有创造创新能力的学生，每个学生的思维能力不同，对问题的理解程度不同，常常会提出不同的问题和看法。教师要根据学生的实际改变原先的教学计划，满腔热忱地启发学生积极思考，针对疑点积极引导。为此，教师在教学过程中，应充分估计学生在学习时可能提出的问题，确定好重点、难点、疑点和关键。总之，教学过程设计要做到"以课前的弹性预设，促进课中的动态生成"。

▶ 拓展阅读

"营养午餐"的教学设计 [①]

一、教学目标

了解营养健康常识，综合运用简单的排列组合、统计、数与运算等相关知识解决问题；根据营养专家的建议，运用正确的数学思想方法分析、调配科学合理的午餐菜式；发展发现问题、

---

① 陈珊芬：《凸显经历过程　丰富实践体验——人教版四年级下册〈营养午餐〉教学策略》，载《福建教育》，2014（Z1）。本书引用时做了适当修改。

解决问题、与人合作等方面的能力和意识；体会数学在日常生活中的应用价值，增强应用意识。

二、教学过程

1. 创设情境——引出主题

（1）视频激趣，发现问题

课件播放："舌尖上的中国人"，学生看完后自由联想，提出与饮食文化、健康、营养、价格、搭配等有关的问题。

（2）套餐呈现，确定课题

出示教材中的 A、B、C 三种套餐。问学生喜欢哪一种套餐，由此引出研究主题：营养午餐。

【设计意图】这是激发"兴奋点"的环节，视频中的画面可以充分调动学生的感官。这既为学生提问提供素材，又让学生感受到数学与生活的密切联系。

2. 阅读资料——理解难点

（1）领会术语

出示教材中的补充材料，让学生阅读。讨论："不低于""不超过"是什么意思？怎样用数学符号表示"不低于 2926 kJ""不超过 50 g"。

（2）提取信息

出示 9 道菜的热量、脂肪、蛋白质含量表，让学生学会正确读取每道菜的这 3 种成分的含量，明白荤菜、素菜的属性。

【设计意图】这是扫除"障碍点"的环节，由于有些专业术语学生未曾见过，教师提供相关的材料供学生阅读并辅以适当解说，能帮助学生扫除专业术语的理解障碍，为下一个环节的探究铺平道路。

3. 想方设法——科学搭配

（1）选一选

A、B、C 三种套餐，你会选哪一种？

①算一算。A、B、C 三种套餐中每份的热量和脂肪含量。

②说一说。你会选择哪一种套餐，为什么？

（2）搭一搭

从 9 道菜中选 3 道配成一份套餐，你能搭配出多少种营养午餐？

①随机搭。学生独立而随机地搭配出一种合格的午餐。

②有序搭。小组合作，从 9 道菜中选出 3 道搭配出合格的营养午餐，汇报时重点突出搭配方法的多样化和最优化。

③多样化搭。方法一，先按 9 道菜的序号顺序搭配出方案，再一一排除脂肪或蛋白质含量不合格的方案。方法二，先以脂肪含量为第一标准一一搭配，再排除蛋白质含量不合格的方案。

最优化要领：

第一，小组合作时组员分工明确：1 人搭配、1 人记录、1 人估算、1 人用计算器验证。

第二，按一定的顺序搭配，做到不重复、不遗漏。

第三，"荤素搭配"的成功率较高。

（3）想一想

小组讨论：一共可以搭配出多少种"营养午餐"？交流时重点渗透排列组合的思想方法。

【设计意图】这是突出"思维点"的环节。数学"综合与实践"不能丢掉"数学味"，仍然要把思维训练作为主线贯穿活动的全过程。教师不仅要引导学生利用多种方法计算，还要让学生经历"任意搭—有序搭—想象搭"的过程，并向学生渗透简单的排列组合思想，提高活动的思维含量。

4. 统计数据——应用结论

（1）调查统计，策略多样

讨论：如何知道全班最喜爱的5种搭配方案？引导学生明确应先调查后统计。调查的方法多种多样，可以采用全班当场举手表决的方式，也可以用问卷的形式，还可以到食堂访问工作人员或查询买菜记录以获得信息。

讨论后，采用先小组统计再汇总成全班统计的形式，以得出结论。

（2）展示结果，风格各异

讨论：用什么办法呈现全班男、女生最喜爱的5种搭配方案，让人一看就明白。

学生独立完成后呈现多样的作品：统计表、复式条形统计图、饼形图等。

（3）二度剖析，寻求优化

出示学生制作的复式条形统计图。

讨论：哪一种搭配所获取的蛋白质最多？

交流汇报时重点解决计算方法的多样化和最优化问题，学生通过比较发现计算比较简便的方法。

（4）特殊配餐，活学活用

出示"全国中小学生各个年龄段体重对照表"，让学生完成如下任务。

①了解自身体重是否符合标准。

②为不同的人群配出合格的午餐。

【设计意图】这是实现"落脚点"的环节，"综合与实践"最终就是要落到"应用"这个重要的目标上。这里的"应用"包含三个方面：①让学生设计图表呈现最喜爱的5种搭配方案。②对照体重表，了解自身的健康状况。能为自己调整、配制营养午餐。③为不同的人群搭配午餐，更体现数学学习的"精髓"——灵活应用。

5. 评议结合——反思发展

（1）畅谈收获，外显内化

讨论：通过本节课的学习，你有哪些收获？

①引导学生总结反思活动的组织过程、数学思想方法、活动经验、情感态度与价值观等。

②引导学生把活动的收获用手抄报、PPT、数学小论文等形式展现出来。

（2）了解危害，倡议健康

了解垃圾食品的危害，设计抵制垃圾食品的倡议书。

（3）亲子活动，共同设计

周末与家长共同设计一顿合格的营养午餐。

【设计意图】这是达成"升华点"的环节，不仅让学生从"四基"的内容总结反思活动，提升能力和经验，而且把活动从课内延伸到课外，从校内延伸到校外，让学生在参与中提高和谐度，增添社会责任感和使命感。

电子图书馆

陈珊芬 . 凸显经历过程　丰富实践体验——人教版四年级下册《营养午餐》教学策略 [J]. 福建教育，2014（Z1）。

王占霞 ."退位"退出的精彩——"两位数减两位数的退位减法"教学片段及反思 [J]. 小学教学（数学版），2018（11）。

李蓉 . 丰富的生活数据　细致的实践研究——以"营养午餐"为例谈综合与实践课教学 [J]. 湖南教育（C 版），2020（1）。

肖紫薇 . 善用数学知识解决生活问题——"营养午餐"课堂教学实录 [J]. 湖南教育（C 版），2019（7）。

贾随军，姚一玲，蔡金法 . 基于问题提出的小学数学教学设计 [J]. 小学教学（数学版），2020（1）。

练习一

1. 做学生认知分析的方法有哪些？请举例说明。

2. 数学教学过程设计应注意什么？请举例说明。

3. 案例分析：请认真阅读下面的教学案例，分析学生出现错误的原因，给出你的教学建议。

在一次"用数字表示物体个数"的数学课上，教师向学生展示了一些小棒（1 捆加几根，1 捆是 10 根），让学生用数字写出这些小棒的数目，学生均能用 11～20 的数字正确表示。然而，当教师给出 1 捆加 12 根时（图 1-4-2），一些学生却写出数字 1012。当教师问学生一共有多少根小棒时，这些学生都能口头说出"二十二根"。当教师问及学生"1012"表示的含义时，学生回答道："10 表示左边的 1 捆，因为 1 捆中含有 10 根小棒；12 表示右边的 12 根，其中，1 表示12 根小棒中的 10 根可以捆成 1 捆，2 表示还余下 2 根。"

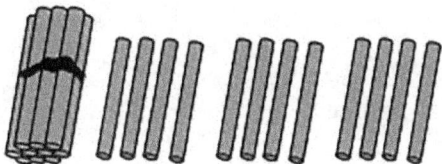

图 1-4-2

4.案例分析：请认真阅读下面的教学案例，分析学生出现错误的原因，给出你的教学建议。

计算 $\frac{1}{3} + \frac{2}{5}$。学生常常会将分子分母直接相加，得到 $\frac{1}{3} + \frac{2}{5} = \frac{1+2}{3+5} = \frac{3}{8}$。当问及为什么这样加时，学生解释道：3份中取1份加上5份中取2份，结果就是8份中取出了3份。可当问到是否记得异分母分数加减法法则时，学生都说"记得"，并能意识到自己刚才做错了。此时，学生几乎都能计算正确。有的甚至还能解释为什么要先通分后计算。

5.阅读教材片段"长方形的面积"（图1-4-3），请从学科角度分析其数学背景，并进行教学设计。

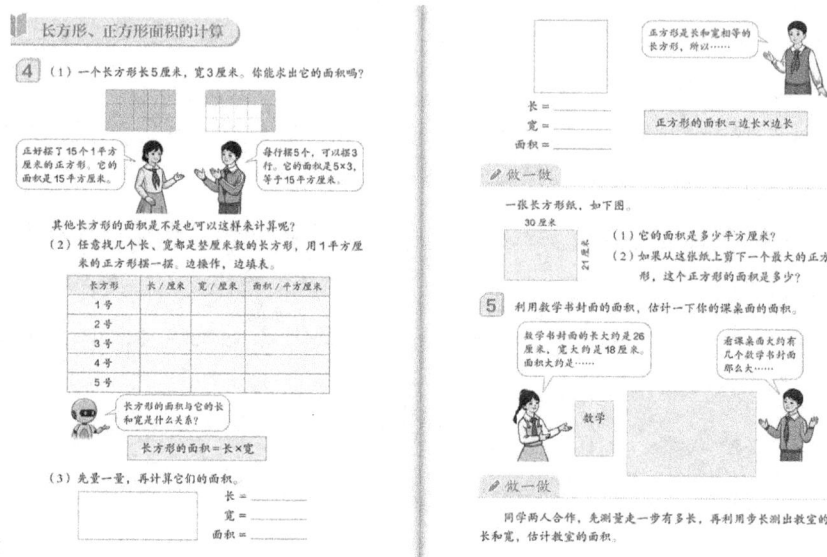

图1-4-3

6.阅读教材片段"分数除法"（图1-4-4），请从学科角度分析其数学背景，并进行教学设计。

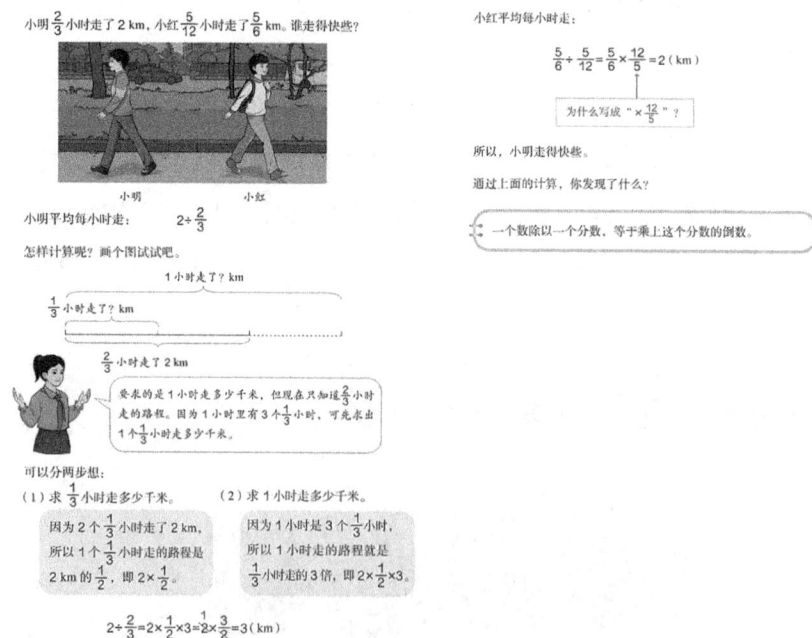

图1-4-4

第 2 章

小学数学教学实施的
基础理论

第 1 节　小学数学的教学原则

教学原则是根据一定的教学目的任务，遵循教学过程的规律而制定的对教学的基本要求，是指导教学活动的一般原理。[①]2019 年 6 月 23 日，《中共中央　国务院关于深化教育教学改革全面提高义务教育质量的意见》中指出，"坚持五育并举，全面发展素质教育""着力培养认知能力，促进思维发展，激发创新意识"。

因此，小学教师需要深入理解数学学科特点、小学数学的知识结构与思想方法，科学把握小学生的认知规律，并将它们有机结合起来，实施有过程的、体现学科特点的、适应学生学习的小学数学教学。这就是小学数学教学应该遵循的原则，具体表现为以下几点：注重过程，处理好过程与结果的关系；重视直观，处理好直观与抽象的关系；重视经验，处理好直接经验与间接经验的关系；重视推理，处理好合情推理与演绎推理的关系。

一、过程性原则

如果我们问一个学生，你今天在数学课上学了什么？学生常会回答，我学了某个概念、某个公式、某种计算。但我们发现，学生常常在使用概念时张冠李戴，不会使用公式，遇到计算就出错。出现这些问题的原因在哪里？原因之一就在于，我们非常关注数学知识，把数学看作一个静态结果，即是否记住了数学概念、公式和法则。为了达到这个效果，数学教学过于强调接受学习、死记硬背、机械训练。这样就造成学生不理解数学概念是如何产生的、数学公式是如何被发现的、算法背后的原理是什么，自然会频繁地出现错误。

其实，数学更是一个动态的过程，其中蕴含了丰富的数学思想方法。数学概念产生的过程、数学公式发现与使用的过程、计算法则与规则制定的过程，都包含了人类的智慧。对一个在未来社会中生活的学生来讲，智慧可能比知识更重要。"一个人是否具有智慧，往往并不表现于行为的结果，而是表现于行为的过程。比如一个人的智慧，表现在对于重大问题的判断与决策之中，表现在应对危难的沉着与机敏之中，表现在安排实验的想象与设计之中，表现在解题的直觉与逻辑之中"。[②]

鉴于此，有效的数学教学，不能只关注结果，要注重过程，处理好过程与结果的关系。数学教学要倡导学生主动参与、乐于探究、勤于动手，培养学生收集和处理信息的能力、获取新知识的能力、分析和解决问题的能力以及交流与合作的能力。课堂教学要突出学生的主体地位，注重保护好学生的好奇心、想象力、求知欲。这样才有助于激发学生的学习兴趣、提高学习能力，进而有助于培养智力、增进智慧。

数学教学如何才能注重过程，处理好过程与结果的关系呢？数学教学要通过充分的过程，让学生理解数学概念是如何产生的、数学公式是如何被发现的、算法背后的原理是什么、数学问

---

① 王策三：《教学论稿》，154 页，北京，人民教育出版社，1985。
② 史宁中：《试论教育的本源》，载《教育研究》，2009（8）。

题是如何被提出和解决的。因此，教师要科学地运用启发式教学、互动式教学和探究式教学，激发学生的好奇心、探究欲，引导学生积极地思考，在获取知识的同时长见识、悟道理。如果这样，学生就会对概念、公式、法则与问题解决等有更深刻的认识和理解。在面临新情境、新问题时，学生就可能将经历的过程中的思想方法进行类比迁移，灵活运用知识与技能，富有个性地分析和解决问题，调整自身更好地适应新情境。

▶ 拓展阅读

分数除以整数 [①]

师：你知道 $\frac{2}{5} \div 3$ 怎么计算吗？同学们先自己思考一下，然后小组讨论，得出一种计算方法。（几分钟之后，学生计算完了）下面请各个小组汇报一下，你们是怎么计算的。

生1：$\frac{2}{5} \div 3 = \frac{6}{15} \div 3 = \frac{6 \div 3}{15} = \frac{2}{15}$。

师：你是怎么想的？

生1：两份平均分成3份，分子2不是除数3的倍数，不好算。根据分数的基本性质，$\frac{2}{5} = \frac{6}{15}$，这样6份平均分成3份，就好算了。

师：很好，还有别的算法吗？

生2：$\frac{2}{5} \div 3 = 0.4 \div 3 = 0.1333\cdots$。

师：你是怎么想的？

生2：可以化成小数0.4，我们已经学习了小数除以整数，$0.4 \div 3 = 0.1333\cdots$，结果是一个无限循环小数。

师：哦，很好，还有别的算法吗？

生3：$\frac{2}{5} \div 3 = \left(\frac{2}{5} \times \frac{1}{3}\right) \div \left(3 \times \frac{1}{3}\right) = \left(\frac{2}{5} \times \frac{1}{3}\right) \div 1 = \frac{2}{5} \times \frac{1}{3} = \frac{2}{15}$。

师：你又是怎么想的？

生3：根据商不变的性质，把除数变成1，这样就好算了。

师：同学们，他为什么要乘 $\frac{1}{3}$ 呢？

生：3乘 $\frac{1}{3}$ 等于1，除数变成了1。一个数除以1，还等于原来的数，这样算起来比较方便。

师：哦，根据商不变的性质，被除数和除数都乘 $\frac{1}{3}$，除数变成了1。一个数除以1，还等于原来的数，这样算起来比较方便。很好，还有别的算法吗？

生4：$\frac{2}{5} \div 3 = \left(\frac{2}{5} \times \frac{5}{2}\right) \div \left(3 \times \frac{5}{2}\right) = 1 \div \left(3 \times \frac{5}{2}\right) = 1 \div \frac{15}{2} = \frac{2}{15}$。

师：这里为什么要乘 $\frac{5}{2}$ 呢？

生4：根据商不变的性质，被除数和除数都乘 $\frac{5}{2}$，被除数变成了1。1除以一个数等于这个数

---

① 执教：李进卫（南京市致远外国语小学）。本书引用时做了适当修改。

的倒数，这样算起来比较方便。

师：很好，大家看着这 4 种方法，都能算出来。我们现在看第 3 种方法，是不是可以简单地写成 $\frac{2}{5} \div 3 = \frac{2}{5} \times \frac{1}{3} = \frac{2}{15}$？

生：可以。

师：我们把这种方法叫作第 5 种方法，我们看，这里的 $\frac{2}{5}$ 除以 3，实质上是乘 3 的……

生：倒数。

师：是的。下面大家用别人的方法算一算。算完之后回想一下，你更喜欢哪种方法？（几分钟之后，学生计算完了）说一说，你更喜欢哪种方法？

生 5：我更喜欢第 5 种，它计算简单，容易懂。

生 6：我更喜欢第 1 种，它计算简单，也容易懂。

师：你喜欢第 2 种方法吗？

生 7：不喜欢。这里 $\frac{2}{5}$ 能化成有限小数，还可以计算。如果不能化成有限小数，就不好计算。

师：你能举个例子吗？

生 8：比如，$\frac{3}{7} \div 4$，$\frac{3}{7}$ 不能化成有限小数，计算起来很麻烦。

师：是的。那么第 3 种和第 4 种呢？

生 9：书写起来有点儿麻烦。

师：通过刚才大家的做法，同学们体会到第 1 种和第 5 种方法比较简便一些。那么大家就用自己喜欢的方法来计算一下 $\frac{3}{7} \div 4$，看看哪种方法比较简单。（很快，学生做完了）谁来汇报一下？

生：$\frac{3}{7} \div 4 = \frac{12}{28} \div 4 = \frac{12 \div 4}{28} = \frac{3}{28}$。

生：$\frac{3}{7} \div 4 = \frac{3}{7} \times \frac{1}{4} = \frac{3}{28}$。

师：哦，他们用的分别是第 1 种和第 5 种方法。大家是不是觉得这两种方法计算都挺简单的？

生：嗯。

师：大家再试一试 $\frac{27}{40} \div 13$ 吧。（很快，学生做完了）谁来说一说你是怎么做的？

生：$\frac{27}{40} \div 13 = \frac{27}{40} \times \frac{1}{13} = \frac{27}{520}$。

师：还有没有其他方法呢？

生：没有。

师：你呢，有没有用第 1 种方法做的？

生：没有，数字非常大，用第 1 种方法计算很不容易。

师：大家都同意他的意见吧？也就是说，我们在计算分数除以整数时，采用第 5 种方法计算比较简便。也就是除以一个整数等于乘它的——（学生齐答：倒数）——那么第 1 种方法在什么情况下比较简便呢？

生：被除数的分子是除数的倍数。

师，嗯，我们选择用什么样的方法，与题目提供的数是有密切关系的。我们在做题的时候要认真分析、认真观察，根据不同的题目，选择不同的方法。

二、直观性原则

数学研究对象是从具体内容中抽象出来的形式、结构和数量关系，因此数学具有高度的抽象性。纯数学对象是现实世界的空间形式和数量关系，是非常现实的材料，这些材料经过想象创造、抽象概括，以极度形式化的结果出现，再借助逻辑的力量将它们巧妙地连接起来。因此，数学是在纯粹状态下以抽象形式出现的理想化的各种模式。对此，怀特海曾有精辟的概括，"数学是在从模式化的个体作抽象的过程中对模式进行的研究"。[①]

如果把抽象的数学内容直接教给学生，学生是很难接受的。因为小学学生的思维特点是，以具体形象思维为主，逐渐向抽象逻辑思维过渡，但是逻辑思维是初步的，所以小学数学教学要重视直观，处理好直观与抽象的关系，尽量从直观入手，逐渐过渡到抽象。教师借助所要教授的抽象数学内容的直观载体，让学生通过直观载体，借助视觉、听觉和想象建立具体而清晰的表象，再进行抽象概括、推理论证等思维活动，理解和掌握所学的数学内容。同时，该原则也要求教师关注学生的认识过程，让学生从感性认识逐渐上升为理性认识。

在小学数学教学中，如何引导学生从直观逐渐过渡到抽象呢？可以沿着以下四个阶段进行：实物→表象→符号→关系。这也是数学学习的四个基本阶段，一般来讲学前教育重点在于实物和表象阶段，小学教育重点在于表象和符号阶段，中学教育重点在于符号和关系阶段。下面我们以"认识长方形"为例（表 2-1-1）来理解这四个阶段。难点在于建构长方形的概念，突出其特征，即"四个角是直角"和"特殊四边形"。

表 2-1-1 数学学习从直观到抽象的基本阶段

阶段	含义	示例
实物	通过自己或者他人对具体实物的真实观察、动手玩弄、简单操作，借助具体的动作来直接认识数学对象的初始形态	观察长方形的实物，如课桌桌面、书本表面、黑板边框、地砖等，看看这些事物长成什么模样、具有哪些特点
表象	多次实物操作之后，在头脑中想象动作操作的过程与结果，或者画出图像来直观形象地表达实物操作过程，即依靠直观想象和绘制图形来认识和理解数学对象	闭上眼睛，脑袋里面想象课桌桌面、书本表面、黑板边框、地砖等，说一说这些事物长成什么模样，或者画出大致图形，想想长方形都是什么样的
符号	在表象基础上进行抽象概括，利用"数学化"的语言（如文字、算式、符号、公式等），比较抽象地描述和刻画数学对象	抽象得到长方形的定义，用数学语言表达出来：有一个角是直角的平行四边形叫作长方形；四个角是直角的四边形叫作长方形

① 徐利治、郑毓信：《略论数学真理及其真理性程度——兼评怀特海的〈数学与善〉》，载《自然辩证法研究》，1988（1）。

续表

阶段	含义	示例
关系	在符号的基础上，借助逻辑推理的力量，从数学结构的角度，深层次地揭示数学对象背后的含义，将相关对象联系在一起，构建知识与思想的网络结构	长方形有四个直角、四条边；长方形有两条对角线，它们长度相等；长方形是特殊的平行四边形；四边相等的长方形又叫作正方形

　　表象阶段正是直观向抽象过渡的桥梁，是小学数学学习中非常重要的一步。表象是曾经感知过的事物不在面前时，在脑中重现出来的形象。表象具有直观形象性和概括性，它反映的是事物共同的表面形象特征。学生的具体形象思维向抽象逻辑思维的过渡，就是依靠表象这一中间环节来实现的。教学中运用直观，可以形成和积累表象，从而过渡到抽象，达到理解抽象数学概念和原理、分析和解决数学问题的目的。

▶ 拓展阅读

除法竖式（两位数除以一位数）①

一、实物——分小棒，感悟程序性操作

　　师：老师为每个学习小组准备了 42 根小棒（4 捆加 2 根），请动手把它平均分给 2 个小朋友。分完后，请告诉老师，你是分几步完成的？

　　生 1：我是分两步来完成的。第一步，把 4 捆平均分给 2 个人，每人 2 捆；第二步，把 2 根平均分给 2 个人，每人 1 根。最后结果为，每人 21 根。

　　师：很好。请同学们把小棒摆回上课前的样子（4 捆加 2 根）。如果把这 42 根小棒平均分给 3 个小朋友，你怎么分？分完后，请告诉老师，你是分几步完成的。

　　生 2：我是分三步来完成的。第一步，把 4 捆平均分给 3 个人，每人 1 捆，还余下 1 捆；第二步，把余下 1 捆打开，和 2 根放在一起，得到 12 根；第三步，把 12 根平均分给 3 个人，每人 4 根。最后结果为，每人 14 根。

　　师：嗯，非常好。如果把 75 根小棒平均分给 3 个小朋友，你怎么分？分完后，请告诉老师，你是分几步完成的。

　　生 3：我是分三步来完成的。第一步，把 7 捆平均分给 3 个人，每人 2 捆，还余下 1 捆；第二步，把余下 1 捆打开，和 5 根放在一起，得到 15 根；第三步，把 15 根平均分给 3 个人，每人 5 根。最后结果为，每人 25 根。

　　师：通过解决上面三个分小棒问题，你有什么发现？一般是几步完成的？

　　生 4：一般是三步，都从整捆开始分。第一步，分整捆的；第二步，余下的捆打开和单根放在一起，看看一共有多少根；第三步，分散的。

　　师：为什么第一个问题只有两步呢？

---

　　① 曾小平、韩龙淑：《除法竖式的发展与教学》，载《小学教学（数学版）》，2011（11）。本书引用时做了适当修改。

生：因为整捆刚好分完了。

二、表象——画图像，为抽象做准备

师：通过刚才的讨论，我们发现后两个问题更具有普遍性。请同学们回忆一下，刚才是怎么解决第二个问题的。方便的话，你可以在纸上画出关键步骤的草图。

有的学生回忆，有的学生画图（图 2-1-1）。

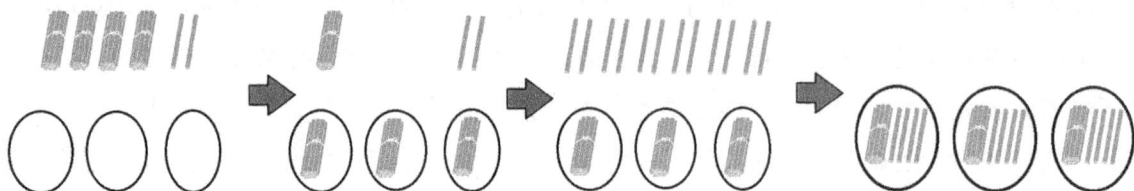

图 2-1-1

三、符号——写竖式，感悟竖式的形成过程

师：这三步都是表内除法和加法，我们已经学习了它们的竖式书写，你能正确写出来吗？

生：能（书写，见图 2-1-2）。

图 2-1-2

师：写得很好。不过，一个问题用了三个竖式才计算出结果。我觉得有点儿麻烦。你能不能把这三个竖式精简浓缩成一个竖式？

生：我们试一试（书写，见图 2-1-3）。

图 2-1-3

师：这 3 种表示方法可以看作 3 种计算除法的方法。假如我让大家用除法竖式计算 $42 \div 3$，你觉得哪种计算方法好？为什么？

生：第 1 种好，因为它反映了刚才分小棒的三个步骤，并且隐藏了每一步所对应的算式。

师：你的见解真深刻！大家对另外两种方法怎么看？

生：第 2 种虽然简单，但体现不出过程，数字大了看不出结果。

生：第 3 种用了两个算式，比较浪费，还是一个竖式对应一个问题好。还有一个问题是，分4 捆的算式 $4 \div 3 = 1 \cdots\cdots 1$ 在第 3 种方法里变成了 $40 \div 3 = 10 \cdots\cdots 10$，违反了余数要小于除数的

原则。

师：说得很好。数学上，我们就是用第 1 种方法写竖式的。

四、关系——总结，体会除法竖式的算法

师：请大家用除法竖式计算 72÷3，75÷3，72÷4，42÷2。

学生计算之后交流，尤其对 42÷2 突出两层竖式具有一般性。最后，教师引导学生总结除法竖式的计算方法。

生：用除数去除被除数的十位数字，得到商和余数；将余数和被除数的第二个数字组成一个新的数，再用除数去除，得到商和余数。

三、经验性原则

经验是认识的开始。学生学习数学，要以一定的经验为基础。这些经验是现实世界的数量关系和空间形式在学生头脑中的反映，还包括已经学习的一些数学知识和思想方法。对于学生的数学学习而言，又可以划分为直接经验和间接经验。直接经验就是通过亲身实践活动和学习得到的经验。例如，在学习角之前，学生已经接触过桌子角、墙角、剪刀、折扇等。间接经验是指从书本、他人那里得来的知识，特别是前人通过总结实践经验而得出的科学理论知识。例如，数学课本中角的定义。

直接经验和间接经验是学生获得数学知识的两条途径，两者是源与流的关系。学生的数学学习从整体上都起源于直接经验，但对于每一个学生，他的数学知识大量来源于间接经验，即书本知识、媒体知识、教师与同伴知识，不过这些间接经验对于整个人类社会而言仍是直接经验。因此，小学数学教学中要重视直接经验的作用，把直接经验和间接经验有机地结合起来。教学要基于学生的数学直接经验，逐渐拓展间接经验，并最终将间接经验内化为直接经验。

因此，小学数学教学要重视学生的经验，处理好直接经验与间接经验的关系。如果只重视直接经验，事事都依靠学生的亲身经历，显然在有限的时间和空间内不会真正掌握小学数学的内容。即便学到一些内容，也是零散的碎片，构建不了系统的结构体系。反之，如果只重视间接经验，有的学生会觉得数学枯燥乏味，失去学习的兴趣，甚至产生厌学情绪。即便学生学习了一些数学知识，也知道一些经典理论，然而面对一些社会生活问题，仍会束手无策。

鉴于此，数学教学应根据具体的教学内容，注意使学生在获得间接经验的同时也能够有机会获得直接经验。即从学生实际情况出发，创设有助于学生主动学习的问题情境，引导学生通过实践、思考、探索、交流等，获得数学的基础知识、基本技能、基本思想、基本活动经验。促使学生主动地、富有个性地学习，不断提高发现问题和提出问题的能力、分析问题和解决问题的能力。并在此基础上，发展学生积极的数学情感和学习态度，形成正确的价值观，帮助学生树立远大理想。

对于小学数学教学而言，要处理好直接经验与间接经验的关系，最重要的就是协调好"生活化"与"数学化"的关系。"生活化"的数学教学主张"让学生身临其境地解决一个个具体的生活问题,从而使数学走进学生的生活,从理念世界回归到学生的生活世界"。[1]"数学化"主张"在观察、认识和改造客观世界的过程中,运用数学的思想和方法来分析和研究客观世界的种种现象并加以整理和组织的过程"[2],也就是用数学的眼光观察现实世界、用数学的思维思考现实世界、用数学的语言表达现实世界。从某种意义上讲,"生活化"侧重于学生的直接经验,而"数学化"更侧重于间接经验。它们都是小学数学教学应该关注的,好的做法是在"生活化"的基础上进行"数学化"。

▶ 拓展阅读

小数的意义与教学探究 [3]

"小数意义"的教学,需要让学生明白:小数的本质是十进制数,是整数的延伸。因此,教学的重点就是要让学生理解"小数是自然数的单位 1 沿着小的方向延伸产生的数,相邻计数单位之间的进率为 10"。

师:目前我国使用的人民币中,最常用的单位是……

生:元。

师:(出示 1 张一元的人民币)这是 1 元,如果 3 张这样的人民币就是……

生:3 元。

师:10 张这样的人民币是……

生:10 元。

师:(拿出一张十元的人民币)1 张拾元的人民币就等于 10 张一元的。(拿出 10 张十元的人民币)这是……

生:100 元。

师:(拿出 1 张百元的人民币)1 张百元的相当于 10 张十元的,相当于 100 张一元的。十元、百元都是比一元更大的面值,有没有比一元更小面值的人民币呢?

生:有,角和分。

师:角是怎么来的?角有什么用?

生:把 1 元平均分成 10 份,每份就是 1 角,也就是"1 元等于 10 角"。角表示比元更小的单位,就是不足 1 元时,可以用角来支付。

师:一个空矿泉水瓶子的价值为 1 角,一个作业本的价格为 5 角,用元作单位怎么表示?

生:分别是 0.1 元和 0.5 元。

师:6 个空矿泉水瓶的价值为多少元?

① 曹一鸣:《数学教学中的"生活化"与"数学化"》,载《中国教育学刊》,2006(2)。
② 曹一鸣:《数学教学中的"生活化"与"数学化"》,载《中国教育学刊》,2006(2)。
③ 曾小平、韩龙淑:《小数是特殊的分数吗?——小数的意义与教学探究》,载《教学月刊·小学版(数学)》,2012(Z2)。本书引用时做了适当修改。

生：0.6 元。

师：0.5 元、0.6 元里面分别有几个 0.1 元？

生：5 个，6 个。

师：有比角更小的货币单位吗？如果有，它是怎么来的？

生：有，分。把 1 角平均分成 10 份，1 份就是 1 分，也就是 1 角等于 10 分。

师：一张作业本纸的价值约为 1 分，一张 A4 打印纸的价值约为 4 分，一张创可贴的价格约为 25 分。如果用元作单位，它们分别可以表示为多少元呢？

生：分别是 0.01 元、0.04 元和 0.25 元。

师：0.04 元、0.25 元里面分别有几个 0.01 元？

生：4 个，25 个。

师：通过前面的分析，你知道 2.25 元表示什么吗？

生：两元两角五分。

师：那 2.25 表示什么意思呢？

生：2 个 1、2 个 0.1 和 5 个 0.01 合在一起。

师：说得不错。我们把像 0.1，0.5，0.01，0.25，2.25 的数叫作小数。

评析：通过生活实例，学生认识到，人们在度量物体的时候，总把容易感知的量作为单位 1，然而在社会生活中有时还需要比单位 1 更小的单位，人们还可以按照十进制的原理产生更小的计数单位，这样就产生了小数。

四、推理性原则

推理是数学的明显特征，它与抽象、模型并列为数学的三大基本思想。推理一般包括合情推理和演绎推理。合情推理是根据已有的事实、实验和实践的结果，以及个人的经验、直觉等推测某些可能结果的推理过程。合情推理常常表现为归纳和类比两种基本形式。演绎推理是根据已有的事实和正确的结论（包括定义、公理、定理等），按照严格的逻辑法则得到必然结论的推理过程。演绎推理常常表现为数学的计算和证明。

在小学数学中，合情推理与演绎推理常常同时出现，而且两者相互印证、相得益彰。例如，学生通过几根小棒围三角形，由此提出猜想"三角形的两边之和大于第三边"，这就是合情推理，是发现结论。如果学生进一步思考，根据"平面上两点之间线段最短"，得到"三角形的两边之和大于第三边"，这就是演绎推理，是证明结论。

虽然合情推理得到的结论是或然的，但是在解决问题的过程中，合情推理具有猜测和发现结论、探索和提供思路的作用，有利于培养创新意识。由于演绎推理得到的结论是必然的，数学结论的正确性必须通过演绎推理或逻辑证明来保证，即在前提正确的基础上，通过正确使用推理规则得出结论。因此，逻辑推理是得到数学结论、构建数学体系的重要方式，是数学严谨性的基本保证，是人们在数学活动中进行交流的基本思维品质。[1]

比如，哥德巴赫猜想可能是通过对一些算式（例如，6=3+3，10=3+7，12=5+7，100=47+53 等）的观察出发，归纳发现"任何一个大于或等于6的合数，可以分解为两个奇质数之和"。我们可以列举很多例子，验证它是对的，但至今仍不能利用已有正确的方法证明它的成立，因此数学上并不承认它是真命题，而仅仅是一个猜想。

鉴于此，教师应当创设易于学生积极思考的问题情境，引导学生通过观察、尝试、估算、归纳、类比、画图等数学学习活动，主动发现规律和大胆猜测结论，发展合情推理能力。同时，通过实例让学生逐步意识到，结论的正确性需要演绎推理来进行确认。但对于演绎推理需要根据学生的年龄特征提出不同的要求，有一定的差异性和适应性。

因此，在小学数学教学中，我们要将合情推理和演绎推理结合起来。具体操作过程可以这样进行：先用合情推理发现结论，再用演绎推理证明结论；先用合情推理探索解决问题的思路或者预测答案，再用演绎推理解决问题和进行论证；先用合情推理发现一门学科的基础知识，再用演绎推理将这些基础知识整理成逻辑严谨的结构体系，形成学科的基本框架。

▶ 拓展阅读

对顶角相等 [2]

对于"对顶角相等"，有些学生会凭借个人经验判定其正确性。数学教学如果仅停留于此，便失去了一次培养学生推理能力的机会。比较好的做法是，让学生经历"先猜后证"的过程，"猜"就是归纳推理，"证"就是演绎推理。

首先，呈现一条直线，再出现两条交叉的直线（图 2-1-4），让学生先观察图形："获得了哪些数学信息？"然后，引导学生进一步大胆思考："这 4 个角有什么关系呢？"学生提出猜想：$\angle 1 = \angle 3$，$\angle 2 = \angle 4$。接着，让学生合作验证："以 $\angle 1 = \angle 3$ 为例，大家有什么办法来得到 $\angle 1 = \angle 3$ 吗？"学生给出了以下几种验证方法。

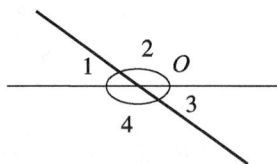

图 2-1-4

方法 1：测量验证，用量角器分别量出这两个角，判断是否相等。

方法 2：观察验证，用折一折的方法，看看这两个角是否重合。

方法 3：推理验证。第 1 种推理方法，$\angle 1 + \angle 2 = 180°$，$\angle 2 + \angle 3 = 180°$，推导得到 $\angle 1 + \angle 2 = \angle 2 + \angle 3$，两边再减去 $\angle 2$，所以 $\angle 1 = \angle 3$。第 2 种推理方法，$\angle 1 + \angle 2 = 180°$，$\angle 2 +$

[1] 中华人民共和国教育部：《普通高中数学课程标准（2017 年版 2020 年修订）》，5 页，北京，人民教育出版社，2017。

[2] 叶华永：《让学生经历"数学证明"的学习过程——浅谈数学证明在小学数学教学中的实施》，载《小学数学教育》，2015（11）。本书引用时做了适当修改。

∠3=180°，推导得到∠1=180°-∠2，∠3=180°-∠2，所以∠1＝∠3。

最后，比较这三种不同的验证方法，学生会发现前两种测量与观察验证会产生误差，也会受到工具的限制，并不能保证结论成立。而运用平角 180° 的关系能证明∠ 1=∠ 3，能保证结论的绝对正确性。相互对比，学生可以更深刻地体会证明的重要性。

电子图书馆

端木钰 . 儿童数学学习：在具象与抽象中穿梭 [J]. 上海教育科研，2011（12）。

张艳霞，龙开奋，张奠宙 . 数学教学原则研究 [J]. 数学教育学报，2007（2）。

曹一鸣 . 数学教学中的"生活化"与"数学化" [J]. 中国教育学刊，2006（2）。

沈超 . 小学数学教学"数学化"缺失的分析 [J]. 数学教育学报，2008（4）。

叶华永 . 让学生经历"数学证明"的学习过程——浅谈数学证明在小学数学教学中的实施 [J]. 小学数学教育，2015（11）。

吴维维，邵光华 . 逻辑推理核心素养在小学数学课堂如何落地 [J]. 课程•教材•教法，2019（3）。

郭立军，刘凤伟 . 数学化对学生学习数学概念的影响——以"小数"概念学习为例 [J]. 课程•教材•教法，2018（1）。

第 2 节　小学数学的教学方式

课堂是教学的主阵地，学生的学习主要在课堂。因此，我们要强化课堂主阵地的作用，优化教学方式，切实提高课堂教学质量。《中共中央 国务院关于深化教育教学改革全面提高义务教育质量的意见》中指出，"坚持教学相长，注重启发式、互动式、探究式教学""课上要讲清重点难点、知识体系，引导学生主动思考、积极提问、自主探究"。因此，小学数学教学要尊重学生个体差异，采用灵活多样的教学方法，因材施教，培养学生自主学习和终身学习能力。

一、启发式教学

1. 含义

启发式教学指在教学过程中，根据教学任务和学习的客观规律，从学生的实际出发，灵活采用多种方式，以启发学生的思维为核心，调动学生的学习主动性和积极性，促使学生生动活泼地学习的一种教学方式。在我国，"启发"一词，源于孔子的"不愤不启，不悱不发"。就是说学生已经思考相当长时间但还是想不通，此时教师可以去启发他；学生虽经思考并已有所领会，但未能以适当的言辞表达出来，此时教师可以去开导他。

鉴于"数学是思维的科学"[①]，数学教学是数学思维活动的教学。因此，数学启发式教学是指，教师从学生已有的数学知识、经验和思维水平出发，创设"愤悱"的数学情境，启发学生主动积极思维，引导学生学会思考，使学生的数学思维得以发生和发展，让学生的数学知识、经验和能力得以生长，并从中领悟数学本质的教学方式。[②]

因此，《数学课标（2022年版）》指出，教师是学习的引导者。其引导作用主要体现在：通过恰当的问题，准确、清晰、富有启发性地讲授，引导学生积极思考、求知求真，激发学生的好奇心；通过恰当地归纳和示范，使学生理解知识、掌握技能、积累经验、感悟思想；坚持立德树人，关注学生的个性差异，用不同层次的问题或教学手段，引导每一个学生都能积极参与学习活动，发展数学核心素养。

2. 主要特点

第一，强调学生是学习的主体。教师要充分调动学生的学习积极性，实现教师主导作用与学生积极性的有效结合。教师要善于激发学生内在的学习动力，实现内在的学习动力与学习责任的有机结合。

第二，强调学生智力的充分发展。小学数学的教育价值之一在于实现系统数学知识学习与智力发展的充分结合。教师要重视学生数学思维的发展，尤其关注学生思维的灵活性、创造性、独特性和广阔性。

第三，重在启发学生主动思考。数学启发式教学通过创设问题情境、有效地设疑来打开学生心灵之门，促使他们开动脑筋、独立思考、解决问题。因此，一定要调动学生的主动性，启发独立思考，让学生动脑和动手，独立解决问题。

3. 实施要领

第一，将数学问题内化为学生的问题。杜威说："思维起于岔路的疑难，起于两歧的取舍。"即思维起于直接经验得到的疑难和由此产生的问题，疑难和问题是思维的"催化剂"，它调动学生思维的积极性和主动性。在小学数学学习中，学生只有意识到数学问题的存在，并内化为学生自己的问题，才能产生内心的探究需求，才能激起数学学习的思维火花。

第二，帮助学生建立数学知识结构。"良好认知结构更有助于有组织的知识的获取和保持，学生的数学认知结构需具有生成新数学知识的能力，并能与新知识建立非人为和实质性的联系。"[③] 因此，在数学启发式教学中，要真正达到启而能发，使学生的数学思维得以发生和发展，不仅在于发现某个结论，更在于建立知识结构，构建概念之间的前后联系。

第三，注重学习过程的生成性。数学启发式教学倡导学生进行有意义学习，力求通过学生主动积极的数学思维活动的发生和发展，促成其数学知识、经验和能力的生长。这样，"学生获得的已不是教师所教的内容，而是经过了自身的思维构造，使数学知识获得了心理意义，经历了由不知到知、由困惑到解疑的生成过程"。[④] 因此，通过数学启发式教学，学生获得主动生成和

---

① 单尊：《数学是思维的科学》，载《数学通报》，2001（6）。
② 韩龙淑、王新兵：《数学启发式教学的基本特征》，载《数学教育学报》，2009（6）。
③ 韩龙淑、王新兵：《数学启发式教学的基本特征》，载《数学教育学报》，2009（6）。
④ 韩龙淑、王新兵：《数学启发式教学的基本特征》，载《数学教育学报》，2009（6）。

探索过程的体验，达到对数学问题本质的理解和领悟。

第四，尊重学生的数学认知基础。教师教学应该以学生的认知发展水平和已有的知识经验为基础，进行启发式教学，既面向全体又关注个体差异。教师要发挥主导作用，处理好启发式的讲授与学生自主学习的关系，引导学生独立思考、动手实践、合作交流，帮助学生理解和掌握基本的数学知识与技能，发展数学能力，领悟数学思想方法，提升积极的情感态度与价值观。

▶ 拓展阅读

神奇的算式 [1]

教学片段一（初步认识减法）：教师先利用计算机动画设计停车场的情境，学生很快发现信息并提出问题：停车场原来有 5 辆小汽车，开走了 2 辆，停车场还剩几辆小汽车？学生很顺畅地列算式并计算，教师将算式"5−2=3"板书在黑板上。

教学片段二（通过操作进一步感知"减法"的意义）：教师请学生利用手中的学具，动手"创造"一个用"减法"解决的问题，并列式解决。

评析：让每个学生都亲历"减法"意义的感知过程，板书学生列出的各种不同的减法算式，为后续观察、比较、总结减法的意义做准备。

教学片段三（汇报交流）：学生 A 到实物展台前一边演示"水果"学具，一边介绍自己刚才的操作过程："我本来有 5 个水果，送给同桌 2 个，我还剩几个水果？我列的算式是 5−2=3。"

话音刚落，学生 B 喊道："怎么还是 5−2=3 啊？重复了！不能写到黑板上。"展台前的学生 A 不服气地辩解："我没重复，这次不是汽车，是水果。"坐在下面的学生 B 反驳："反正你的算式是 5−2=3，还说不重复。"学生 A 一脸疑惑地看着教师。

教师请学生们发表自己的看法，大部分学生同意学生 B 的看法，但也有人觉得学生 A 说得有一定道理，辩论不出结果。

教师问："你还能想一件'事情'，也可以用 5−2=3 来表示吗？"学生们的思维活跃起来，编出了很多情境。例如，教室里有 5 个小朋友，走了 2 个，还剩下 3 个；5 支铅笔，丢了 2 支，还剩 3 支；等等。这时，刚发完言的一个学生不肯坐下："我还能说这样的好多事儿呢，都可以用 5−2=3 表示，5−2=3 的本领真大呀。"

教师继续启发学生："为什么有的事情发生在停车场里，有的事情发生在教室里，有的说的是铅笔，完全不一样的事情，却能用同一个算式来表示呢？"学生终于发现，虽然事件是不一样的，但它们所表示的意思都是一样的，都是从 5 里面去掉 2，剩下 3，所以都可以用算式 5−2=3 来表示。

教师又问："3+6=9 可以表示的事情多不多？"这时候学生脱口而出："那太多了。"看到学生意犹未尽的样子，教师问："你们现在有什么想法？"其中一个学生说："我觉得'数'和'算式'都太神奇了，能表示很多很多不同的事情。"

---

[1] 刘加霞：《基于学生的理解水平实施"有过程"的教学——以"加、减法的初步认识"的对比分析为例》，载《小学数学教师》，2011（5）。本书引用时做了较大修改。

评析：教师启发学生从大量的现实情境中进行抽象和概括，并在质疑、争论、举例中进一步感悟。学生经历的"过程"非常充分，因而能够认识到减法解决的就是"从整体中去掉一部分，求另一部分"，甚至有的学生能够感悟出"数和算式都太神奇了"。

二、互动式教学

1. 含义

互动式教学是指在教师的启发和引导下，师生之间、生生之间采用对话、研讨和交流等方式进行教学的一种方式。互动式教学强调形成互动学习机制，调动学生学习的主动性，开发学生的创造性思维。这种教学模式综合了"以人为本"的教育思想、建构主义学习理论和启发式教学等多种教学思想，强调以学生为本，在师生互动中达到最佳的教学效果。

小学数学的互动式教学，强调师生围绕某个数学问题，各自展开观察、思考、探索等活动，然后进行互动交流，不断丰富自身认识。学生通过互动，了解同伴和教师是如何思考的、有什么发现、有哪些值得学习和借鉴的，不仅掌握了知识，更激发了积极的情感。

因此，《数学课标（2022 年版）》指出，教师是学习的合作者。其合作作用主要体现在：坚持立德树人，教师以平等、尊重的态度鼓励学生积极参与教学活动，启发学生共同探索，解决数学问题；与学生一起感受成功和挫折，分享发现和成果，因势利导，尽量把学生的思维推向深入；适时调控，选择适当的教学方式，努力营造师生互动、生生互动的课堂氛围，让学生享受数学学习的乐趣，培育数学核心素养。

2. 主要特点

第一，多元主体。在讲授式教学中，教师讲、学生听，一般情况下，学生处于被动的接受地位。在互动式教学模式中，教师和每个学生都是教学的主体，他们的主动性与积极性被充分调动，全身心地参与教学活动过程，最终实现共同发展。

第二，多元互动。在讲授式教学中，主要是二元互动，即教师与学生的互动，时间长了，教师和学生容易出现疲劳。在互动式教学中，每个学生和教师都可以发表自己的看法，提出自己的疑问，交流思想，吸收别人的意见。这种格局，有助于培养学生与他人平等地观察探究、多元思考、讨论问题、分析评价、取长补短的能力。

第三，主动建构。建构主义学习理论认为，学习不是被动地接受，而是主动地建构意义的过程。互动式教学正是这样，学生学习是一个生动活泼的、主动的、富有个性的过程，即认真听讲、积极思考、动手实践、自主探索、合作交流等。学生有足够的时间和空间经历观察、实验、猜测、计算、推理、验证等活动过程。

3. 实施要领

第一，愉悦的教学氛围。人本主义心理学家罗杰斯说："成功的教学依赖于一种真诚的理解和信任的师生关系，依赖于一种和谐安全的课堂气氛。"良好的课堂氛围让学生产生安全感，有助于积极地思考，敢于发表自己的见解，乐于接受别人的意见。因此，教学中要确立以学生为本，师生之间、生生之间相互信任、互相尊重，共同进步。

第二，公正的效果评价。评价是促进教学互动的助推力，但由于学生的认知水平、行为能力不同，评价要具有一定的灵活性。教师要抓住师生交流的最佳时机，激励学生，争取学生的积极配合，使师生互动收到良好的效果。

第三，深层的互动方式。互动不仅要关注量的方面，还要关注质的方面，即每一个学生是否真正参与了互动。教师要注意观察，看看学生是否经历了特有的观察、探究、思考、猜想、联想等活动过程，是否在互动中真正有所收获，即知识与技能的掌握、能力与素养的发展、情感态度与价值观的提升。

▶ 拓展阅读

平均数 [①]

先把学生分成甲、乙两队。教师说："我们来进行一场拍球比赛，在规定时间内，看哪个队拍球数多。"学生都明白了比赛规则，教师进一步引导学生提出疑问："一节课只有 40 分钟，就这样拍呀拍呀，一节课也拍不完。"

师：怎么办？你有没有更好的办法？

生：可以选几个代表来拍。

师：大家觉得怎么样？（同学们都觉得可以）我建议每个队选择 3 名代表上来拍球（同学们都觉得可以）。

每个队各选出 3 名代表上台拍球，每人 5 秒，另选一个学生数数，教师负责记录。结果为甲队拍了 25 个，乙队拍了 19 个。于是教师宣布"胜利队为——甲队"，甲队学生高兴喝彩，两队选手回到座位上。

师：老师想加入乙队，不知你们是否欢迎？

生：欢迎。

教师拍球，5 秒拍了 9 个球，这次乙队共计 19+9=28。

师：比一比总数，甲队 25 个，乙队 28 个，我重新宣布，胜利队为——乙队。（有的学生欢呼，有的学生有意见）你有什么想法？

生：你为什么加入乙队，而不加入甲队？

生：我觉得应该自己拍，不靠外面的帮助，要靠自己的实力。

师：要靠自己的实力，那你们觉得这样比，怎么样？

生：不公平。

师：可是在我们的生活中、学习中经常会遇到这样的事情。比如，三（1）班和三（2）班，人数并不相等，我们有没有办法比较某一门课的成绩的高低呢？

---

① 执教：吴正宪（北京教育科学研究院）。本书引用时做了适当修改。

生：可以从里面选出同样多的人，比较总成绩，就行了。

师：我明白了，你还是要人数一样多。请大家听懂老师的问题。人数一样多的时候，比较总数大家心服口服。人数不同，比较总数不行了，还有没有别的比较方法？

生：把总数平均分成几份，有几人就分成几份。

师：哦，那你说，28分成几份？

生：4份。

师：那25怎么办？

生：平均分成3份。

教师引导学生根据平均分的知识，列出算式28÷4=7，25÷3=8.333……（学生用计算器计算）。虽然学生还没学习小数，但是已经发现8.333……>7，因此，胜利队仍为甲队。

三、探究式教学

1. 含义

好奇、好动、探索、发现是儿童的天性，是小学数学教学的立论基点。苏霍姆林斯基曾经说过，在人的心灵深处，都有一种根深蒂固的需要，那就是渴望自己是一个探索者、发现者。在儿童的内心世界里，这种需要尤为强烈。可见，探索与发现，是人类认识世界的一种重要方式，当然也可作为一种教学方式。

探究式教学，就是教师提供学习素材，引导学生提出数学问题，然后通过探索性的问题解决活动，让学生发现与获取数学知识、发展数学能力、培养科学态度的一种教学方式。探究式教学是相对接受式教学而言的，接受式教学将学习内容直接呈现给学生，而探究式教学中学习内容是以问题的形式来呈现的，重在让学生经历一个认真思考、主动探索、大胆发现的探究过程。

因此，《数学课标（2022年版）》指出，教师是学习的组织者。其组织作用主要体现在：基于立德树人，准确把握教学内容的数学实质和学生的实际情况，确定合理的教学目标，设计利于学生探究的数学活动，引导学生学知识、长见识、悟道理；坚持素养导向，引导学生自主探索、合作交流，组织学生操作实验、观察现象、提出猜想、推理论证等活动，分享数学发现的成果，培育数学核心素养。

2. 主要特点

第一，问题性。数学探究式教学是通过创设数学情境，呈现给学生刺激性的数学信息，来引起学生学习数学的兴趣，启迪学生思维，激起学生的好奇心与发现欲，使学生产生认知冲突、诱发质疑猜想、唤起强烈的问题意识，进而发现和提出数学问题、分析和解决数学问题。

第二，创造性。数学学习不是知识的简单积累，而是利用知识和获得知识的方法进行创造性的学习与思考，达到培养和发展发现能力与创新精神的目的。因此，小学数学教学注重引导学生大胆猜想、提出假说；通过观察实验、收集数据和其他信息，来论证和反驳假说猜想，从而获得科学的论断；通过寻求多种途径、寻找新的方法和手段，来分析解决问题，从而获得知识的理解和运用。

第三，生成性。学生在探索活动中展开学习，不断变换学习方式，在曲折的探索过程中慢慢体会学习的意义，领悟探究的技巧，同时内心的情感态度与价值观不断发生变化，从幼稚走向成熟、从模糊走向清晰。[①] 学生在学习过程中培养发展的超越学科的各种共通能力（协作能力、沟通能力、创造能力、批判能力、独立思考能力、运用信息科技的能力、运算能力、解决问题的能力、自我管理能力、研习能力），是他们受益终身的宝贵财富。

第四，发现性。探究式教学强调学生能动地观察情境，主动地发现数学问题，积极地解决问题的学习活动。很多时候没有现成的可以借鉴的方法和技巧，需要学生突破常规，寻找新的方法来处理问题。虽然这种发现相对人类科技与文明来讲一般是"再发现"与"再创造"，但对于学生已有的经历和知识来讲却是创造性的飞越，这具有与人类发现新问题相同或者相近的意义和价值。[②]

3. 教学过程

探究式教学强调问题、猜想、探究、发现，符合儿童的天性，因而其教育理念广泛地被人们所接受。但对于探究式教学的实施过程，目前尚无定论。比较典型的有美国国家研究理事会提出的"五环节"模式和吕传汉、汪秉彝两位教授提出的数学"情境—问题"教学模式。

2000 年，美国国家研究理事会提出了探究式教学的"五环节"教学过程：①提出问题，学生围绕科学性问题展开探究活动；②收集数据，学生获取可以帮助他们解释和评价科学性问题的证据；③形成解释，学生要根据事实证据形成解释，对科学性问题做出回答；④评价结果，学生通过比较其他可能的解释，来评价他们自己的解释，使解释和科学知识相联系；⑤表达结果，学生要阐述论证和交流他们提出的解释。

2001 年，吕传汉、汪秉彝两位教授提出了数学"情境—问题"教学模式，即学生在教师引导下，从熟悉的、感兴趣的数学情境出发，通过积极思考、主动探究，提出、分析和解决数学问题，从而获取数学知识、领悟思想方法和应用数学知识解决实际问题的教学过程。[③] 数学"情境—问题"教学模式由四个基本教学环节构成：创设数学情境，提出数学问题，解决数学问题，注重数学应用。各环节的基本含义和相互关系如图 2-2-1 所示。

---

① 曾小平、汪秉彝、吕传汉：《数学"情境—问题"教学对数学探究学习的思考》，载《数学教育学报》，2009（1）。

② 曾小平、汪秉彝、吕传汉：《数学"情境—问题"教学对数学探究学习的思考》，载《数学教育学报》，2009（1）。

③ 吕传汉、汪秉彝：《论中小学"数学情境与提出问题"的数学学习》，载《数学教育学报》，2001（4）。

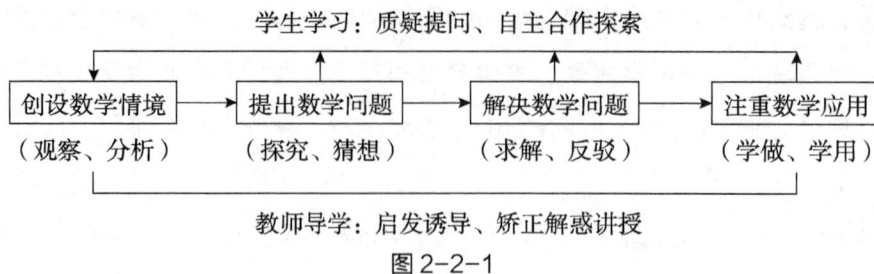

图 2-2-1

▶ 拓展阅读

异分母分数加减法 [①]

【创设数学情境】

一块菜地，它的 $\frac{1}{2}$ 种黄瓜，$\frac{1}{3}$ 种辣椒，中间是过道（图 2-2-2）。

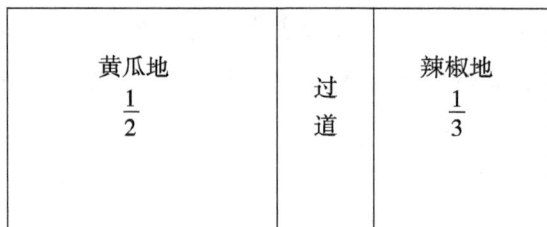

黄瓜地 $\frac{1}{2}$	过道	辣椒地 $\frac{1}{3}$

图 2-2-2

【提出数学问题】

过道占菜地的几分之几？

【解决数学问题】

（第一小组汇报，其余学生质疑）

生：$1-\left(\frac{1}{2}+\frac{1}{3}\right)=1-\frac{5}{6}=\frac{1}{6}$。

生1：你是怎么想到的？

生2：把菜地看作单位1，从单位1里去掉黄瓜地与辣椒地所占菜地面积的和，剩下就是过道所占菜地的几分之几。

生3：1 减 $\frac{5}{6}$ 怎么得 $\frac{1}{6}$？

生1：把1看作 $\frac{6}{6}$，$\frac{6}{6}$ 减 $\frac{5}{6}$ 得 $\frac{1}{6}$。

（第二小组汇报，其余学生质疑）

生：$\frac{1}{2}-\frac{1}{3}=\frac{3-2}{2\times3}=\frac{1}{6}$。

生1：求过道占菜地的几分之几。为什么用 $\frac{1}{2}-\frac{1}{3}$，你们的依据是什么？

生2：从图上可以看出过道和辣椒地所占的面积是整个菜地面积的 $\frac{1}{2}$，所以从里减去辣椒地

_____

① 执教：姚小玲（贵州省玉屏县印山民族小学）。

所占的比例，剩下的就是过道所占的比例。

师：对他们小组的想法，你们有什么评价？

生：我们又学到了一种方法（掌声）。

师：分析题目时，从多个角度去考虑，这样你们会变得更聪明、更自信。

（第三小组汇报，其余质疑）

生1：我们直接从图 2-2-2 中看出，过道的面积占菜地面积的 $\frac{1}{6}$。

生2：你们的理由什么？

生1：（操作）把这块地平均分成 3 份后，直观地看到这块地实际平均分成了 6 份，过道是其中的一份，也就是 $\frac{1}{6}$。

师：按他们的逻辑，黄瓜地就是 3 个 $\frac{1}{6}$，辣椒地是 2 个 $\frac{1}{6}$，共是 5 个 $\frac{1}{6}$，所以过道就是 1 个 $\frac{1}{6}$。

师：你们觉得自己的想法怎样？

生：我们的想法直观、简单，不用计算。

【注重数学运用】

略。

【点评】学生主动参与对知识的探究，在独立思考、小组合作、讨论交流等学习方式中体验、经历知识的形式过程；在相互的质疑、辩论中，学会探究学习，体会学习的乐趣。教师抓住思维的"闪光点"——对有创意的回答及时鼓励，激发学习的成就感，增强学习的自信心。

电子图书馆

唐世刚，钟万林 . 互动式教学模式构建研究 [J]. 教育理论与实践，2013（18）。

韩龙淑，王新兵 . 数学启发式教学的基本特征 [J]. 数学教育学报，2009（6）。

吴晓红，宋磊，张冬梅，等 . 什么是有效的合作学习——基于"米的认识"的解读 [J]. 课程·教材·教法，2012（8）。

岳欣云，董宏建 . 探究式教学的"扶"、"放"之度与层次性——由一则小学数学教学案例引发的思考 [J]. 课程·教材·教法，2013（7）。

陈健 . 学习迁移在小学数学教学中的应用 [J]. 基础教育课程，2019（24）。

第 3 节 小学数学的教学艺术

2017 年 12 月 4 日，教育部在《义务教育学校管理标准》中指出，学校教学要帮助学生学会学习：营造良好的学习环境与氛围，激发和保护学生的学习兴趣，培养学生的学习自信心；遵循教育规律和学生身心发展规律，帮助学生掌握科学的学习方法，养成良好的学习习惯；落实学生主体地位，引导学生独立思考和主动探究，培养学生良好思维品质；尊重学生个体差异，采用灵活多样的教学方法，因材施教，培养学生自主学习和终身学习能力。

一、课堂导入

课堂导入是教师在一个新的教学内容或教学活动开始，运用一定的方式恰如其分地引起学生注意力，从而引导学生进入学习状态的行为方式。教师进行课堂导入的基本目的是：目标导向，让学生明白这节课要学习什么，要达到什么要求；激发动机，让学生产生学习的兴趣和欲望，并乐于学习；铺垫新知，为新知识与技能的学习做好铺垫，打好基础；引发探究，调动学生学习的积极性，引发学生强烈的探究欲望，调动学生积极思考的学习热情。

1. 复习旧知

把已经学过或学生日常生活中已经了解的知识作为基础，将其发展、深化，引导出新的教学内容，达到温故知新的目的。在讲授新知识时应考虑新旧知识之间的联系，很好地利用与新课内容密切关系的、学生已经掌握的知识，或者在日常生活中已经积累的知识，以此设计导入语，引出新的内容。

例如，教学"两位数除法"之前，先复习简单的除法，如"$6 \div 2$"，然后改为 $60 \div 20$，让学生计算，巧妙地把知识链接起来。这样导入新课，有利于增强学生的学习信心，从而使学生知识不断递进，增加知识坡度，减小学习难度。

2. 设疑激趣

教师针对新课内容，设计能引起悬念的问题，激起学生的好奇心和求知欲。但是悬念的设置要恰当：不"悬"，学生一眼就看穿，则无"念"可想；太"悬"，学生无从思考，也就无"趣"可激。只有"悬"而有度，才能使学生"念"有门路，才能让学习趣味盎然。

例如，在教学"能够被 3 整除的数"时，教师问"32856 能不能被 3 整除"，学生动手笔算后回答"能"。教师又问"将 32856 中的任意几个数字调换位置，还能不能被 3 整除"，学生经过尝试以后发现也能。这时，教师趁热打铁地提出问题"什么样的数能被 3 整除？"自然而然地导入了新课。

3. 操作演示

学生通过自己动手操作的实验去发现规律，进行归纳总结，推导出结论，从而实现导入新课。通过形象的实验导入新课，不仅能帮助学生认识抽象的知识，而且能激发学生的思维活动，自觉地去分析问题、探索规律。教师要善于根据实验中出现的现象和结果来提问和启发，以促使学生去思考和探究。

教师也可以做演示实验，向学生展示新知识的发生、发展过程，由此导入新课。比如，在教学"圆锥的体积"时，可以向学生展示等底等高的圆柱与圆锥装沙子的实验，让学生去发现圆锥的体积公式。教师通过演示实验，能在比较短的时间内，准确地向学生展示要学习的内容，这是形象直观地导入新课的方法。

4. 情境导入

教师利用语言、活动、音乐、绘画等各种手段，制造符合教学需要的情境，以激发学生兴趣，诱发思维，使学生处于积极的学习状态。情境导入如运用得当，会使学生感觉不到是在上课，从而在潜移默化中受到教育，获得知识。

其实，讲一个故事、说一个典故、举一个生活实例，甚至看一类数学算式，都属于情境导入。比如，成语"朝三暮四"可以引入加法交换律的教学，天平蕴含了方程的某些思想，猪八戒吃西瓜的故事体现了"分数的基本性质"。

总的来讲，课堂导入的方法有很多，也很有技巧性，只要能起到以下作用的，都是好的导入：集中注意，巧妙地导入新课，可以起到先声夺人、先声服人的效果，紧紧地吸引住学生的注意力；激发兴趣，使学生如沐春风、如饮甘露，进入一种美妙的境界；启迪思维，点燃学生思维的火花，开阔学生的视野，增长学生的智慧，使学生善于思考问题；明确目的，激发学习动机，使其能持久地保持注意力；铺垫拓展，为全节课顺利进行奠定良好的基础，并能由此使教学内容进一步展开。

二、提问应答

课堂提问应答是指教师提出问题让学生进行回答和对学生的回答进行相应反馈的教学行为。提问应答具有非常重要的意义，常常表现为多个方面：激发学习动机，激发学生的学习兴趣，让学生以饱满的热情积极地参与数学学习；引发思考探究，唤醒学生已有记忆，提醒学生主动回忆已经学过的知识、技能、方法与思想，为新内容的学习做好准备；推动深层理解，引发学生进行自我反思，激活深层次的数学探究与发现。

1. 提问应答的常见类型

提问应答的分类需要依据比较确切的标准，从学生认知发展水平来进行分类，比较适合学生的学习。目前比较有代表性的是布鲁姆对认知的分类，由低到高分为六类，即知道、理解、运用、分析、综合、评价。前三项关注低阶思维，后三项关注高阶思维。比较理想的课堂中，六种提问应当都有所涉及，并且每一类都占有一定的比例（表 2-3-1）。

表 2-3-1　提问应答的类型

类型	含义	示例
知道	提问应答指向学生对已学过的材料是否达到了有效记忆。也就是是否能够回想起具体的概念、命题、事实、过程、方法、理论等。	·三角形的面积公式是什么？ ·被 3 整除的数有什么特征？ ·你还记得乘法分配律吗？
理解	提问应答指向学生是否把握了所学材料的意义。具体表现为：能否概述和说明所学的材料；能否用自己的语言来表达已学的内容；能否估计预期的后果。	·一个三角形的底为 6 cm、高为 4 cm，它的面积是多少呢？ ·1234 能被 3 整除吗？ ·$23×32=23×30+23×2$ 吗？
运用	提问应答指向学生能否将所学的知识与方法运用于新的情境，解决简单的问题。它重点考查学生能否正确应用概念、方法、规则、原理等。	·测量并计算你的红领巾的面积？ ·小明用计算器计算 $1234÷3=408$，你觉得计算结果正确吗？为什么？ ·请用简便方法计算 $23×102$。

类型	含义	示例
分析	提问应答指向学生能否从整体出发，把握材料的组成要素及其材料间的联系。它考查两个方面：一是对材料内容的理解，上承运用水平的提问；二是对材料结构的理解，下接综合水平的提问。	·为什么三角形的面积等于底乘高除以2呢？ ·你能解释一下1234为何不能被3整除吗？ ·你觉得竖式计算23×46中，138和92，哪个大，为什么？ $$\begin{array}{r} 2\ 3 \\ \times\ \ 4\ 6 \\ \hline 1\ 3\ 8 \\ 9\ 2\ \ \\ \hline 1\ 0\ 5\ 8 \end{array}$$
综合	提问应答指向学生能否把先前所学习的材料或所得的经验组合成新的整体。具体表现为：能否制订出一项可操作的计划；能否概括出一些抽象关系；能否比较正式地表明自己的新见解。	·你觉得三角形的面积公式与梯形的面积公式有什么联系？ ·我们已经学习了能被2，3，5整除的数的特征，你觉得能被9整除的数有什么特征，为什么？ ·乘法有分配律，你觉得除法有分配律吗？
评价	提问应答指向学生评定所学材料的合理性、逻辑性、价值性等。它关注的是进行价值判断，形成一定的思想、信念和世界观。	·你觉得一个三角形会有几个面积公式呢？你能发现三角形的其他面积公式吗？ ·根据能被2，3，5，9整除的数的特征，你还能发现哪些规律？你能发现被其他数整除的特征吗？ ·你觉得哪些地方用到了乘法分配律？你还能发现哪些运算规律？

2. 提问应答的基本要求

提问应答是课堂教学中具有艺术性的环节，对其度的把握非常关键。教育家陶行知先生曾说，智者问得巧，愚者问得笨；人力胜天工，只在每事问。因此，提问应答要根据具体情况灵活地进行。

（1）语言简练

提问要剖核心，不要绕圈子。因此，语言要简练，这样学生容易理解问在何处。反之，如果语言冗长、话语滔滔不绝，学生就很难抓住问题的实质，有时还会被弄得晕头转向。

例如，在教学"异分母分数加法"时，如果教师这样说："大家想想，我们现在读几年级了，我们以前学过哪些数的加法？前几天我们学了分数的意义，分数有哪些呢？我们又学了同分母分数的加法，还有什么分数的加法没有学习呢？如果要学习异分母分数的加法，你有哪些想法呢？你想怎么计算呢？"这一连串的话语，弄得学生晕头转向，不知道教师要干什么，还不如精练成"如果让你计算 $\frac{1}{2}+\frac{2}{5}$，你想怎么计算？为什么？"这样学生就很容易理解教师的问题，会开动脑筋，积极思考，想出多种计算方法。

（2）指向明确

在语言简练的基础上，提问还需要指向明确，即问到点子上，而且语言表达要规范，不至于让学生产生歧义。尤其需要注意的是，儿童有儿童的语言，教师要尽量用儿童化的语言，而不是成人化、书面化的、晦涩的语言。

例如，教师布置了一道计算题"计算 1+2+3+4+5"。有的学生很快就完成了，并高高地举起了小手，兴奋地说："老师，等于 15。"教师问："为什么等于 15？"学生困惑地看看老师，慢慢地放下了小手。其实，分析一下不难发现，教师的提问不明确，学生听了之后误以为自己算错了。如果教师问"你是怎么计算的？"学生可能就会说出他的计算方式。

（3）结构清晰

问题并不是一个就可以，而是要围绕某个主题，设置一连串的问题，形成问题链，通过问题链推进教学。因此，构成问题链的具体问题，应该有比较清晰的结构，这样既便于学生层层推进地思考，又便于领悟探究问题中隐藏的数学思想方法。

例如，针对"异分母分数加法"的教学，可以用 $\frac{1}{2}+\frac{2}{5}$ 作为范例，依次提出以下问题。

你怎么理解 $\frac{1}{2}$ 和 $\frac{2}{5}$？可以把你的理解用图形、分数、小数等表示出来吗？

你怎么理解 "+"？你表示这两个分数的图形、分数、小数等怎么相加？

加一加，看看你能得到哪些结果？你觉得对于异分母分数的加法，哪种方法更为简单？

用你认为简单的方法，你还可以计算哪些异分母分数加法？

（4）及时追问

在教学中，常常出现师生对话错位的情况。也就是教师提问语言简洁、指向明确，但学生回答似对非对。这时，教师需要进一步提问，即追问，引导学生回答出问题的实质，这样便于学生科学地理解概念和明确方法。

例如，教师提问："什么是质数？"学生回答："2，3，5，7 是质数。"分析一下不难发现，教师要问的是质数的定义，而学生回答了几个实例，说明学生还没有完全抓住问题的实质，这就需要教师及时追问。教师可以这样追问："2，3，5，7 这些数有什么特点呢？"学生就会回答："只有 1 和它本身两个因数。"教师继续追问："我们把只有 1 和它本身两个因数的数叫作什么数？"学生就会自然地回答："质数。"

（5）科学理答

在小学数学课堂教学中，当学生回答问题之后，教师应该及时、科学、客观地处理学生的回答。教师理答的基本原则：①尊重学生，保护好学生学习的积极性，站在学生的角度想问题；②鼓励思考，鼓励学生大胆地进行观察、归纳、猜想、验证、积累数学活动经验；③正确判断，尽量用学生能够接受的方式，对同一问题的不同回答给予区别性判断，可以从结论的正确性、方法的优化性、过程的清晰性、思维的创造性等角度进行评价。

例如，针对问题"苹果每千克 3 元，李阿姨买 3.5 千克苹果，她刚好有 10.2 元，请问她能买到 3.5 千克苹果吗？为什么？"

学生会有以下回答：①利用估算，三三得九，大约就是 10 元，差不多；②计算 3.5×3=10.5，10.5 大于 10.2，因此不够；③虽然 3.5×3=10.5，比较接近 10.2，卖家不会太计较，做生意细水长流嘛，他能接受，会把苹果卖给李阿姨的；④李阿姨可以和卖家再讲讲价，做点儿优惠促销，说不定 10 元就可以，应该没问题。

面对学生的这些回答，教师需要冷静下来，思考一下，做出评价：在实际生活中，四种方法都有一定的道理。方法①用的是估算，得到的结论是"差不多"，但究竟能否买到还有待进一步说明。方法②采用计算，比较严谨，是在不改变问题条件的情况下，以数学计算的结果为依据做出判断。方法③和方法④联系到了现实生活，比较灵活地给出了判断，但是这个判断是否可行，还需要买卖双方进一步协商和接受。

（6）人文关怀

小学数学课堂教学中的提问，不仅要关注数学学科，从知识与技能、过程与方法角度进行提问，还需要关注学生，从情感态度与价值观等角度提问。这样的提问，才更容易拉近学生与数学的距离，让学生不仅感受到数学的真、善、美，更能感受数学的人、文、情。

例如，针对"比较 $\frac{1}{2}$ 和 $\frac{1}{3}$ 的大小"，三名教师提出了不同的问题。甲教师提问："请问 $\frac{1}{2}$ 和 $\frac{1}{3}$ 哪个大？"乙教师提问："你觉得 $\frac{1}{2}$ 和 $\frac{1}{3}$ 哪个大？为什么？"丙教师提问："一张饼切成三块，一块 $\frac{1}{2}$，一块 $\frac{1}{3}$，你想吃哪一块？为什么？"

甲教师的提问，指向的是数学静态知识，结果是封闭的，而且可以依靠猜测做出回答。乙教师的提问，指向的是动态的数学思考，过程是开放的，学生可以用多种方法进行回答。丙教师的提问，指向的是基于数学思考的人文关怀，学生可以结合自身实际情况进行思考与回答（可能还有的学生喜欢最小的这一块）。试想一下，你作为学生，更喜欢哪名老师的提问。

三、教学板书

教学板书是教师讲课时写在黑板上的文字、符号、算式、图形等。从动态的角度理解，它是教师写在黑板上的文字、符号以传递教学信息、教书育人的一种活动方式。从静态的角度理解，它是教师为帮助学生理解知识、发展智力、陶冶情操在黑板上用凝练、简洁的文字、符号、图表等呈现的教学信息。尽管现在课堂上大多使用多媒体进行教学，但教学板书仍然是一项传统的、经典的、不可替代的教学形式。

1.教学板书的基本原则

科学性，即板书的内容要具有科学性，术语准确，图形规范，不出现科学性错误。同时板书布局合理、条理清晰、层次分明。

简洁性，即板书内容要简洁明了，提纲挈领，重点突出，详略得当，一目了然。大道至简，简即为美，这样才能爽心悦目，重点突出。

美感性，即板书纲目层次清晰、形式结构合理、文字工整流畅、图像符号清晰美观、字体大小适当。同时，还需要形式多样，色彩运用得当，造型美观、别致，富有启发性和创造性，符合审美原理，富有艺术美感。

2. 教学板书的常见形式

教学板书的形式是多种多样、丰富多彩的。按板书的地位可以分为主板书、附板书。主板书反映本节课的主要概念、命题、方法等主要的数学知识与思想方法，反映本节课的重要例题、重要图形、图表等内容。附板书则是呈现本节课的复习内容，新课展开过程中的一些次要的演算、图式等，是对主板书的一种补充和说明。一般来说，主板书内容保留到下课，而附板书可随写随擦。按照板书的呈现形式可以分为归纳型、提纲型、表格型和网络型。

（1）归纳型

归纳型是教师用简练的语言、数学术语、符号、图形等将相关知识点进行概括归纳。归纳型板书设计需要教师厘清相关知识的前后联系，并且具有较强的抽象概括能力（范例见图 2-3-1）。

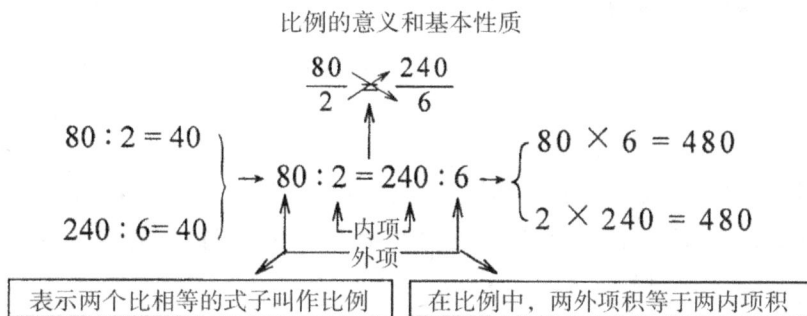

比例的意义和基本性质

$$\frac{80}{2} \times \frac{240}{6}$$

$$\left.\begin{array}{l} 80:2=40 \\ 240:6=40 \end{array}\right\} \rightarrow 80:2=240:6 \rightarrow \left\{\begin{array}{l} 80 \times 6 = 480 \\ 2 \times 240 = 480 \end{array}\right.$$

内项
外项

| 表示两个比相等的式子叫作比例 | 在比例中，两外项积等于两内项积 |

图 2-3-1

（2）提纲型

提纲型是教师将教学内容按一定的逻辑顺序提纲挈领地进行板书的方法。提纲型板书设计简明扼要、层次分明、结构清晰，有助于学生抓住本节课的学习要领，有利于培养学生的抽象概括能力（范例见图 2-3-2）。

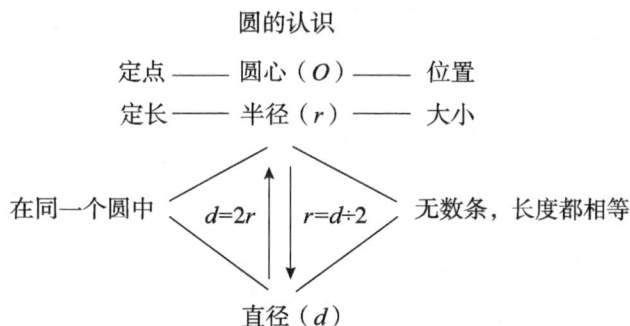

圆的认识

定点 —— 圆心（O）—— 位置
定长 —— 半径（r）—— 大小

在同一个圆中　$d=2r$ ｜ $r=d \div 2$　无数条，长度都相等

直径（d）

图 2-3-2

（3）表格型

学生对一些相近的数学概念理解起来比较困难，容易发生混淆。表格型板书比较简洁，有助于学生了解概念之间的区别和联系，明确概念的内涵和外延（范例见图 2-3-3）。

分数的意义

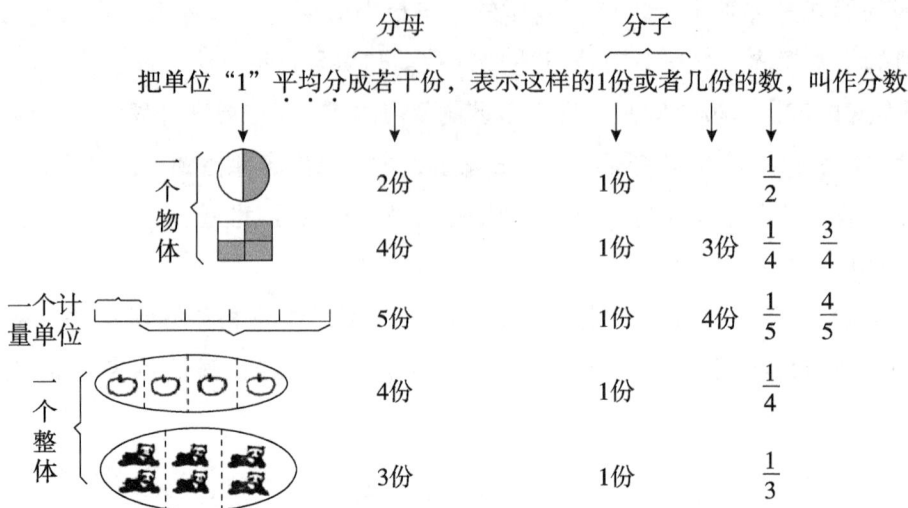

图 2-3-3

（4）网络型

网络型板书借助图像直观的特点，比较好地展现了各要素之间的联系。教师可以设计网络型板书，为学生构建数学知识与方法的认知网络结构，便于学生理解和掌握数学知识点之间的关系以及方法之间的联系（范例见图 2-3-4）。

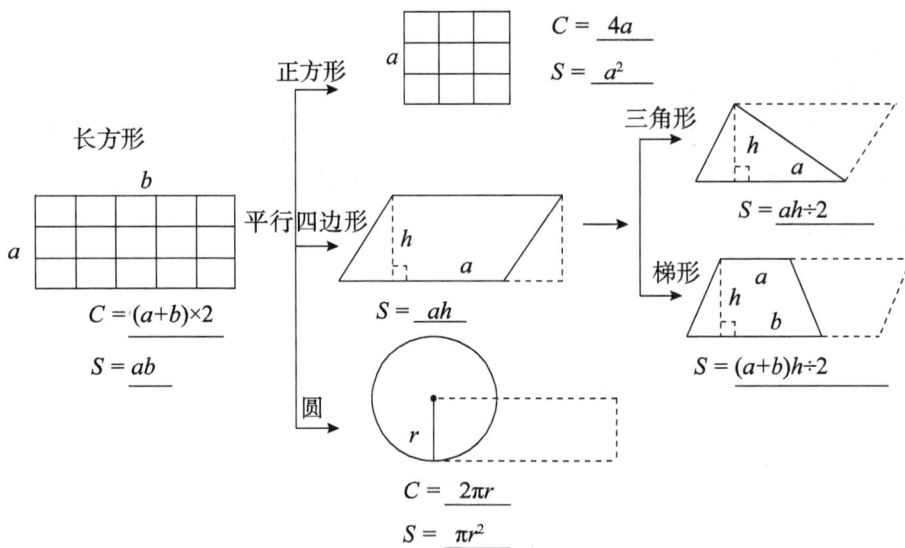

图 2-3-4

小学数学教学板书类型多种多样，可以是某一种类型的独立运用，也可以根据教学内容，多种综合运用。总之，板书设计是为教学服务，为学生理解、掌握知识服务。只要达到良好的教学效果，选择和利用哪一种板书设计都是可以的。

拓展阅读

精致板书 ①

为了沟通新旧知识的联系，优化旧知到新知的迁移过程，板书设计应体现知识的内在联系，把它们相互串联起来，形成知识结构网络。

例如，"除数是整十数的口算除法"的教学，在学生已经理解"$80 \div 20$"的算理、掌握算法的基础上，引导学生用联系的眼光观察"8 个十 $\div$ 2 个十"。这里的计数单位除了"十"，还可以是什么？思维敏捷的学生很快发现还可以是"百"，即"8 个百 $\div$ 2 个百"，算式就是 $800 \div 200 = 4$，并且得到相应的估算（图 2-3-5）。

在思维敏捷学生的带动下，大部分学生很快想到还可以是其他整数计数单位，打破数系的限制；除了整数除法，还可以是小数除法、分数除法等。把除数是两位数的口算除法和除数是多位数、除数是小数、除数是分数的口算除法紧密地联系起来，而所有这些口算除法都可以归根于除数是一位数的口算除法。借助板书这个"桥梁"把相关知识的源头活水和后续延伸巧妙地、轻松地链接起来。

口算除法

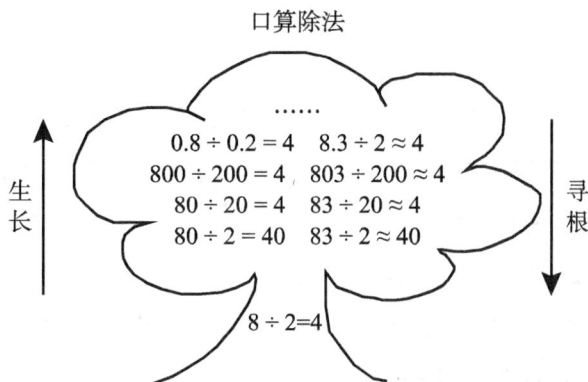

$$0.8 \div 0.2 = 4 \quad 8.3 \div 2 \approx 4$$
$$800 \div 200 = 4 \quad 803 \div 200 \approx 4$$
$$80 \div 20 = 4 \quad 83 \div 20 \approx 4$$
$$80 \div 2 = 40 \quad 83 \div 2 \approx 40$$
$$8 \div 2 = 4$$

生长　寻根

图 2-3-5

精心设计的板书是反映教学内容的"镜子"，它能直观地显现教学内容的脉络、清晰地表达知识之间的联系。它能将教学内容系统化、条理化，有助于学生对所学知识看得明白、记得扼要、学得精当。

电子图书馆

王文英.对小学数学课堂有效提问的若干思考 [J].小学数学教育，2019（18）。

李军.小学数学课堂小结的现状分析及思考 [J].小学数学教师，2017（6）。

李春艳.小学数学课堂有效性提问的研究 [J].现代教育科学·普教研究，2010（2）。

汤明清.指向高阶思维的课堂提问策略探究 [J].基础教育课程，2019（19）。

徐世凤.巧设精致板书　演绎精彩课堂 [J].小学数学教育，2018（21）。

---

① 徐世凤:《巧设精致板书　演绎精彩课堂》，载《小学数学教育》，2018（21）。本书引用时做了适当修改。

林革.浅谈小学数学课堂小结 [J].教学与管理,2002(2)。

李秀梅.课尽意不止——课堂小结激趣五式 [J].小学教学(数学版),2014(12)。

陈薇,沈书生.小学数学教学中深度问题的研究——基于专家教师课堂提问的案例分析 [J].课程·教材·教法,2019(10)。

第4节　小学数学的教学评价

2013年6月3日,《教育部关于推进中小学教育质量综合评价改革的意见》中指出,对中小学生的学业发展水平的评价,主要考查学生对各学科课程标准所要求内容的掌握情况,可以通过知识技能、学科思想方法、实践能力、创新意识等关键性指标进行评价,促进学生打好终身学习和发展的基础。小学数学的教学评价因其评价目的、对象、阶段等多种差异,评价种类也很繁多,评价指标更是千差万别。在此,我们仅简要介绍课堂教学评价和学习质量评价 [1]。

一、课堂教学评价

1. 含义与特点

小学数学课堂教学评价是指对在小学数学课堂教学实施过程中出现的教师教学行为的评价活动。它是促进学生成长、教师专业发展和提高课堂教学质量的重要手段。我们在此讨论的课堂教学评价属于发展性、外部评价、现场观察。

发展性是指,期望通过对教师的课堂教学进行点评、讨论、反思,让被评教师的教学能力和水平得到提高。评价结果不与奖惩挂钩,而是为教师之间相互交流、发现各自的优缺点提供机会,为制定教师发展的目标和对策提供依据。

外部评价是指,由教育主管部门的人员,如教研员、评价专家、学校领导、教务人员等不参与课堂教学活动的评价者,遵循一定的评价标准对授课教师的课堂教学进行的评价。

现场观察是指,评价者进入课堂,实时实地听教师讲课并及时进行评价。信息收集方法具有很强的时效性,能够对各种临时发生的情况进行评价,对教师的教学激情和学生的参与积极性有较深的体会。

2. 指标的建立

小学数学课堂教学评价框架由4个一级指标和16个二级指标构成(具体见表2-4-1)。师德规范主要考量教师"行为世范"的示范性。教学内容主要考量教师"学高为师"的学科专业素养。教学过程主要考量教师"教书育人"的职业能力。教学效果主要通过"学生发展"来考量教师的教学效果。"总体特点"主要考量教学特色,其中包含教师富有个性的创造性、艺术性的教学行动与教学效果。

---

[1] 对于其他评价方式,读者可参考《数学课标(2022年版)》的"评价建议"(pp.89-92)以及其他相关资料。

表 2-4-1　课堂教学评价量表

基本信息	授课班级		授课教师					
	授课内容		所属学科					
观测指标		观测要点	较差	一般	较好	好	很好
师德规范	立德树人	学科教学与思想教育有机结合					
	育人为本	以人为本，将学生的发展放在首位					
	仪态仪表	行为示范，仪表端正，举止得体					
	教学态度	态度端正，教学投入，备课授课认真					
教学内容	明确性	目的明确，重点突出，符合大纲要求					
	科学性	内容正确，没有出现科学性的错误					
	教育性	教学内容能够促进学生可持续发展					
	适切性	内容可学，符合学生认知发展规律					
教学过程	教学原则	恰当运用启发性、因材施教、循序渐进、直观性等教学原则					
	教学方法	科学运用讲授法、发现法等教学方法					
	学习方法	学生积极进行探究学习、自主学习与合作学习，有思考，有创造					
	课堂氛围	良好的课堂氛围，给学生心理安全，有利于自由、轻松地探索、交流与思考					
教学效果	知识与技能	理解学科知识与获得学科技能					
	思维与智力	促进思维创造性、灵活性等与智力发展					
	能力与素养	长见识，发展关键能力，提升核心素养					
	情感与观念	悟道理，增强理性精神，促进情感态度与价值观的健康发展					
总体特点							

3. 量表的使用

量表有三种使用方式，即定量评价、定性评价和两者结合。

定量评价，即对每个二级指标进行赋值，"较差""一般""较好""好""很好"依次赋值为 1，2，3，4，5；"总体特点"赋 0～20，由评价者自行把握。最后，累加所有分值，得到百分制的评价结果。

定性评价，即多位评价者在定量评价的基础上，计算每个二级指标的平均分，用平均分给出对应的评价。例如，"立德树人"的平均分为 4.7，结论为"很好地落实了立德树人根本任务，很好地实现了学科教学与思想教育有机结合"。再如，"仪态仪表"的平均分为 2.3，则结论为"仪态仪表不太规范，建议加强教师的行为示范性"。

两者结合，就比较容易了。给出总分和每个二级指标的结论，必要时精简到一级指标也可。例如，经 10 位专家对某节小学数学课首先进行现场听课，然后进行无记名量表计分评价，得到课堂教学在教学过程的最终评价结论为"过程良好"，具体如下。

根据专家无记名评价，课堂教学的过程在"教学原则""教学方法""学习方法""课堂氛围"四个方面的评价结果分别为 3.45，3.15，3.25，3.7，平均分为 3.39。可见，课堂教学中，教师能够恰当运用启发性、因材施教、循序渐进、直观性等教学原则进行教学，能够灵活运用讲授法、发现法等教学方法进行流畅的教学。同时，学生积极进行探究学习、自主学习与合作学习，在学习过程中有思考、有创造。课堂氛围很好，学生能够自由、轻松地探索、交流与思考，在掌握知识的同时发展能力。

二、学习质量评价

1. 含义与特点

小学数学学习质量评价是基于学习观察、书面测试、作品分析等方式对学生数学学习的成效做出的价值判断。评价的主要目的是全面了解学生数学学习的过程和结果，激励学生学习和改进教师教学。评价不仅要关注学生学习的结果，更要关注学生在学习过程中的发展和变化。应该运用多样化的评价方式，适当呈现并合理利用评价结果，发挥评价的激励作用，保护学生的自尊心和自信心。

因此，小学数学学习质量评价具有多种特性。一是诊断性。评价是为了了解学生学习各方面的情况，可以客观地估计学生在多大程度上实现了教学目标，而且能够发现存在的问题。二是激励性。评价对教师和学生具有监督和强化作用，在一定限度上对学生的学习具有很大的激发作用，可以有效地推动课堂学习和教师教学。三是调节性。评价结论可以使师生知道自己的教与学的情况，教师和学生可以根据反馈信息修订计划，调整教与学的行为，从而更有效地达到预定的目标。

2. 指标的建立

小学数学学习质量评价因评价目的不同，其评价指标多种多样。2013 年 6 月 3 日，教育部颁布《中小学教育质量综合评价指标框架（试行）》，其中指出中小学生学业发展水平的具体评价指标为：①知识技能，学生对各学科课程标准要求的基础知识、基本技能的理解和掌握情况；②学科思想方法，学生对各学科思想和方法的理解和掌握情况；③实践能力，学生关注现实生活、参加社会实践和志愿服务活动、解决实际问题、进行职业准备等方面的情况；④创新意识，学生独立思考、批判质疑、钻研探究，解决问题的思路、方式方法等方面的情况（具体框架见表 2-4-2）。

表 2-4-2 质量评价框架

指标	表现水平			
	较低	中等	较高	优秀
知识技能				
学科思想方法				
实践能力				
创新意识				

结合小学数学的具体内容，上述指标中，知识技能主要指数与代数，图形与几何，统计与概率。学科思想方法主要指数学抽象、数学推理和数学模型，具体表现为"会用数学的眼光观察现实世界，会用数学的思维思考现实世界，会用数学的语言表达现实世界"。实践能力主要指关注数学学科之间、数学与其他科学之间、数学与社会之间的联系，用数学解决学科内部、其他学科、社会生活中的问题。创新意识主要指学生自己发现和提出数学问题、学会思考与独立思考、归纳概括得到猜想和规律。

3. 实施的案例

（1）知识技能

对于知识技能指标的评价，《数学课标（2022 年版）》指出，评价要特别关注核心素养的相应表现。即不仅要关注学生知识技能的掌握，还要关注学生对基本思想的把握、基本活动经验的积累；不仅要关注学生分析问题、解决问题的能力，还要关注学生发现问题、提出问题的能力。全面考核和评价学生核心素养的形成和发展。因此，要淡化特殊的解题技巧，不出偏题和怪题，注重考察通性通法。

例如，"周末，爸爸妈妈带小明去公园玩，看到售票处有一牌子，上写'成人票 24 元，儿童票 12 元'。请问小明一家三口，买门票要花多少钱？"本题考查学生运用混合运算的意义解决简单生活问题的能力；情境具有一定的真实性，考查一定的数学阅读能力。

正确答案为：① $24 \times 3-12=60$；② $24 \times 2+12=60$；③ $24+24+12=60$；④ $24 \times 2=48$，$48+12=60$；⑤小明也买成人票，要买三张成人票，$24 \times 3=72$；⑤小明不用买票，只买两张成人票 $24 \times 2=48$。可见，只要符合题意，言之有理，计算有据，说理清晰，都可算作正确答案。因此，对知识技能的评价，并不一定存在标准答案，也并不一定存在唯一答案。

（2）学科思想方法

对于学科思想方法指标的评价，最好将学科思想方法分解为几个层级或几种水平，用一个情境设置不同问题逐一进行考查。同时要把精力集中到学生灵活运用数学思想方法上来。

例如，要评价四年级学生的推理思想，首先将推理分为归纳推理和演绎推理。再将"归纳推理"划分为三个层级，即"分析与综合""概括与运用""解释与论证"（具体含义与评价方式见表 2-4-3）。

表 2-4-3　学生归纳推理的评价

层级	思维过程	实例
分析与综合	观察数字、算式、图形、表达式，寻找变量与不变量，并提取信息；联系不同知识单元、相关表征和计算程序，做出简单结论。	用火柴拼正方形 ① ② ③ ④ 通过画出图形或者观察数字变化，能正确填出表格的空白部分，即填写 13，16，19。
概括与运用	整合问题信息，寻找关系和联系，抽象概括出隐藏的规律；应用概括出的规律，做出相应的判断，解决相关问题。	能够发现：火柴的根数 =3× 正方形的个数 +1；火柴的根数 =4+3× 正方形的个数 −1；火柴的根数 =4× 正方形的个数 −（正方形的个数 −1）。用此规律解决"要拼 100 个正方形，需要多少根火柴？"对应算式为：3×100+1=301，4+3×99=301，4×100−99=301。
解释与论证	解释规律的合理性，证明规律的正确性，运用规律进行计算和论证，证明某一结论或者反驳某一观点。	面对问题"有 154 根火柴，可以拼成多少个正方形？你是怎么想的？"能够正确回答 51 个，因为（154−1）÷3=51，或者 154−4=150，150÷3=50，50+1=51。 面对问题"小明说：用完 96 根火柴，能拼出若干个完整的正方形。小明说得对吗？为什么？"回答"不对"，因为 96−4=92，92÷3=30……2，会剩下 2 根；或者 31×3+1=94 < 96 < 97=32×3+1，那么拼 31 个正方形有剩余，拼 32 个正方形又不够。

其中火柴拼正方形表格：

正方形的个数	1	2	3	4	5	6
火柴的根数	4	7	10			

（3）实践能力

实践能力主要指实际动手能力和理论运用于社会、生活等的能力。小学数学中实践能力的评价方法比较多，主要也是考查实际动手能力和理论运用于实践的能力。但评价的过程比较复杂，涉及的因素也比较多，目前还处在积极探索阶段。

例如，评价小学生实际动手能力，可以进行各种拼图游戏。下面以四巧板（又称 T 形板）为例进行说明。四巧板由 1 块长方形分解的 4 块不规则形状组成（图 2-4-1），其中有大小不同的直角梯形两块，等腰直角三角形 1 块，凹五边形 1 块。这几个多边形的内角除了有直角外，还有 45°，135° 和 270° 的角。

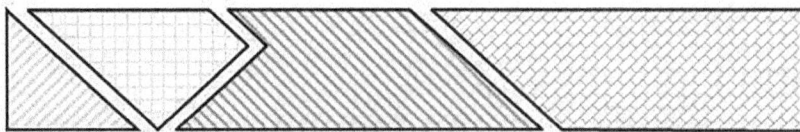

图 2-4-1

根据拼图的难易，可以分成 9 档：婴幼儿水平、幼儿水平、小学低年级水平、小学高年级水平、初中水平、高中水平、本科水平、硕士水平和博士水平。也就是说，如果能拼出最难的图形，就能达到博士水平的智力（参考标准见表 2-4-4）。

表 2-4-4

级别	水平	拼出图形
1	婴幼儿	长方形　　　　平行四边形
2	幼儿	木马　　角尺、L　　亻　　斧头
3	小学低年级	路标、箭号　　雁阵、箭号　　小船　　异形石、折角矩形
4	小学高年级	喜鹊　　鹅颈、单箭号　　钩　　菱形
5	初中	双箭号、飞板　　卜　　7　　三节棍
6	高中	鸭子　　订书机、小人　　房子　　庭石、叠砖
7	本科	桥　　火箭　　狗头　　台阶
8	硕士	火山　　T　　箭头
9	博士	手风琴

再如，评价将理论运用于实践的能力，可以考查学生解决生活中现实问题所采用的数学方法的水平，根据"数学化"水平来衡量学生的实践能力。下面我们以小学教材中"烙饼问题"（图2-4-2）为例进行说明，水平划分仅供参考（表2-4-5）。

图2-4-2

水平描述：①初级，仅对问题进行简单处理和解决，表现为仅仅解决了问题，方案不一定是最优的；②中级，用生活化的方式解决了问题，结果是最优的；③高级，用"数学化"的方法解决了问题，结果是最优的，方法具有拓展性和迁移性。

表2-4-5

水平	解答	附图
初级	先烙两张，再烙剩下的一张。第1次：1正、2正。第2次：1反、2反。第3次：3正。第4次：3反。总时间：3×4=12（分钟）。	
中级	先烙一张，另两张交替进行。第1次：1正、2正。第2次：1反、3正。第3次：2反、3反。总时间：3×3=9（分钟）。	
高级	问题的"数学化"描述为：一次烙两张饼，一张饼要烙两面，一面3分钟，烙3张饼至少要花多长时间？简答时先求面数，再求次数，最后求时间。面数：3×2=6（面）。次数：6÷2=3（次）。时间：3×3=9（分钟）。	

（4）创新意识

创新意识是指创造前所未有的事物或观念的动机，并在创造活动中表现出的意向、愿望和设想。创新意识是内化的，不容易评价，但它又常常外显为创新行为。因此可以从创新行为的角度评价创新意识。

学生的数学创新行为常常表现为：用新颖的方式解决数学问题（尤其是开放题），并取得一定的效果；对某个数学概念、结论和问题解决方法提出自己的看法；观察某些数学现象，大胆提出猜想，并积极求证；对数学怀有极大的好奇心和探究欲望，敢于想办法把某些疑难问题弄明白。

▶ 拓展阅读

神奇的规律 [①]

数字金字塔满足一个神奇的规律——每个格子的数都由下一层相邻的两个格子中的数用相同的计算法则得到。图 2-4-3 中右图就是一种用加法计算得到的数字金字塔。你能尝试填出这个金字塔，并保证最高一个格子中的数是 35 吗？

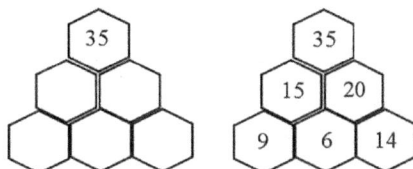

图 2-4-3

从学生思维的流畅性、灵活性和新颖性方面进行评价，评价标准如下。流畅性，根据学生所给正确答案的个数确定（例如，一个正确答案计 1 分，10 个正确答案就计 10 分）。灵活性，根据学生所给正确答案的方法或个数确定。新颖性，根据同一种正确方案的人数除以总人数所得百分比进行判断。小于 10% 说明新颖性好，可计 4 分；10%～20%（不包括 20%），计 3 分；20%～30%（不包括 30%），计 2 分；30%～40%（不包括 40%），计 1 分；40% 及其以上，计 0 分。根据评分标准对学生的作品进行分析（图 2-4-4）。

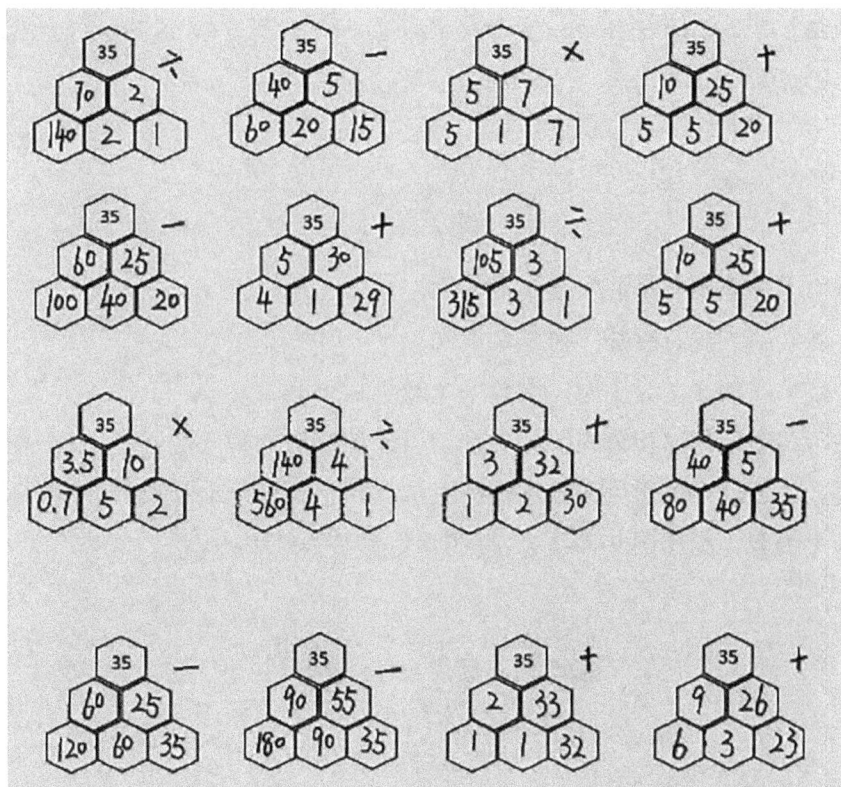

图 2-4-4

---

① 杨传冈：《小学生创造性思维评价——以数学开放题问题解决为例》，载《基础教育课程》，2019（13）。本书引用时做了适当修改。

学生给出了 16 个正确答案，其流畅性得 16 分。他的答案有 5 种类型：整数中分别有加法、减法、乘法、除法，小数中有乘法，其灵活性得 5 分。他的答案比较新颖的是第 1 行第 3 列和第 3 行第 1 列这两个，所占百分比分别是 1.7% 和 3.3%，均计 4 分，其新颖性获 4 分。综上，学生在本题的数学创新上得 25 分。

电子图书馆

贾轩，曾小平．小学数学开放性作业的设计方法 [J]．教学与管理，2019（23）。

曾小平，洪小辉．TIMSS2015 对小学生数学认知的评价研究 [J]．教育研究与评论（小学教育教学），2017（7）。

冯莎莎．基于核心素养的学生过程性评价探索——以七年级数学为例 [J]．基础教育课程，2019（1）。

杨传冈．小学生创造性思维评价——以数学开放题问题解决为例 [J]．基础教育课程，2019（13）。

李丹，师远贤．学习性评价内涵及其相关概念辨析 [J]．基础教育课程，2020（Z1）。

莫景祺．重申"促进学习的评价" [J]．基础教育课程，2019（Z1）。

沈强．基于 SOLO 分类理论的小学数学理解能力评价研究 [J]．小学教学（数学版），2020（2）。

曾小平，田河．国际数学与科学教育评价新动向——例析 TIMSS 2023 的主要特点 [J]．基础教育课程，2020（17）。

练习二

1. 小学数学教学的原则有哪些？请举例说明。

2. 小学数学教学的方式有哪些？请举例说明。

3. 请以"一位小数加法"为主题，设计一个教学板书。

4. 请以"平行四边形的面积公式"为主题，设计各层次的提问应答。

5. 设计一道开放题，评价学生的数学创新意识，制定评价标准和设计一个评价样例。

6. 有一道一年级数学题（图 2-4-5），有些学生解答为 7+2=9。

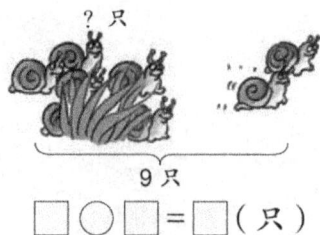

图 2-4-5

请根据上述材料回答以下问题。

（1）你认为学生的解答对还是不对，为什么？

（2）如果书上给出的参考答案是 9−2=7，你怎么向学生解释这个答案的合理性？

7.案例分析：请阅读下面的教学案例，从数学教学的"生活化"与"数学化"之间平衡的角度进行评析。

在教学除法时，教师提供生活情境问题："每个书包 11 元，32 元可以买几个这样的书包？"算式为 32÷11=2……10，答案是可以买 2 个这样的书包。这时，有学生提出 32 元可以买 3 个这样的书包，其理由是买多了可以与售货员讨价还价便宜 1 元；更有学生提出"还可以到别的商店买"。于是，讨论各种买包方案成了这节课的高潮，对此问题的讨论在教师"你真会创造"的赞扬声和学生"你真棒"的掌声中结束。

8.案例分析：请阅读下面的教学案例，从教学原则、教学方式等角度进行评析。

在教学"三角形的内角和"时，教师引导学生经过猜想三角形的内角和是 180° 后，为验证这个猜想的正确性，采用了小组合作的方法：请各小组组织讨论，用各自的方法去验证结论……只见学生剪剪、画画、拼拼，好像非要弄明白不可……过了一会儿，教师就示意学生停止验证、探索。

第 3 章

数学概念的教学设计与实施

第 1 节　小学数学概念的科学理解

小学数学中有很多概念，这些概念是构成小学数学基础知识的重要组成部分，是学习其他数学知识（定律、性质、法则、公式等）的基础。例如，圆的面积公式是以"圆""面积""半径""平方""圆周率"等概念为基础的。小学数学中大多数概念都是一些基础性知识，学生只有能清晰地理解概念、牢固地掌握概念并明确地运用概念，才能更好地学习其他数学内容。

一、数学概念的含义

概念是人们通过抽象化的方式从一群事物中提取出来的反映其共同特性的思维单位。一门学科的基本概念，反映了这门学科特有的思维形式与研究对象，体现了这门学科特有的思想方法。数学概念是人们对现实对象的数量关系和空间形式的本质特征的一种反映形式，是一种非常基础又极其重要的数学思维形式。也可以这样说，如果数学是一个生物有机体，那么数学概念则是构成这个有机体的细胞。

正确理解并灵活运用数学概念，是掌握数学基础知识和运算技能、发展逻辑论证和空间想象能力的前提。在数学中，作为一般思维形式的判断与推理，以定理、法则、公式的方式表现出来，而数学概念则是构成它们的基础。我们常说的定理、推论、性质、公式等，在某种程度上是对数学概念特征和彼此关系的描述。

有的数学公式直接源于数学概念。例如，圆的周长公式就源于圆周率的概念。再如，长方形的周长公式，其实就是周长这个概念在长方形中的特殊体现。有的数学运算法则和性质也可以利用数学概念来解释。例如，自然数中乘法分配律的证明（或者解释），就可以利用自然数中乘法概念来进行证明（或者解释），具体如下。

$$(a+b)\times c$$
$$=\underbrace{(a+b)+(a+b)+\cdots+(a+b)}_{c\text{个}(a+b)\text{连加}}$$
$$=\underbrace{a+a+\cdots+a}_{c\text{个}a\text{连加}}+\underbrace{b+b+\cdots+b}_{c\text{个}b\text{连加}}$$
$$=a\times c+b\times c。$$

在一定程度上讲，数学概念是每一个数学新知识的起点。波利亚在"怎样解题表"第二步"拟订方案"中，为了通过已知数据与未知量之间的联系来找到解题思路，有这样的提示，"回到定义上去""你把题目中所有关键的概念都考虑到了吗？"。只有正确理解和运用数学概念，才能有效提高解题能力和思维能力。小学数学概念的教学对其他数学知识的教学和学生数学能力的培养都具有重要意义。

> ▶ 拓展阅读

数的概念的发展 ①

数学根本上是玩概念的，不是玩技巧的。技巧不足道也！熟能生巧，参加数学竞赛的人都是要培训的，巧都是学来的。数学概念是人类智慧的结晶，首要表现在概念的形成上。我们现在觉得自然数 1，2，3，4 很自然，但人类发展历史中能认识"1"是非常不简单的。早期人们并不知道"1"，"1"是从大量的"一头牛、一头羊"中抽象出来的。所以从哲学的观点去想，"1"是了不起的，而"0"更是了不起。中国古代没 0 这个数字，用算筹表示数字，一根筷子是 1，两根筷子是 2，用空着的位置表示 0。

二、小学数学中的数学概念

数学是研究数量关系和空间形式的科学，数学概念是反映数学研究对象本质属性和特征的思维形式。小学数学的概念有很多，可以分类整理如下（表 3-1-1）。

表 3-1-1 小学数学中的基本概念

主题	基本概念
数与运算	自然数、整数、数位、因数、倍数、小数、有限小数、无限小数、无限不循环小数、循环小数、循环节、分数、真分数、假分数、分数单位、通分、约分、最简分数、加法、减法、乘法、除法、等于、大于、小于……
图形与几何	长方形、正方形、平行四边形、三角形、梯形、圆、角、锐角、直角、钝角、平角、直线、射线、线段、平行线、相交线、垂线、对称、平移、旋转……
量与测量	质量单位、时间单位、长度单位、面积单位、体积单位、角度单位、周长、表面积、体积……
式与代数	字母表示数、方程、方程的解、等式、正比例、反比例……
统计与概率	平均数、可能性、条形统计图、折线统计图……

小学数学概念有的是从现实生活中抽象出来的，有的是从数学理论本身抽象发展而来的。数学概念包括内涵和外延两部分。内涵反映概念的本质属性，是概念"质"的反映。外延反映构成概念的所有对象的全体，是概念"量"的反映。

例如，三角形的内涵是"由三条线段围成""每相邻两条线段的端点相连""图形"，外延是所有的钝角三角形、锐角三角形和直角三角形。正偶数概念的内涵是"能被 2 整除""正整数"，外延是 {2，4，6，8，…}。数学概念的科学理解就是要明确概念的内涵和外延两个方面。

许多数学概念要通过下定义的语句来表述其内涵。例如，五年级下学期质数的概念是这样给出的："一个数，如果只有 1 和它本身两个因数，那么这样的数叫作质数。如 2，3，5，7 都是质数。"质数的定义体现了质数的内涵，例子列举了质数外延的一部分。小学数学概念下定义的

---

① 李邦河：《数的概念的发展》，载《数学通报》，2009（8）。

方式通常有以下几种。

1. 描述性定义

描述性定义就是列举一些元素并加上其某种外部特征来进行定义。描述性定义一般采用"像……这样的……叫作……"的语句。这种描述性定义一般借助学生通过感知所建立的表象，选取有代表性的特例做参照物而建立。例如，像 -3，-500，-4.7，$-\frac{3}{8}$，…这样的数叫作负数。再如，像 3.45，0.85，2.60，36.6，1.2，1.5 这样的数叫作小数。描述性定义虽然不是很严格，但是符合学生的认知特点。如果要帮助学生认识数学概念的本质属性，还需要挖掘定义的内涵。

2. 约定式定义

约定式定义是根据数学上某种特殊需要，通过规定的方式来定义的。这种定义一般是利用意义已经确定的表达式，去规定新引入的表达式的意义。例如，为了使乘法的定义"求几个相同加数的和的简便运算，叫作乘法"中的"几"等于 1 或 0 时也有意义。我们规定：任意一个数 $\times$ 1 ＝这个数，任意一个数 $\times 0 = 0$。

3. 属加种差定义

属加种差定义是常用的下定义的方式，其一般形式为：被定义概念＝种差＋邻近的属概念。所谓被定义概念，就是我们要给予定义的概念；种差就是被定义概念与跟它并列的其他种概念间的本质属性的差别；邻近的属概念就是邻近被定义概念的概念。例如，有一个角是直角的三角形叫作直角三角形。其中，"三角形"是属概念，"直角三角形"是种概念，"有一个角是直角"是种差。

4. 发生式定义

发生式定义是以被定义概念所反映的对象发生或形成的过程作为种差的定义方式。发生式定义告诉人们作出一个图形或得到一个概念的方法。例如，一个物体、一个计量单位或是一些物体等都可以看作一个整体。把这个整体平均分成若干份，这样的一份或几份都可以用分数来表示。其中，"把这个整体平均分成若干份，这样的一份或几份"就指出了分数的发生或形成的过程。

5. 关系式定义

关系式定义是以数学对象之间的关系来定义的。例如，在整数除法中，如果商是整数而没有余数，我们就说被除数是除数的倍数，除数是被除数的因数。在整除的情况下，用被除数与除数的关系定义倍数与因数的关系。因数与倍数的概念是相互依存的。

三、小学数学概念的特点

小学数学概念是数学中最基本的概念，是其他数学概念的起源和基础。小学数学概念具有以下特点。

1. 抽象性和具体性

一方面，从数学概念的来源来看，小学数学概念是由一类事物脱离具体的物质内容抽象出共同特征，或者是在已有概念的基础上再次抽象而来，具有抽象性。另一方面，小学数学概念有许多直观的内容作支撑，与日常生活或小学生的现实相联系，具有具体性。例如，三角形的概念脱离大小、形状、颜色等物理属性，只保留空间形式"由三条线段围成的图形（每相邻两条线段的端点相连）"这个共同的、本质的特征。同时，它是生活中由三条边的各种实物或图形经过概括抽象而来的，在学生的现实中也总能找到三角形的原型。

2. 系统性和发展性

在小学数学的每个内容领域中，数学概念往往不是孤立的，概念之间存在着某种联系。小学低年级是数学概念学习的起始阶段，这些概念到了更高阶段时往往会被扩充出许多新的概念，且各个概念之间环环相扣。例如，一开始学习三角形的概念时，只包括三角形的边、角、顶点等概念。到了后续阶段，还会学习某条边上的高、三角形的面积等概念。先前的概念是后续概念的基础，一系列概念共同构成一个概念系统。概念的系统性要求教师在进行概念教学时，不应使学生孤立地理解一个个的概念，应该建立概念之间的联系，帮助学生形成概念网络。

另外，根据学生在不同阶段的认知规律和认知发展特点，随着学习的深入，小学数学概念的含义会不断地得到丰富。例如，三年级上册分数的概念是"像 $\frac{1}{2}$，$\frac{1}{3}$，$\frac{1}{4}$，$\frac{1}{5}$ 这样的数，都是分数"。其中隐含的"单位 1"指的是一个物体。五年级下册分数概念中"单位 1"的含义扩展为"一群、一组、一堆"等数量大于 1 的整体。

四、小学数学概念的分类

分类是揭示概念外延的逻辑方法，就是把一个概念所包含的对象分成若干类，用以揭示概念的外延。一个概念所包含的事物往往是不可胜数的，采取列举所有事物的方法来揭示概念的外延是不可能的。我们可以将一个属概念划分为若干种概念（若干类），再分类进行讨论就比较容易了。

例如，我们在画三角形的高时，不可能把各式各样的三角形的高都画出来，只需要将三角形分为锐角三角形、直角三角形和钝角三角形，就可以分类画高了。

要揭示概念的外延，必须采取分类的方法。分类的基本要求是"不重不漏"，即不重复、不遗漏。具体表现为分类要遵守一定的规则。

1. 分类必须按照同一个标准进行

概念的分类服务于一定的需要。需要不同，分类的标准就不同。每次分类只能按一个标准进行。例如，按照"能否被 2 整除"这一标准可以把自然数分为两类，即奇数和偶数。再如，研究四边形时，按照标准"对边平行的对数"可以将四边形分为平行四边形、梯形和一般四边形，它们拥有平行对边的对数分别为 2，1 和 0。

2. 分类后的各个种概念应相互排斥

把一个概念分成若干种概念时，这些种概念不能互相交叉。例如，把小数分为纯小数、带小数、循环小数就违反了这条规则。因为循环小数可能是纯小数，也可能是带小数，于是便引起了概念的混淆。

3. 分类应穷尽无遗

分类后所有种概念的外延相加应等于属概念的外延。也就是前面说的不遗漏。例如，我们把自然数分为质数与合数，就产生了遗漏，因为 0 和 1 既不是质数也不是合数。

4. 分类应当按级进行

分类要按级进行，不能越级，必须把属概念分为种概念，依次进行。例如，把无限小数分为无限不循环小数、纯循环小数、混循环小数就是越级的。因为纯循环小数、混循环小数与无限小数不是最邻近的关系。

电子图书馆

李邦河. 数的概念的发展 [J]. 数学通报，2009（8）。

韦潞莹，黄甫全. 我国小学数学概念教学的回顾与展望 [J]. 基础教育课程，2020（10）。

陆世奇，徐文彬. 小数理解的现状及其教学改进 [J]. 课程·教材·教法，2019（4）。

章勤琼，徐文彬. 论小学数学中分数的多层级理解及其教学 [J]. 课程·教材·教法，2016（3）。

马云鹏. "数的认识"及其教学设计 [J]. 小学数学教育，2018（6）。

陈碧芬. 数学史"重构式"融入小学数学教学的研究——以"认识厘米"为例 [J]. 课程·教材·教法，2017（1）。

第 2 节　小学数学概念的认知过程

由于学生的思维以具体形象思维为主，逐步向抽象逻辑思维过渡，但是逻辑思维又是初步的，小学数学概念的严谨性和抽象性处于比较初级的阶段，在一定程度上根据直观进行抽象。小学数学概念的获得主要包括概念形成和概念同化两种基本方式，不同的获得方式对应不同的认知过程。这两种方式也是相互联系的，一般认为初级阶段采用概念形成，高级阶段使用概念同化。下面分别介绍这两种概念的学习方式。

一、概念形成

概念形成，是指从大量同类对象或者事实出发，发现共性、抽象概括，归纳得到本质属性，得到概念的过程。这是学生学习数学概念的主要方式，通常需要经历"感知具体对象—尝试建立表象—抽象本质属性—语言符号表示—运用到同类中"五个阶段。下面以"长方形"的概念为例（表 3-2-1），说明学生数学概念形成的基本过程。[①]

---

① 曾小平、肖栋坡：《小学数学课程与教学论》，42~43 页，北京，北京师范大学出版社，2015。

表 3-2-1　数学概念形成的基本过程

阶段	含义	示例
感知具体对象	学生运用观察、操作、体验等感知活动，对来自生活经历的事实或者教师设计的教学材料，进行充分感知，形成对一类对象共同属性的感性认识。	学生发现课桌表面、课本表面、黑板表面、教室墙体的某一面都是四边围成的方形，这就是感知生活中的长方形，根据经验形成感性认识。
尝试建立表象	学生试图在头脑里建立感知对象的表象，当这些事物不在面前时，在头脑中出现的关于事物的形象。从信息加工的角度来讲，表象是指当前不存在的物体或事件的一种知识表征，这种表征具有鲜明的形象性。	学生会在头脑里形成一个方框，它代表了曾经经历过的课桌表面、课本表面、黑板表面、教室墙体的某一面。学生会在别人提及这些事物的时候，自动想起这些事物的样子。
抽象本质属性	学生通过进一步比较、分析、综合、归纳等活动复合表象，将一类对象的本质属性抽象出来，构成同类对象的关键特征。也就是说，学生会舍弃前一阶段建立的一些事物的非本质特征，运用推理的方法抽取本质特征。	学生会认为课桌表面、课本表面、黑板表面、教室墙体的某一面这些物体是一个平面图形，它由四条边首尾相接而成，而且每对相邻边所成的角为直角。或者，学生会发现，这些物体都由四个点确定，相邻点的连线构成四个直角。
语言符号表示	在学生对同类对象的基本属性有了充分认识之后，学生就会尝试采用语言或者数学符号对这些对象进行特征的概括和表征，从而获得概念。	学生会发现，这类事物是有四条边围成的，是一种特殊四边形，四个角都是直角的四边形。如果联想到平行四边形，学生会想到有一个角是直角的平行四边形，是一种特殊的平行四边形。这类事物就叫作长方形。
运用到同类中	学生将获得的新概念推广到其他同类对象中去，辨别其他对象是否属于这个概念。这个概念推广的过程，既是概念运用的过程，也是进一步理解和修正新概念的过程。	学生会运用长方形的概念判断：篮球场是长方形；操场跑道不是长方形；下图中左边三个是长方形，右边三个不是。 ▭ ◇ ▢ ◈ ▱ ⬡

　　根据学生的思维特点和年龄、性格特征，教师在概念形成的教学中要注意以下几点。

　　第一，要提供大量同类事物或现象，只有一个事例不能抽象出数学概念。如果教材中只有一个事例，教师应该增加丰富的素材，并且要从多个具体例子入手，引导学生在充分感知具体事例的基础上，观察、归纳、抽象、解释内部关系和本质属性，进而形成概念。

　　第二，提供的正例应具有代表性或典型性，便于学生证实概念的本质特征。正例就是正确的例子，包括标准形式和改变非本质属性所形成的变式。比如，学生初学"三角形的高"时，教师在教学中除了呈现"与水平底边垂直的竖直位置的高"这一标准图形，还要呈现其他边上的"高"或延长某一边以后画出的"高"等多种高的变式图，让学生充分感知三角形一边上的高的本质属性，从而真正理解"三角形的高"的概念。

　　第三，提供的反例要恰当。反例就是不符合本质属性的例子，通常是改变概念外延所形成的例子。例如，小学"垂直"概念的教学中，教师如果拿两支铅笔"异面垂直"来举反例，就不符合学生的认知水平，使学生无法去证实平面图形中"垂直"概念的本质属性。

　　第四，学生的感知方式要多元。教师可以通过看一看、摸一摸、画一画、想一想等教学活动，使学生通过视觉、动作、图像、表象等多种表征方式在感知的过程中逐步构建概念。例如，为了形成"周长"的概念，可以让学生用手摸教材封面的边界来理解"封闭图形一周的长度"，也可以用笔描一描封闭图形的边，或采用其他的感知方式。

▶ 拓展阅读

理解小数的意义 ①

师：（出示一个米尺，没有刻度）这把尺子的长度为 1 米，用它来测量课本的长度，行吗？

生：不行，课本长度远不够一米，看不出长度。

师：怎么办呢？

生：把它平均分成 10 段，每一段是 0.1 米，看看能不能测量。

师：（换一把尺子，已经平均分成了 10 份，测量一下课本的长度为 2 格）那么课本的长度是多少呢？

生：2 个 0.1 米，即 0.2 米。

师：现在用这把尺子来测量课本的宽度，可以吗？

生：（量一量，一格多一些）不行。

师：那怎么办呢？

生：把每一格分成 10 个小格，再来测量，看看行不行。

师：（换一把已经把每一格分成 10 个小格的米尺，测量一下课本宽度为 15 个小格）现在这把尺子每个小格的长度是多少？课本的长度是多少？

生：0.01 和 0.15，0.15 里面有 15 个 0.01。

师：测量一下课桌的长度和宽度，看看结果是多少？并说明里面有几个 0.1 和 0.01？

生：长 0.6 米，里面有 6 个 0.1，60 个 0.01。宽 0.45 米，里面有 45 个 0.01，它里面有 4 个 0.1 还多一些。

师：根据前面这些例子，请你说一说从 1 是怎么得到 0.1 和 0.01 的。

生：把 1 平均分成 10 份，每份就是 0.1；把 1 平均分成 100 份，每份就是 0.01；0.1 等于 10 个 0.01。

师：假如想要表示 0.001 呢？

生：那就把 1 平均分成 1000 份，一份就是 0.001。

评析：根据实际需要，创造小数来度量物体的长度，解决相关问题；通过现实体验，学生体会到小数是在已有数学概念不够用的基础上自然引进的，由此产生内在的学习需求，进而抽象概括出小数的意义。

---

① 曾小平、韩龙淑：《小数是特殊的分数吗？——小数的意义与教学探究》，载《教学月刊·小学版（数学）》，2012（Z2）。本书引用时做了适当修改。

二、概念同化

概念同化，是指用定义的方式直接向学生呈现一类事物的关键特征。学生利用认知结构中原有的概念理解新概念，再经过对比、分析、推理等方法，辨析新概念与原有概念的异同，从而掌握新概念。学生只有在具备一定的数学能力、掌握一定的数学基本概念之后，才有可能用概念同化的方式学习。概念同化需要经历四个基本过程。下面以"梯形的概念"为例来说明（表3-2-2）[①]。

表3-2-2 数学概念同化的基本过程

阶段	含义	示例
回忆相关概念呈现新的概念	通过回忆、复述、练习等方式，唤醒认知记忆中与新学习概念相关的原有概念。	学生回忆多边形、四边形、平行四边形、长方形的概念和相应的代表图形，并明确这些概念之间的关系。
抽象本质属性建构新的概念	教师直接用定义方式呈现新概念。学生对这个概念的定义进行解读，抽取相应的数量关系和空间形式，领悟产生新的概念。	针对教师直接用文字给出的概念，"只有一组对边平行的四边形叫作梯形"，学生会做如下分析：梯形是一种四边形；它只有一组对边平行，另一组对边不平行。同时，学生还会画出各种梯形。
分离关键属性比较新旧概念	学生在前一阶段的基础上，通过进一步比较、分析，将新概念的本质属性分离出来，并同相关的概念进行比较，获得对新概念的真正理解。	学生将梯形与长方形、平行四边形、四边形等进行比较，发现梯形属于四边形，但和平行四边形不一样（只有一组对边平行）。进而，学生会将这些概念进行整理，画出概念之间关系的结构网络。
巩固练习运用强化概念理解	学生将新学习的数学概念在不同的情境中加以运用，进一步加深理解并强化所获得的数学概念。	学生会利用梯形的概念，判断小汽车车窗玻璃的大致形状、拦河大坝横截面的大致形状为梯形，而教室的玻璃窗、课桌表面、篮球场等不是梯形。同时，有的学生还能画出各种形式的梯形，包括摆放方式不一致的情况，平行对边呈水平状、竖直状或者倾斜状。

教师在概念同化的教学中要注意以下几点：①教师要了解学生已有的知识基础和经验，因为概念同构需要具备足够的已有概念和知识经验；②教师要从更宏大的背景下看待新概念，即做到"跳出概念看概念"，找到新旧概念之间真正的、内在的联系；③教师要突出新概念的关键特征，关键特征越明显，学生越容易迅速地联系上已经学过的相关知识；④呈现正例与反例，先正例后反例，通过比较和辨析，引导学生加深对概念的理解。

① 曾小平、肖栋坡：《小学数学课程与教学论》，78～79页，北京，北京师范大学出版社，2015。

三、两者联系

概念形成和概念同化既有区别又相互渗透。前者强调对概念学习过程的认识，后者则强调新旧概念之间的异同辨析。在小学数学概念教学中，前者居多。

小学数学中有一些原始概念和不定义的概念，如数、量、点、线、平面、角、圆等。由于学生对这些概念的认识以感知为主，认知结构中没有或很少有同化的知识点，概念同化难以进行，宜采用概念形成的方式获得。

当学生的数学概念有一定的积累或者学习水平达到一定的阶段时，概念同化就成为一种重要的获得概念的方式。

在小学数学实际教学中，常常将两种方式结合起来使用。在以概念同化为主的教学中，也会存在概念形成。例如，六年级下册"比例的意义"一节课，根据教材呈现内容可以设计如下的教学过程。

第一，探讨操场上和教室里的两面国旗长和宽的比值有什么关系？操场上的国旗长、宽之比是 $2.4：1.6=\frac{3}{2}$，教室里的国旗长、宽之比是 $60：40=\frac{3}{2}$，得出 $2.4：1.6=60：40$。由此，引出定义"表示两个比相等的式子叫作比例"。

第二，回忆这个定义中已经学过的重要概念"比""相等""式子"，引导学生辨析新概念"比例"和以前学过的概念"比"之间的区别和联系。

第三，列举几个例子。例如，根据教材中的问题"在上图三面国旗的尺寸中，还有哪些比可以组成比例？"引导学生写出这两个式子（如 $5：\frac{10}{3}=2.4：1.6$，$60：40=5：\frac{10}{3}$），强化对新概念的理解。

上述教学过程中，学生获得概念的方式主要是概念同化。教学重点在于引导学生将新概念与头脑中已有的概念建立联系，通过辨析新旧概念之间的异同，使学生对新概念有了自己的认识，获得了新概念"比例"。但在概念同化的同时，又有概念形成的方式。可见，教师通过学校里的一个比较直观易懂的实例引入，便于学生理解、掌握和运用。

电子图书馆

郜舒竹."概念"的生成过程 [J]. 教学月刊·小学版（数学），2020（4）。

郭立军，刘凤伟. 从概念同化到概念形成的教学实践研究——以"倍的认识"为例进行的教学实践探索 [J]. 课程·教材·教法，2016（8）。

曾小平，韩龙淑. 十进制计数法的教学本质与教学——谈谈"认识 11～20 各数"的教学 [J]. 小学教学（数学版），2011（5）。

曾小平，韩龙淑 . 分数的定义与教学 [J]. 小学教学（数学版），2011（9）。

曾小平，韩龙淑 . 负数的数学本质与教学 [J]. 小学教学（数学版），2011（6）。

曾小平，韩龙淑 . 小数是特殊的分数吗？——小数的意义与教学探究 [J]. 教学月刊·小学版（数学），2012（Z2）。

第 3 节　小学数学概念的教学设计

小学数学概念虽然比较基础，但也比较复杂。有些概念的定义表述简练、结构清晰，但含义深刻。学生"会朗读背诵"的定义不一定"真正理解"概念，如方程的概念、分数的概念、角的概念、体积的概念等。

有些概念虽没有精确表述的定义，但学生依靠生活经验或者直观操作便可在感悟和体验中理解概念。例如，圆的概念是通过观察圆形物体、用圆规画圆、寻宝游戏等活动来感知圆。自然数的概念是外延性概念，通过数数或者列举由哪些对象组成等活动来理解其内涵。进位的概念是通过列竖式理解其内涵。数位的概念是通过认计数器上的位置来理解。小学阶段对类似的概念都做淡化处理，不下定义。

对学生难以理解的、非常重要的数学概念，教师要根据学情，精心设计教学。小学数学概念的教学设计，最主要的是教学目标和教学过程的设计。教学目标的确定建立在教学内容分析、课程标准分析和学情分析的基础上。只有详细分析教材中的每一个内容，认真剖析教学内容中数学概念的本质特征，正确把握概念，才能为教学设计做好准备。由于教学实践过程是依据教学目标而进行的，数学概念的准确把握和教学目标的设定是数学概念教学的重要任务。下面以一年级上册"11～20 各数的认识"为例，分析数学概念的教学设计过程和方法。

一、教学内容分析

教材中的每一幅图、每一组对话、每一行文字、每一道题都代表着数概念所包含的某一方面的内容。因此，教师要仔细分析教材、读懂教材的编写意图。同时，教师在教学内容分析的基础上，要根据实际情况，进一步设计分几个学时完成全部内容。

数概念是小学数学中最重要和最复杂的概念之一，其教学几乎贯穿小学数学始终。本节课的教学内容是 11～20 的概念（教材片段见图 3-3-1），所蕴含的原理是十进制计数法，其后续知识主要有"百以内数的认识""万以内数的认识""大数的认识"以及数的运算。

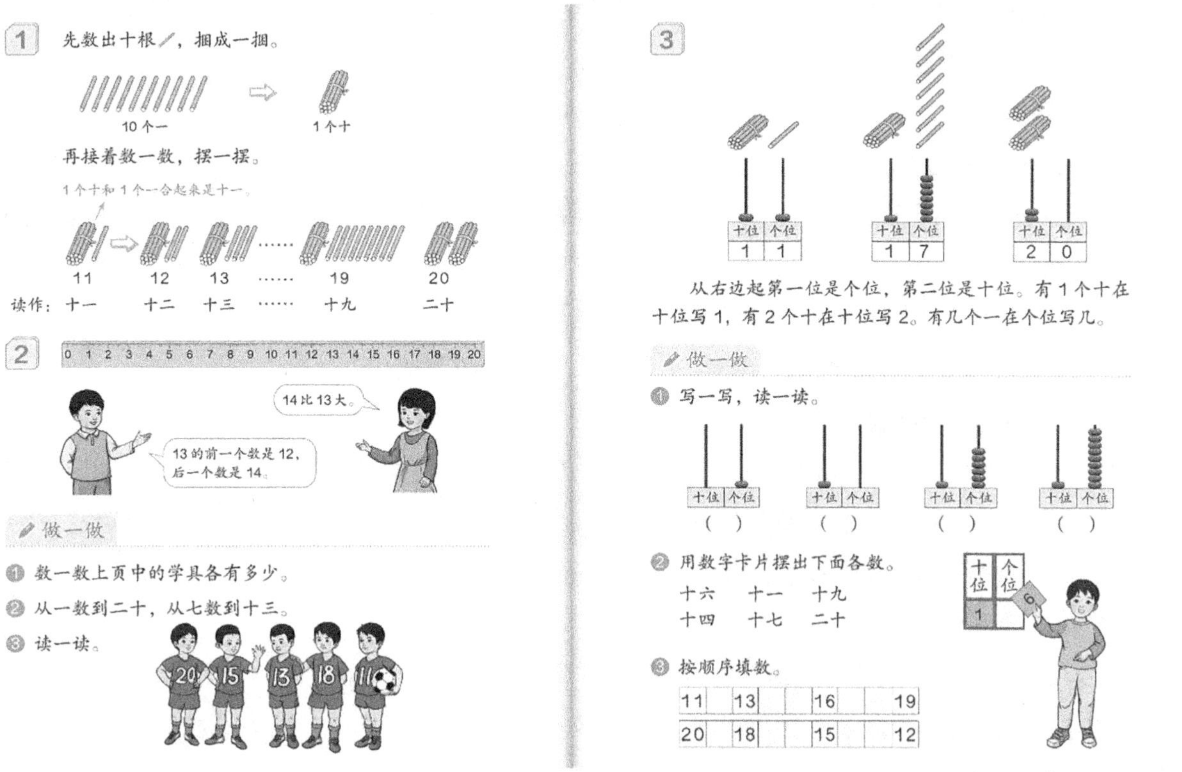

图 3-3-1 认识 11～20 各数

1. 数概念内涵分析

11～20 各数的概念有着丰富的内涵,具体有:数的大小(顺序),数的组成(十几是由一个十和一个几组成的),数的意义(包括数位和位值),数的表示(包括读法和写法),数的含义(包括基数和序数含义)。

2. 十进制计数法

11～20 各数是在 10 以内数的基础上进一步学习的自然数。这些数明显体现出了数位的特征。数位是指按照一定顺序排列,数字所占的位置。例如,一个两位数需要用"个位""十位"这两个数位来表示,而要表示一个三位数则需要再增加"百位"。

位值制是指某一个数位上的数是几,就表示有几个这样的单位。正确理解位值的概念,是学好数概念的基础。一个数字所在的数位不同,所表示的数值也就不同。例如,11 的两个 1 有不同的意义,一个表示一个十,另一个表示一个一。

十进制计数法是每相邻两个计数单位的进率都是十的计数方法,即满十向前一位进一。从 11～19 各数是由一个 10 和几个 1 组成的,20 是由 2 个 10 组成的,这就体现了十进制。自然数有无穷多个,使用十进制计数法可以用有限的几个数字符号来表示任意大的数。在生活中,除了计时和用分、秒度量角度时使用的是六十进制,其他的计数问题大多采用十进制。

二、学生认知分析

学生已有的知识基础、经验基础和思维特征是数学学习的起点。由于学生的差异很大,了解真实学情是有效教学的前提。下面简要分析学生在学习本节新课之前的基本情况。

1. 已有的知识基础

在学习本节课之前，学生已经学过了 10 以内数的认识，包括 0～9 这十个数的大小、读法与写法、组成、基数和序数含义。

已经学过的"10 的认识"这节课中，不仅学过了 10 是比 9 还要大 1 的数，10 是由两个不同的数 5 和 5、4 和 6、3 和 7、2 和 8、1 和 9 等组成的，而且学过了个位、十位、数位等概念。学生对数值也有了初步的认识，能理解数字 1 在十位上时表示的意义和在个位上时不一样。学生会从 0 依次数到 10 或更大的数，会读、书写 10，知道 10 的含义。

2. 已有的经验基础

学生以前在幼儿园或日常生活中经常接触按物点数、按数取物的活动，具有初步的一一对应思想，具备丰富的、数数的数学活动经验。在之前的数学课堂上也参与过类似的游戏或活动，获得了听数、说数、写数的基本技能。

3. 具有的思维特点

一年级学生以具体形象思维为主，抽象思维能力很弱。因此，他们学习自然数的概念时，需要与实际问题相联系，多次参与活动，多个感官参与，在充分体验和感知的基础上才能真正理解数的内涵，同时进一步加深对位值的理解。

4. 学习情况调研

学生在学习新课之前的真实情况如何，还要靠教师平时的工作经验来获得。除此之外，教师为了更确切地了解学生对知识掌握的程度，还可以采用课前调研的方法，通过编制一个简单的测试单或者选几个学生去访谈。这样，教师对学生的认知水平就有了更准确的把握。

三、教学目标设定

《数学课标（2022 年版）》第一学段的目标中相关内容有："经历简单的数的抽象过程，认识万以内的数，能进行简单的整数四则运算，形成初步的数感、符号意识和运算能力。""能在教师指导下，从日常生活中提出简单的数学问题，尝试运用所学的知识和方法解决问题""对身边与数学有关的事物有好奇心，能参与数学学习活动"。[①] 这些内容对教师准确设定教学目标具有重要的参考意义。

基于教学内容和课程标准的分析，根据学生的实际情况，以及培养学生能力的侧重点，教师可以制订相应的教学目标。通常先设定单元教学目标，再进行分解、细化，进一步设定课时教学目标。教学目标不是教学的流程，而是预期达到的学习结果，从知识与技能、过程与方法、情感态度与价值观三个维度来设计。

第一，在知识与技能维度，教师需要明确通过本节课的学习，学生最终要学会哪几个具体的数学概念或数学技能。

---

① 中华人民共和国教育部：《义务教育数学课程标准（2022 年版）》，12 页，北京，北京师范大学出版社，2022。

第二，在过程与方法维度，教师要考虑学生经历什么过程或者参与什么活动，来获得思维、方法、原理、能力等方面的数学活动经验或思维方式。

第三，在情感态度与价值观维度，教师要考虑通过本节课的学习过程，培养学生在对数学的好奇心、数学学习兴趣、学好数学的自信心、学习数学的态度、数学学习习惯等方面中的哪一个或哪几个方面，为学生具有良好的学习品格打下基础。这一维度的目标还常常包括德育目标。这一目标的陈述要切合这节课学生的实际情况。

根据上述分析，列举如下两个教学目标的具体设计，以供参考。

如果学生之前的知识基础较好，本节课的教学重点和难点都是十进制和位值制。教师偏重学生对计数原理的理解能力，那么教学目标可以设计如下（表 3-3-1）。

表 3-3-1　教学目标设计 1

知识与技能：掌握 10 个一是 1 个十以及 11～20 各数的大小和意义。
过程与方法：通过听故事、摆小棒、辨析"11"、做游戏等活动，感受十进制和位值制，积累"在数线上表示数"的活动经验。
情感态度与价值观：体验数学学习的乐趣，领悟数学知识来源于生活。

如果学生之前的知识基础一般，本节课的教学重点是 11～20 各数的组成及正确读、写数，教学难点是十进制计数法。教师偏重学生对数概念的大小、组成和意义等基础知识的熟练程度，那么教学目标可以设计如下（表 3-3-2）。

表 3-3-2　教学目标设计 2

知识与技能：理解 10 个一是 1 个十以及 20 的意义，知道十几是由 1 个 10 和几个 1 组成的。
过程与方法：经历摆小棒、读一读、写一写、比大小等数学活动，体会十进制计数法，获得初步的数感。
情感态度与价值观：通过广泛参与讨论、游戏等活动，感受数学与生活的密切联系，激发学习数学的好奇心和求知欲。

四、教学过程设计

本着以学生为中心的教学理念，依据已设定的教学目标，教师可以展开教学过程各环节的设计。在教学过程设计中，教师可能会进一步调整和修改教学目标。因此，教学目标的设计和教学过程的设计是循环往复、不断优化的过程。

概念教学一般包括引入概念、理解概念和巩固概念三个阶段。各教学环节的设计要注重活动过程，使学生在积累感性认识的基础上主动建构概念，还要让学生充分展示自己的思维过程和个性，使课堂处于轻松、活跃的氛围。

引入概念是概念教学的第一步。它是获得概念的基础。本节课中的数位、数值、11～20 的自然数都是比较抽象的概念。从概念引入到形成，是认识上的飞跃。教师需要创设有趣的情境，使学生在数数、摆小棒等大量感知活动中，通过概念形成的方式逐步获得概念。

理解概念是概念教学的第二步。本节课中的 11～20 各数以及数位、数值，其实是一个概念体系。教师需要设计丰富的活动，使学生体会每一个表示十几的数的组成和含义，加深对一系列概念的理解。

巩固概念是概念教学的第三步。学生运用所学的概念去解决简单的问题，将所学到的知识运用到实际中，才能巩固概念、完善自身的概念系统。本节课的练习设计适宜用活动的方式。

教学过程的设计，因学生和教师的实际情况，有较大差异。下面是教学过程设计的一个实例[①]，供读者参考。

1. 看绘本故事，了解古人的计数方法

（1）读绘本

教师播放 PPT 中的绘本故事，引导学生理解故事中的内容。

（2）品绘本

教师用 PPT 课件出示绘本故事，让学生感受"以十计数"的由来。

教师提问：故事中的老二是怎么想出来计数方法的？

【设计意图】让学生感知羊、鸡等的数量，可以用一个数来表示，从而自然地引入抽象的自然数 13 和 14。

2. 摆小棒，建关系，学组成

（1）学生摆 12 根小棒，师生讨论不同的摆法

学生可能的摆法有：① 1 根、1 根地分开摆放；② 2 根、2 根地摆放；③ 5 根、5 根、2 根地摆放；④ 10 根 1 捆，另外摆 2 根。

教师集中展示学生的不同摆法，体会 1 捆的好处。

（2）教师摆出小棒，学生快速数小棒根数 13 和 17

【设计意图】通过丰富的摆小棒活动，让学生感受十进制原理，理解十几的数的大小。

（3）游戏练习"给 11～19 找家"，体会数的大小顺序

师生一起做卡片游戏"给数找家"。教师依次说出数 15，18，14 和 16，11，12，13，17，19，学生把卡片放入相应的位置，并说出理由。

【设计意图】掌握 11～19 各数的大小顺序。

3. 建数位，感受位值制和十进制

（1）辨"11"，感受十进制

师生看 PPT，总结 10，20 的组成。一根小棒表示 1 个一，10 根变成 1 捆，1 个十里面有 10 个一，10 个一就是 1 个十；2 捆就是 20。

【设计意图】感受满十进一的原理。

（2）拨珠子"11～20"，体会位值制

教师提问：现在只有颜色、大小都一样的两个珠子，能不能表示 11？学生展示不同的想法。

教师在黑板画计数器，两个珠子分别放在个位、十位上。用珠子表示 11，板书写 11，讲解两个 1 分别代表什么。

同桌两人一组，在计数器上拨出 11。

教师让一个学生上台按顺序在计数器上拨 11～20，另一个学生说出相应的数。

---

① 本设计参考了倪芳老师（北京市朝阳区实验小学）的课堂教学，并做了适当修改。

师生讨论：怎么拨珠子能表示 20？学生在计数器上拨 20，并说出理由。

【设计意图】体会位值制原理，巩固各数的组成。

4. 联系生活，续写绘本故事

布置课后练习，让学生画图、续写绘本故事。

【设计意图】调动学生学习的积极性，发挥其个性，达到学以致用。

五、学习评价设计

为了提高教学的有效性，教师在完成教学目标和教学过程的设计之后，应对学习评价进行预设。教师需要考虑在教学过程中，打算采用哪种评价方式。例如，教师对学生在课堂积极回答问题、认真倾听别人的发言、书写规范等良好的表现给予口头表扬或加分、发小礼物等。又如，采用生生互评的方式，即让学生来评价自己的同学。

学习评价既有激励和引导学生行为的功能，也有反馈学习效果的功能，一般分为过程性评价和结果性评价两种方式。

1. 过程性评价

一年级学生年龄较小，教师对学生在认知过程中表现出的学习态度、合作能力、表达和交流能力等，宜采用肯定性的、鼓励性的及时评价语，以达到以情促学、以情共育的效果。

2. 结果性评价

课堂教学效果可以通过简单的测试题来完成。教师编制类似下面几道题的填空题或者判断题、连线题、计算题等，做当堂测试。

（1）从 8 数起，第四个数是（　　）。

（2）由 9 个一和 1 个十组成的数是（　　）。

（3）下图表示的数是多少？（图 3-3-2）

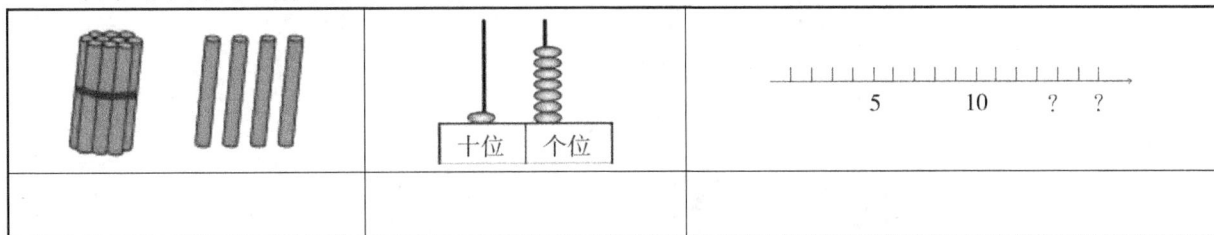

图 3-3-2

（4）20 里面有（　　）个十。

（5）在 13，6，11，10，4，9 这几个数中，最大的数是（　　）。

📚电子图书馆

姚铁龙，张新."分数的再认识"教学设计 [J].小学教学（数学版），2019（11）。

李克民.关注概念本质　在操作体验中发展数学概念——以《周长的认识》教学为例 [J].基

础教育课程，2019（14）。

任敏龙．学情明了本源清　四度抽象得归真——基于"关系"的"比的意义"教学新探 [J]．教学月刊•小学版（数学），2020（5）。

朱海燕，龚祖华．让学生"做"中创造性学习——《认识圆》教学设计与评析 [J]．小学教学设计，2019（10）。

徐英飞．《平移和旋转》教学设计 [J]．教学与管理，2013（14）。

第 4 节　小学数学概念的教学实践

概念教学的重点不在于背诵和记忆概念的文字，而是让学生通过冰冷的文字，感受构建概念过程中火热的数学思考。这就需要教师深刻理解概念的数学本质和教育价值，充分理解学生的思维特点和认知基础，在科学进行教学设计的基础上，灵活地进行教学实施。下面我们以"11～20各数的认识"为例 ①，剖析如何进行小学数学概念的教学实践。

一、新课导入

1. 播放 PPT 中的绘本故事

师：每个同学都有一本绘本小故事，这是倪老师送给大家的小礼物。它的名字叫"古人计数"，你们都看了吗？我们一起来回忆一下，请看大屏幕（课件出示绘本，如图 3-4-1 所示）。

图 3-4-1

第一天，老大和老二去打猎，老大打了 6 只羊，老二打了 5 只羊，他们分别用 6 块小石头和 5 根小树枝表示羊的只数。第二天，老大打了 13 只鸡，用 13 块小石头表示。老二打了 14 只鸡，对老大说"我打的鸡比你多"，并用 1 块大石头和 4 块小石头表示鸡数。

师：是呀，到底怎么回事呀？你们看懂了吗？

---

① 倪芳、吴正宪：《"11～20各数的认识"教学实录与评析》，载《小学数学教育》，2016（Z1）。本书引用时做了适当修改。

生：老二把 10 块小石头换成了 1 块大石头。

师：你的意思是说这 1 块大石头其实就代表了几块小石头？

生：10 块。

师：再加上外面的，老二一共打了多少？

生：14 只。

2. 感受"以十计数"的由来

PPT 课件出示绘本（图 3-4-2）。

图 3-4-2

师：老二是怎么想到这个办法的呢？

生：他是用手想到的（边说边举起小手）。

师：多可爱呀，快伸出我们的小手看一看，我们有几根手指呀？

生：10 根。

师：你看，10 就长在我们的手上，所以聪明的古人就想到了把 10 块小石头换成了 1 块大石头。

二、新知探究

师生在共同探究新概念的教学实践过程中，共进行了四个活动。

1. 摆小棒

（1）摆小棒，建立十进关系

首先，教师提出问题，让学生摆 12 根小棒。

师：这是古人计数的故事，我想古人计数的经验一定会对我们的学习有所帮助，今天我们也一起来数一数吧。

师：每个同学的桌子上都有一些小棒，数一数你有多少根小棒。

生：12 根。

师：你们不说我还真没看出来这是 12 根呢。你能不能想个办法，让别人很快就看出是 12 根小棒呀，再动手摆一摆。

接着，学生开始动手操作。教师选取了学生的典型摆法作为素材，进行辨析。

师：同学们想到了很多办法，倪老师也收集了一些，咱们来一起看看（展示学生摆法①，如图 3-4-3 所示）。

图 3-4-3

生：我是 1 根 1 根，中间留一点儿位置摆的。

师：哦，他是 1 根 1 根数的。

师：你又是怎么数的呢？（展示学生摆法②，如图 3-4-4 所示）

图 3-4-4

生：我是 2 根 2 根数的。

师：这个呢？（展示学生摆法③，如图 3-4-5 所示）

图 3-4-5

生：我是 5+5+2=10 这样数的。

师：你是 5 根 5 根这样数的。

师：哦，你又是怎么表示 12 的呢？同学们看懂了吗？（展示学生摆法④，如图 3-4-6 所示）

图 3-4-6

生：他是把 10 根放一堆儿，旁边放 2 根，这样表示 12 的。

师：你们发现了吗？不管我们怎么摆，其实每个小白板上都是多少根小棒呀？

生：12 根。

师：只不过有 1 根 1 根摆的，有 2 根 2 根摆的，有 5 根 5 根摆的，还有一个同学是 10 根和几根摆的，你更欣赏谁的摆法呢？

师：很多同学都选择了④，我们就来看看④。

师：刚才你们说这一堆是几根？

生：10 根。

师：我们来数数。还真是 10 根呢，刚才他把 10 根小棒放一堆，是为了方便。还可以把这 10 根小棒像这样捆成一捆，再和 2 根合起来就是 12。这样快不快？好不好看清楚？

师：从今天开始，我们就有了一个新的约定，够 10 根小棒我们就把它们捆成 1 捆。当我们捆起它们的时候，一定是几根？

生：10 根。

师：再和外面的 2 根合起来就是多少根？

生：12 根。

师：你能不能像这样整理一下你的小棒，让别人很快就看出这是 12？

师：我们来一起像这样数出 10 根，用皮筋捆成 1 捆，举起 12 让大家看一看。（然后，教师添加小棒，演示 14,15,16,17）这样是不是真的很快呢？我们来验证一下。（出示 14 根）有多少？

生：14 根。

师：再添 1 根，是多少？

生：15 根。

师：再添 1 根呢？

生：16 根。

师：再来 1 根呢？

生：17 根。

师：再来 1 根呢？看来这样还真是很快呢！

生：18 根。

最后，师生验证猜想，感受十进制。

师：刚才有的同学说 2 根 2 根地摆，也挺快的，我们来看看，（出示 14）你能很快看出这是多少吗？

生：12 根。

师：不急，咱们数数，是 14 根。

师：那你觉得 2 根 2 根地数好呢，还是用我们的新约定更方便呢？

生：用新约定更方便。

师：看来 10 根小棒捆成 1 捆还真有它的好处。

（2）摆小棒，学 13，17 的组成和书写

师：老师也整理了一些，你能不能看出这是多少？

师：（课件出示，如图 3-4-7 所示）这是多少根小棒？

图 3-4-7

生：13 根。

师：怎么看出来的？

生：1 捆是 10 根，外面有 3 根，合起来是 13 根（教师板书 13）。

师：（课件出示，如图 3-4-8 所示）这是多少根？

图 3-4-8

生：17 根。

师：我们来数数，单根的小棒有 7 根，这一捆没数怎么就知道是 17 啦？

生：因为我们有新约定，这一捆就是 10 根。

师：真好，记住我们的约定了（教师板书 17）。

师：那我们再把刚才数的过程回忆一下。

师：1 根小棒表示 1 个一，10 根小棒表示 10 个一，今天我们把这 10 根小棒怎么了？

生：捆成一捆。

师：就这么一捆，它们就变成一家人了，那这 1 个十里面有几个一呀？

生：10 个一。

师：所以我们说 10 个一就是 1 个十，1 个十也就是 10 个一。

师：增加难度（课件出示，如图 3-4-9 所示），看看这是几？说出理由。

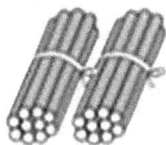

图 3-4-9

生：是 20。因为有 2 个十，所以是 20。

师：今天我们很快就看出了这些十几和二十的数。你觉得是谁帮了咱们的忙呀？

生：小棒、皮筋。

师：是呀，有了皮筋，我们很快就把 10 根小棒捆成了 1 捆，这样就更方便了。

师：（小结）今天我们在 10 的基础上学习了 11～20 这些数，而且我们还有了一个新约定。大家都记住了吗？

2. 做游戏

师：在黑板上有一条直直的线，在这条线上住着好多的数朋友，快看，谁来啦？

生：10。

师：老师把 10 送回了家。再看看这是谁？

生：20。

师：20 也回到了它的家中。下面我们来做一个"给数找家"的游戏。

师：每个同学都有一张卡片，和同桌说说你是几？请 11～19 到前边来。

师：向大家介绍介绍自己吧（学生介绍）。其他同学来做小小指挥官，一起来帮它们找家。

师：给 15 找家（学生把 15 放到相应的位置）。

师：给 18 找家。（教师有意提问）18 离 15 更近还是离 20 更近？

生：18 与 20 之间隔着 1 个数，与 15 中间隔了 2 个数，所以更接近 20。

师：15 的邻居在哪里？（学生把 14，16 放到相应的位置）

师：比 10 大、比 14 小的数快回家（学生把 11，12，13 放到相应的位置）。

师：还有两个数朋友要回家（学生把 17, 19 放到相应的位置，最终结果如图 3-4-10 所示）。我们一起来读读吧！

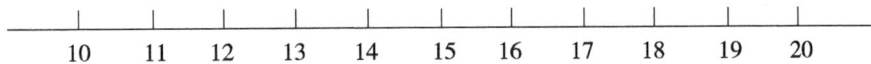

```
 └──┼──┼──┼──┼──┼──┼──┼──┼──┼──┼──┘
    10  11  12  13  14  15  16  17  18  19  20
```
图 3-4-10

3. 辨析 "11"

师：同学们，我们的故事还在继续，还记得吗？聪明的古人可以用 1 块大石头和 1 块小石头表示出 11，我们用小棒也能表示出 11。但是问题来了，现在只有 2 块长得像这样颜色一样、大小也一样的小珠子了，还能表示 11 吗？

学生的意见不一致，有人认为能，有人认为不能，分别请几个代表到前边来进行讨论，说说自己的想法。

生 1：（认为不能）我觉得 2 颗小珠子只能表示 2，不能表示 11。

生 2：（认为能）我觉得可以把 1 颗小珠子看成 10，另一颗小珠子看成 1，不就行了吗？

生 3：（认为不能）可是这 2 颗小珠子一样大呀？又不是一颗大一颗小。

师：是呀，长得都一样，你怎么能让所有人都知道到底谁是 10 谁是 1 呀？

生：在一颗珠子上写个 10，在另一颗珠子上写个 1 不就行了。

师：你们想不想听听老师的想法？

师：其实刚才他的想法和我们的数学家的想法特别像，数学家为我们制造了计数的工具（出示计数器），认识吗？

生：算盘。

师：这叫计数器。这是数学家帮我们发明的，看看，计数器上有好多"位"，从右边开始第一位叫"个位"，第二位叫"十位"。

师：有了计数器的帮助能不能表示出 11 来呢？我们来看一看。

师：（在黑板上画计数器，然后在个位上放 1 颗小珠子）表示什么？

生：1 个一。

师：在十位上放 1 颗小珠子，这可不是 1 个一啦！

生：这是 1 个十。

师：真好，1 个十和 1 个一合起来就是 11（教师板书展示 11 的写法）。

4. 拨珠子

首先，同桌两人一组合作，在计数器上拨出 11。接着，教师让一个学生上台在计数器上接着拨珠子，下面的学生齐声说出相应的数 12, 13, …, 19。

师：再加 1 呢？

生：19。

师：再加 1 呢？

生：20。

师：个位上的 10 个珠子还可以怎么拨呢？

生：把个位上的 10 个珠子都拨回去，把十位上的珠子再拨一个，就是 20。

最后，教师在计数器上拨 20，并强调 20 的意义。

师：把个位上的"10 个一"用十位上的"1 个十"代替，共两个十，也就是 20。

师：我们不仅认识了这些数，还能借助计数器表示出这些数。

三、课堂小结

师：今天我们认识了 11～20 这些数，还记得吗？我们是从古人计数的故事开始的。可是这个故事还没有结束呢……

师：如果让你继续画下去、讲下去，你又会用怎样的图画来表达出你对这些数的认识呢？

师：老师也带来了北京的小朋友画的画，想不想看看？你能理解他们的想法吗？这个任务就留给大家，老师很是期待……

📚 电子图书馆

朱国平 . 基于结构化的单元整合教学——以"百以内数的认识"教学为例 [J]. 小学数学教师，2019（2）。

斯苗儿，苏明杰，李新根 . 在生动与深刻之间寻求平衡——"角的初步认识"一课的研究与实践历程 [J]. 小学数学教育，2015（11）。

窦平 ."量感"：源自有效的体验——以"克的认识"教学为例 [J]. 小学数学教育，2018（Z2）。

张齐华 ."认识厘米"教学实录 [J]. 教育视界，2017（4）。

第 5 节 小学数学概念的教学研讨

教师应当发展自己的"实践性智慧""重视教学实践的总结与反思，应被看成一线教师很好实现自身专业成长的主要途径"。[①] 对小学数学概念的教学设计和实践进行反思，有助于教师进一步厘清概念本质、挖掘概念内涵，引发对概念教学的理性思考。作为反思性实践者，教师应该高度重视案例的分析、比较与积累，获得关于如何从事新的实践活动的重要启示。下面以第 4 节的教学实践过程为案例，展开分析讨论。

一、亮点赏析

整个教学活动是在一个轻松、愉快的氛围中展开的，这些教学活动具有十分重要的教学意

---

① 郑毓信：《新数学教育哲学》，370 页，上海，华东师范大学出版社，2015。

义。仔细分析，我们很容易发现以下三个方面的教学亮点。

1. 教学内容的组织处理恰当

既处理好了过程与结果的关系，又处理好了直接经验与间接经验的关系。通过摆小棒（计数器）、辨析"11"等活动，使学生对十进制和位值制有了深入的理解。通过让学生听"古人计数"的故事、做"给数找家"的游戏等活动，使学生既体会到了古人计数方法的合理性，又直接参与了计数活动，突破了教学难点，这是本节课的精彩之处。

2. 课堂提问合理

教师在课前精心设计了难度适中的问题，并在课堂上利用和蔼亲切的教态、恰当的时机，成功使用了提问这一重要的教学技能，顺利地启发了学生的思维，使学生的学习不断深入。

例如，"老二是怎么想出这个办法的呢？"这一问题能很好地启发学生思考故事中老二计数的优点，为后续理解"十位"这个特殊的数位以及十进制埋下伏笔。

又如，"我们就有了一个新的约定，够 10 根小棒我们就把它们捆成一捆。当我们捆起它们的时候，一定是几根？"这一问题强化了知识"1 个十里面有 10 个一"。再如，"18 离 15 更近还是离 20 更近？"这一问题使学生不断思考每两个数之间隔着几个数，从而巩固了数的大小顺序，亲历了抽象数线模型的活动经验。

再如，"有了计数器的帮助能不能表示出 11 来呢？"这一问题是学生学会利用数位来表示数，体会位值制的好处。

教师在课堂上类似的问题还有很多，每个问题都具有很强的启发性和思维含量，有助于学生逐步形成数概念，不断发展思维能力。

3. 教学主线明显

贯穿整节课的主线分为明线和暗线。明线是"古人计数"的绘本故事，暗线是"十进制计数法"的计数原理。学生在听故事、分析故事情节、续写故事等过程中，不仅理解了多个抽象的数学概念、体会了十进制计数法的来源，而且巩固和运用了所学知识。

当然，从不同的角度去看数学教学实践的过程，就会发现不同的亮点、受到不同的启发。教师也可以在教学实践之后，反思自己教学过程中存在的亮点、不足或困惑，以及教学目标的达成度，从而获得教学能力和实践性智慧的不断提升。

二、几点讨论

教学有法，教无定法。数学概念比较复杂，小学生的个性鲜明，因此小学数学概念的教学设计更加灵活多样。而且，学生的性格、思维、价值观都在不断变化，在数学概念的教学实践中也可能生成教师预设之外的新资源。下面根据第 4 节的教学实践，展开更广泛的几点讨论。

1. 教学活动的设计可以灵活变化

这节课的教学重点是十进制和位值制，重在让学生初步理解计数原理。如果根据学情，这节课的教学重点变化了，那么教学设计也就变化了。

例如，若是11～20各数的大小顺序，则可以在原基础上设计"倒数数"的游戏活动；若是基数和序数的含义，则可以设计问题"某列第几名同学请站起来"，以及"你前面一共有多少名同学？"；若是数的组成，则可以设计类似"十几是由1个十和几个一组成？"的问题；若是11～20各数的读法、写法，则可以让学生在练习本上写出数，并纠正"103，104"这样的错误写法；若是学习兴趣的培养，则可以设计更多让每个学生都能参与其中的游戏，使学生在做游戏中学习知识、提高兴趣，获得情感上的满足和自信。

2. 数学文化的渗透内容可以变化

教学导入采用的"古人计数"绘本故事是这节课的重要资源。如果基于数学文化的角度考虑，教师也可以讲述古巴比伦、古埃及、古罗马的其他进位制和计数的故事，使学生在比较中感受十进制计数法在书写和数数方面的优势。

3. 评价方式可以变化

这节课的评价方式主要是教师对学生的口头鼓励。如果在课堂上呈现几道难度适中的小试题，就可以真正检测和巩固学生所学知识。如果教师给予认真听讲的学生一个小奖励，则是另一种评价导向。评价方式不同，其导向功能也不同。

总之，数学教学既是一门科学，又是一门艺术。数学概念的教学实践可以随着教学理念、教学目标、教学重点、教学环境等的不同而呈现出不同的精彩，但是，小学数学概念教学有效性的前提是教师必须非常了解学情，并且掌握概念本质，形成概念系统。

电子图书馆

倪芳，吴正宪 . "11～20各数的认识"教学实录与评析 [J]. 小学教数学教育，2016（Z1）。

申银强 . 厘清脉络，突出本质——"认识几分之一"教学赏析 [J]. 小学教学（数学版），2019（10）。

陈晶 . 教学，贴近学生的思维行走——"认识长方形和正方形"教学实践与思考 [J]. 小学数学教育，2015（18）。

朱德江 . "学"与"导"应着力于学习的"关键点"——"认识面积"教学实践与思考 [J]. 小学数学教师，2016（3）。

练习三

1. 在平面图形的运动中，平移、旋转是两个重要概念。分析它们的内涵和外延，并列举实例说明。

2. 写出"比值"的定义，列举与之相关的概念。阐述这些概念间的联系和区别。

3. 分析学生概念形成方式获得"千"的概念的基本过程，并由此设计一个教学片段。

4. 分析学生概念同化方式获得"公倍数"的概念的基本过程，并由此设计一个教学片段。

5. 首先，分析"认识小数"的教材片段（图 3-5-1），写出教学设计。其次，6 个同学组成一个小组，进行模拟教学。最后，对教学效果进行研讨。

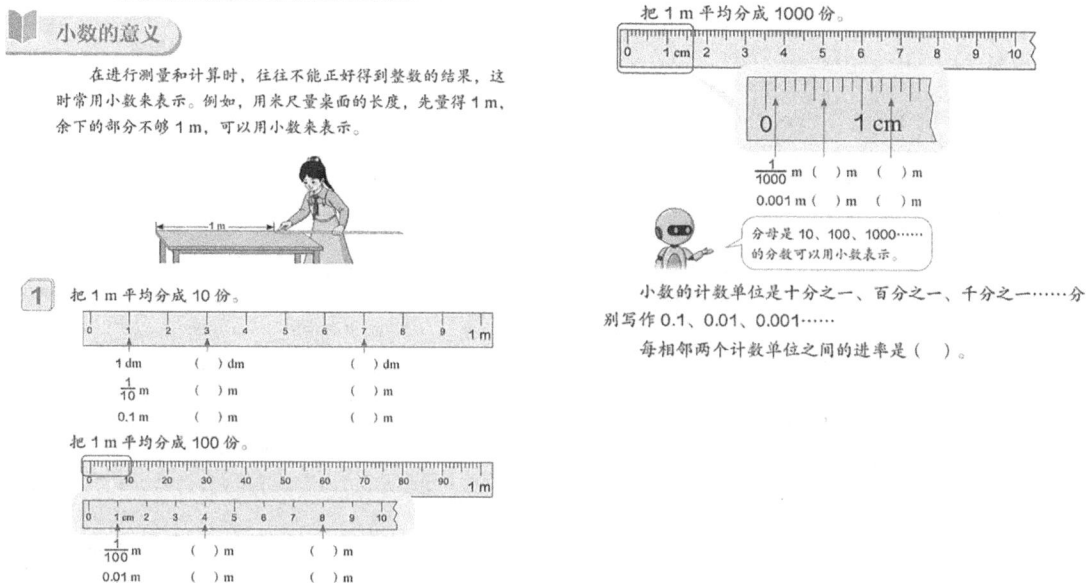

图 3-5-1

6. 首先，分析"认识长方形"的教材片段（图 3-5-2），写出教学设计。其次，6 个同学组成一个小组，进行模拟教学。最后，对教学效果进行研讨。

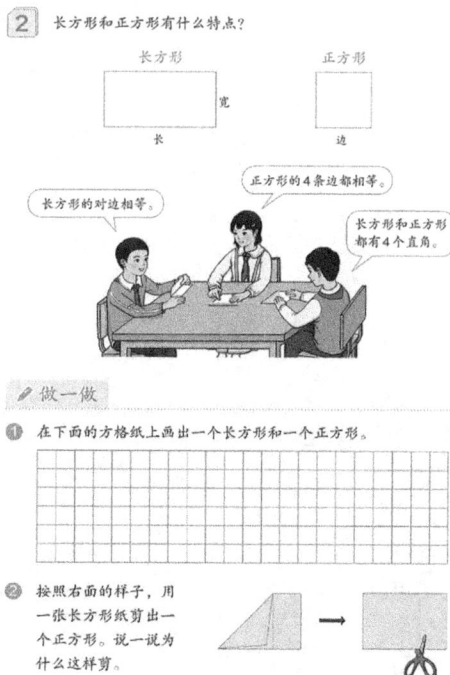

图 3-5-2

第 4 章

数学运算的教学设计与实施

第 1 节　小学数学运算的科学理解

数学运算是小学数学的重要内容，几乎占据了小学数学教材三分之一的篇幅。其他内容的学习也大都建立在运算的基础上。所以，小学数学运算既是一个内容，又是一个理解和运用数学的工具。因此，我们要高度重视小学数学运算的教学，其前提是理解小学数学运算是什么、有什么。

一、数学运算的相关概念

1. 数学运算

数学运算是指对于数集 M 中的任意两个元素 a 和 b，规定某个对应法则 f，根据对应法则 f，数集 M 中存在唯一的元素 c 与它们对应，我们就说这个法则 f 是在 M 中的一种运算，记作 $f(a,b)=c$。在这个运算中，如果已知 c,a（或 b），求另一个元素的运算，叫作这个运算的逆运算，记作 $f^{-1}(c,a)=b$。由此可见，数学运算是很抽象的，其本质乃是一种对应关系。

张景中院士这样概括运算："运算，就是从给定的东西出发，施行确定的步骤以获得确定的结果。"[1] 简言之，数学运算是指在明晰运算对象的基础上，依据运算法则执行运算、寻求运算结果和解决数学问题的一种数学活动。

2. 数运算素养

《普通高中数学课程标准（2017 年版 2020 年修订）》提出了"数学学科核心素养"，即具有数学基本特征的思维品质、关键能力以及情感态度与价值观的综合体现，并指出"数学学科核心素养包括：数学抽象、逻辑推理、数学建模、直观想象、数学运算和数据分析"。

其中，数学运算是指在明晰运算对象的基础上，依据运算法则解决数学问题的素养。数学运算主要包括：理解运算对象，掌握运算法则，探究运算思路，选择运算方法，设计运算程序，求得运算结果等。[2]

3. 数学运算能力

在《数学课标（2022 年版）》中，运算能力是在数学学科核心素养中唯一作为能力要求的。运算能力主要是指根据法则和运算律进行正确运算的能力。运算能力有助于形成规范化思考问题的品质，养成一丝不苟、严谨求实的科学态度。[3]

《数学课标（2022 年版）》对运算能力的要求：能够明晰运算的对象和意义，理解算法与算理之间的关系；能够理解运算的问题，选择合理简洁的运算策略解决问题；能够通过运算促进数学推理能力的发展。[4] 由此可见，运算能力主要表现为：运算结果的正确性，运算算理的科学性，运算途径的合理简洁性。

---

① 张景中：《运算的规律》，载《教育视界》，2019（4）。
② 中华人民共和国教育部：《普通高中数学课程标准（2017 年版 2020 年修订）》，7 页，北京，人民教育出版社，2020。
③ 中华人民共和国教育部：《义务教育数学课程标准（2022 年版）》，8 页，北京，北京师范大学出版社，2022。
④ 中华人民共和国教育部：《义务教育数学课程标准（2022 年版）》，8 页，北京，北京师范大学出版社，2022。

二、小学数学中的运算

　　小学数学中的运算主要是最基本的运算，包括加法、减法、乘法、除法。在小学中，每种运算其实都是在讲述一个数学故事，即小学中的数学运算建立在现实原型的基础上。因此，一个算式就是一个故事。例如，5-3=2，就可以表示：妈妈买回 5 个苹果，吃了 3 个，还剩下 2 个。下面从概念的科学定义到概念的描述性定义，再到概念的现实原型三个维度对四种最基本的运算加以理解。

1. 加法

　　有限集合 A 的基数为自然数 a，有限集合 B 的基数为自然数 b，且 $A \cap B = \varnothing$，集合 A 与 B 的并集 $A \cup B$ 的基数为 c，那么 c 叫作 a 与 b 的和，记作 $a+b=c$。

　　我们可以举个例子来理解，集合 $A = \{1, 2, 3\}$，集合 A 的基数是 3，集合 $B = \{4, 5\}$，集合 B 的基数是 2，可见 $A \cap B = \varnothing$，因为 $A \cup B = \{1, 2, 3, 4, 5\}$，集合 $A \cup B$ 的基数是 5，所以 3+2=5。

　　自然数加法的定义比较抽象。为了便于学生理解，通常将加法定义为"把两个数（有时也指多个数）合并成一个数的数学运算"，其含义是合并与求和。加法的基本意义是表示聚合，并由聚合延伸出增加和比较（具体含义见表 4-1-1）。

表 4-1-1　加法的类型

类型	含义	示例
聚合	把两个部分合并在一起形成一个新的整体	小红有 3 支铅笔，小明有 2 支铅笔，他们一共有多少支铅笔？求他们一共的铅笔支数等于两个人的铅笔支数合在一起，列式为 3+2=5。
增加	一个事物的数量在原有基础上增加得到一个新的数量	树上原来有 3 只鸟，又飞来 2 只鸟，现在树上一共有多少只鸟？求现在树上鸟的只数要在原来 3 只的基础加上增加的 2 只，列式为 3+2=5。
比较	两个事物其中一个比另一个在数量上多多少	小强有 3 张画片，小刚比小强多 2 张画片，小刚有多少张画片？小刚的画片数分为两部分，一部分是和小强同样多的 3 张，一部分是比小强多出的 2 张，列式为 3+2=5。

2. 减法

　　已知两个数 a 和 b，求一个数 c，使 c 与 b 的和等于 a，这种运算叫作减法。记作 $a-b=c$。减法是加法的逆运算，因此，可以根据加法的结果，计算减法。

　　上述减法的定义比较抽象。为了便于学生理解，在小学数学中，减法是从一个数量中减去另一个数量的运算，含义是相减与求差。减法的基本意义是表示分离，并由分离延伸出减少和比较（具体含义见表 4-1-2）。

表 4-1-2　减法的类型

类型	含义	示例
分离	从某个群体中分离出一部分，求剩下的部分	小明有 6 块巧克力，吃了 2 块，还剩几块？这里求还剩几块巧克力，需要将小明 6 块巧克力分成两部分，一部分是吃了的 2 块，另一部分是剩下的块数，列式为 6-2=4。

续表

类型	含义	示例
减少	表示某事物在数量上减少（或者缩短、降低等）	昨天最高温度为 8℃，今天最高气温比昨天低了 2℃，今天的最高气温是多少？列式为 8-2=6。
比较	已知两个数量，求比较结果	公鸡有 7 只，母鸡有 5 只，公鸡比母鸡多多少只？这种情况下，公鸡的只数就被分为两部分，一部分是和母鸡同样多的 5 只，另一部分是比母鸡多出的 2 只。所以从公鸡的 7 只里，减去与母鸡同样多的 5 只，剩下的部分表示的就是公鸡比母鸡多的只数，列式为 7-5=2。 公鸡：△△△△△ ┆ △△ 母鸡：△△△△△ ┆ ? 只
	已知两个量的比较结果和其中一个量，求另一个量	公鸡有 7 只，母鸡比公鸡少 2 只，母鸡有多少只？这种情况下，用公鸡的只数 7 只，减去母鸡比公鸡少的 2 只，得到的结果就是母鸡的只数，列式为 7-2=5。 公鸡：△△△△△ ┆ △△ 母鸡：? 只

3. 乘法

如果 $\|A\|=a$，$\|B\|=b$，$\|A\| \times \|B\|=c$，那么定义乘法 $a \times b=c$。其中 a 和 b 叫作因数，c 叫作积，"$\times$" 叫作乘号。

例如，集合 $A=\{a, b\}$，集合 $B=\{1, 2, 3\}$，A 和 B 构成的笛卡儿集 $A \times B=\{(a, 1), (a, 2), (a, 3), (b, 1), (b, 2), (b, 3)\}$。集合 A 的元素个数是 2，集合 B 的元素个数是 3，集合 $A \times B$ 的元素个数是 6，因此，$2 \times 3=6$。

在小学数学中，乘法是用加法来定义的。b 个相同加数 a 自身连加的和 c 叫作 a 与 b 的积，求两个数积的运算叫作乘法。一般地，如果 $\underbrace{a+a+\cdots+a}_{b \uparrow a}=c$，记作 $a \times b=c$，读作，"a 乘 b 等于 c"。

小学通常通过借助模型来帮助学生理解乘法的含义。这些现实模型主要有四种，即相同加数连加、倍数、矩形面积和物理模型。

①相同加数连加。例如，每辆碰碰车坐 2 人，5 辆碰碰车可坐 $2+2+2+2+2=2 \times 5=10$ 人。

②倍数。例如，公鸡有 2 只，小鸡有 4 个 2 只（图 4-1-1），即小鸡的只数是公鸡的 4 倍，即 $2 \times 4=8$，所以小鸡有 8 只。

图 4-1-1

③矩形面积。例如，一个矩形的长是 4 cm，宽是 3 cm（图 4-1-2），这个矩形的面积是多少

平方厘米？这个矩形长是 4 cm，说明一行可以摆 4 个边长是 1 cm 的小正方形；宽是 3 cm，说明可以摆这样的三行。所以一共可以摆 4×3=12 个小正方形，说明矩形的面积是 12 cm²。

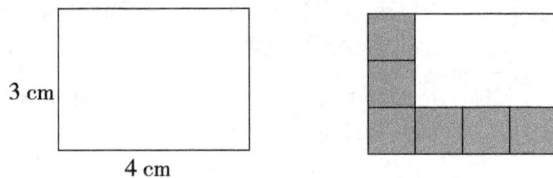
图 4-1-2

④物理模型。物理模型是一种人为规定，用乘法表示。小学中常见的一些数量关系有：总价 = 单价 × 数量，路程 = 速度 × 时间，工作总量 = 工作效率 × 工作时间。

4. 除法

除法是乘法的逆运算，一般借助乘法来定义除法。已知两个数 a 和 b，求一个数 q，使得 $b×q=a$，这种运算叫作除法。

在小学数学中，通过除法现实模型帮助学生理解除法的含义。除法的模型归纳起来主要有五种类型：等分除、包含除、倍、乘法的逆运算、现实问题。

①等分除。例如，有 18 只小兔，住 3 间房子，平均每间房子住多少只？利用几何直观图（图 4-1-3）呈现问题结构，通过动手操作在体会平均分的基础上理解"18 只小兔住 3 间房子，求平均每间房子住多少只小兔？"就是把 18 只兔子平均分成 3 份，求一份是多少，也就是把 18 平均分成 3 份，每份是 6，列式为 18÷3=6。

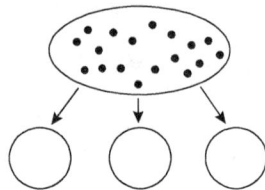
图 4-1-3

②包含除。例如，有 18 只小兔，每间房子住 6 只，需要几间房子？计算时要思考，18 只小兔里面每拿出 6 只，就需要 1 间房子。因为 18-6-6-6=0，18 里面有 3 个 6，说明需要 3 间房子，可以用除法算式 18÷6=3 表示。从包含除的角度理解，就是求 18 里面有几个 6。

③倍。求一个数是另一个数的几倍用除法解决。例如，王奶奶养了 20 只鸡和 5 只鹅，鸡的只数是鹅的几倍？列式为 20÷5=4。已知一个数的几倍是多少求这个数，也用除法计算。例如，今年植树节小区种了柳树和杨树，柳树有 18 棵，柳树的棵数是杨树的 3 倍（图 4-1-4），杨树有多少棵？列式为 18÷3=6，由此得到杨树有 6 棵。

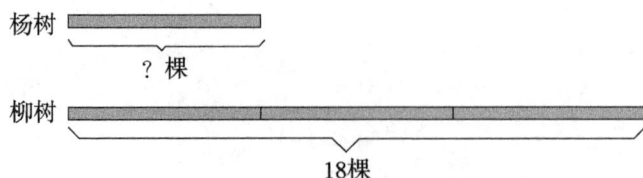
图 4-1-4

④乘法的逆运算。除法表示已知两个因数的积与其中的一个因数，求另一个因数的运算。例如，一个长方形的面积是 36 cm²，长是 9 cm，求宽是多少。再如，甲地到乙地的距离是 180 km，一辆小汽车从甲地驶出，平均每小时行驶 60 km，求从甲地到乙地需要多长时间。这两种情况都是乘法的逆运算。

⑤现实问题。有一些现实问题，规定用除法计算。例如，利率 = $\frac{利息}{本金}$ × 100%，浓度 = $\frac{溶质的质量}{溶液的质量}$ × 100%，成活率 = $\frac{成活的数量}{总数量}$ × 100% 等。

可见，加、减、乘、除四则运算有着丰富的内涵，具有高度的抽象性和概括性。这些含义是合理地选择和进行计算的重要基础，离开具体含义空谈运算的程序操作，是极其枯燥的。因此，小学数学要高度重视加、减、乘、除含义的理解，并在此基础上理解算理和掌握算法，形成一定的运算技能。

📘 电子图书馆

于今育，陈春芳.把握"数的运算"的本质，发展学生的核心素养——例谈"分数的加法和减法"单元分析与设计 [J].小学教学（数学版），2019（10）。

刘娟娟.计算器在美国小学数学教学中的使用及启示 [J].课程·教材·教法，2016（11）。

胡艳霞，曹艳.明理悟法——运算能力提升的根基 [J].教学月刊·小学版（数学），2020（4）。

谢红芳."加法的认识"教学设计与说明 [J].小学数学教育，2019（Z4）。

刘佳."减法的认识"教学设计与说明 [J].小学数学教育，2019（Z4）。

第 2 节 小学数学运算的认知过程

有效进行小学数学运算教学，除了理解数学运算是什么和有什么，还需要理解它是怎么表现的、怎么发展的。其重点是运算技能是怎么发展的，学习是怎么感知的。这样，我们的教学才能科学地建立在运算的数学理解与认知过程的基础之上，有计划、有步骤地稳步推进，才能将运算教学落到实处。

一、数学运算的表现层次

就学生而言，数学运算的表现差异很大，可以分为技能、能力和素养三个层次。下面我们以计算 0.25 ÷ 0.875 为例，对这三个层次进行说明。

1. 技能层次

处于技能层次的学生，不用动太多脑筋，能够快速地进行计算，过程很流畅，结果非常正确。

```
                0. 2 8 5 7 1 4 2
    8 7 5 ) 2 5 0. 0 0 0 0 0 0 0 0
            1 7 5 0
            ─────────
              7 5 0 0
              7 0 0 0
              ─────────
                5 0 0 0
                4 3 7 5
                ─────────
                  6 2 5 0
                  6 1 2 5
                  ─────────
                    1 2 5 0
                      8 7 5
                    ─────────
                      3 7 5 0
                      3 5 0 0
                      ─────────
                        2 5 0 0
                        1 7 5 0
                        ─────────
                          7 5 0
```

图 4-2-1

主要表现为计算结果正确，且计算速度快。这时的计算是一种机械化操作，就像计算机、计算器一样快捷、准确。

运算技能高的人看到 0.25 ÷ 0.875，会直接想到相当于计算 250 ÷ 875，那就列竖式进行计算（图 4-2-1），很快就得到正确答案 0.285714285714…

2. 能力层次

运算能力强的学生，会动脑筋想一想，利用已有的运算性质和运算律，把问题变得更好计算一些。这时的计算，不在于快捷，而在于计算的原理和方法的掌握与运用，当然要保证结果正确。

运算能力强的学生，看到 0.25 ÷ 0.875 会想到利用运算律和性质，把计算变得简单一些。0.25 × 4=1，利用商不变的性质，被除数和除数同时乘 4，再用竖式计算，就好计算多了。如果想到把除数变成整数，计算就更容易了，因为 0.875 × 8=7，所以被除数和除数同时乘 8，0.25 ÷ 0.875=2 ÷ 7，这样就好计算了（图 4-2-2）。

```
            0. 2 8 5 7 1 4 2
    7 ) 2. 0 0 0 0 0 0 0
        1 4
        ─────
          6 0
          5 6
          ─────
            4 0
            3 5
            ─────
              5 0
              4 9
              ─────
                1 0
                 7
                ─────
                  3 0
                  2 8
                  ─────
                    2 0
                    1 4
                    ─────
                      6
```

图 4-2-2

3. 素养层次

运算素养强的学生，会先仔细观察，重点考查运算对象（数和符号），想想有哪些计算法则可以使用，预想不同的计算方法，并比较各种方法可能的结果，进而选择比较合适的方法进行计算。可见，运算素养高的学生，重在运算前的分析和方法预测上，并不一定计算得很快捷、很准确。

$$0.25 \div 0.875$$
$$= \frac{1}{4} \div \frac{7}{8}$$
$$= \frac{1}{4} \times \frac{8}{7}$$
$$= \frac{2}{7}$$

图 4-2-3

运算素养高的学生，看到 0.25 ÷ 0.875 会发现这是一道小数除法计算题，有三种计算方法：①直接用小数计算，但计算量很大；②化成整数除法，计算量会减少很多，但还有可能不好计算；③化成分数计算，计算量会大大减少（请注意：方法③已经改变了运算对象，原来是小数，现在改变成了分数）。通过对这三种方法的预测和比较，采用第三种方法计算，会比较合适（具体过程见图 4-2-3）。

可见，把运算作为一种技能，强调的是运算速度和运算结果的正确性；把运算作为一种能力，强调的是对运算算理的理解，即会做和为什么这么做；把运算作为一种素养，强调的是不仅要知道有哪些方法，还要知道不同的方法之间有什么差异。同时，运算和推理之间还存在着密切的关系。从某种意义上讲，"计算是直观的推理，推理是抽象的运算"。

二、数学运算的发展阶段

运算在小学数学中主要表现为整数、小数和分数的加、减、乘、除四则运算，主要是结果的计算。这是学生学习数学的基础，需要从小学开始培养，因此，又被称为"数学的童子功"。小学数学运算的发展，是一个长期的过程，大致要经历五个阶段，即感知运算、模仿操作、探析算理、建立连接和自动操作。下面，我们以"两位数乘两位数"笔算乘法为例，对这五个阶段进行说明。

1. 感知运算

在感知运算阶段，面对某一具体的运算，首先要知道究竟怎么算，即感受到大致的含义和操作过程。

例如，对于计算 $23 \times 12 = 276$，它表示的意思可以是 12 个 23 之和。第一步，用第二个因数个位上的数 2 与第一个因数 23 相乘，积得 46。第二步，用第二个因数十位上的数 1 与第一个因数 23 相乘，得到 23，23 的末位与十位对齐，写在第一次积的下面。第三步，把两次得到的积相加得到 276，就是 23×12 的结果。

2. 模仿操作

学生的动作、语言、技能以及行为习惯、品质等的形成和发展都离不开模仿。在此阶段，学生看了教材、老师按照图 4-2-4 的方式笔算"23×12"，自己也模仿着这样计算。

$$\begin{array}{r} 2\ 3 \\ \times\ 1\ 2 \\ \hline 4\ 6 \\ 2\ 3\quad \\ \hline 2\ 7\ 6 \end{array}$$
图 4-2-4

同时，学生也用这样的方法计算其他算式，如 37×23，48×26 等。慢慢地，学生就会用笔算两位数乘两位数的乘法了，但他很可能不知道为什么这样算，更有可能不知道每一步的具体含义。

3. 探析算理

算理即运算过程中的道理，是指运算过程中的思维方式，是解决为什么这样算的问题，算理解决的是原理问题。算法是运算的方法，是怎么算，解决的是操作步骤和程序的问题。算理是客观存在的规律，算法却是人为规定的操作方法。

算理与算法相互依赖，相互促进。算理为运算提供了正确的思维方式，保证了运算的合理性和正确性。算法为运算提供了快捷的操作方法，提高了运算的速度。算理是算法的理论依据，算理必须经过算法实现最优化。

例如，23 乘 12，表示 12 个 23 相加。可以先算 2 个 23 相加，再算 10 个 23 相加。因此，要算 12 个 23 相加，就要把 2 个 23 和 10 个 23 加起来（图 4-2-5）。

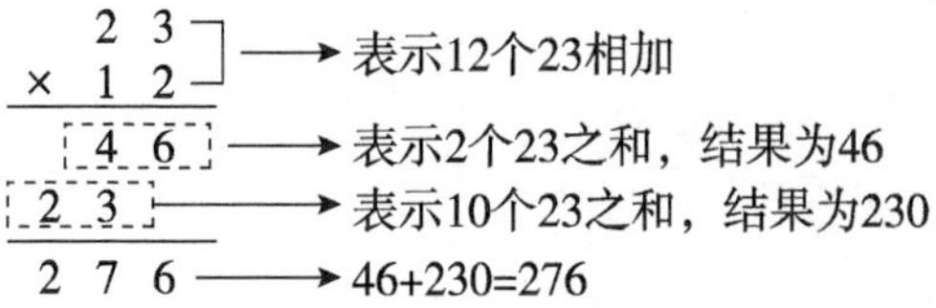

$$\begin{array}{r} 2\ 3 \\ \times\ 1\ 2 \end{array} \Bigg] \longrightarrow 表示12个23相加$$
$$\boxed{4\ 6} \longrightarrow 表示2个23之和，结果为46$$
$$\boxed{2\ 3}\quad \longrightarrow 表示10个23之和，结果为230$$
$$2\ 7\ 6 \longrightarrow 46+230=276$$

图 4-2-5

4. 建立连接

在建立连接阶段，学生观察两位数乘两位数的笔算过程（如 23×12），思考与以前学习的两位数乘一位数（如 23×2）有什么不同？和两位数乘整十数有什么不同（如 23×10）？

通过观察学生发现，两位数乘两位数的笔算过程中第一步计算其实就是两位数乘一位数，第二步就是两位数乘整十数。从而发现新的知识"两位数乘两位数笔算乘法"的结果是"两位数乘一位数"和"两位数乘整十数"两部分积的和。进而可以推理，那么两位数乘三位数积的笔算过程中应该包括三位数乘一位数、三位数乘整十数两部分，计算结果应该是这两部分积的和。

5. 自动操作

经历了很多两位数乘法的具体计算后，运算方法与程序在学生头脑里留下了深刻的印象。在遇见两位数乘两位数的计算时，学生就自觉用第二个因数个位上的数与第一个因数相乘，再用第二个因数十位上的数（表示几十）与第一个因数相乘，再把两次的积相加。

在这个阶段，学生就不需要去想每一步的具体意义了，而是进行熟练的操作。要想达到自动化需要一定的经验积累，在此阶段，运算更多地体现为一种技能。

三、数学运算的认知过程

面对某个具体运算，尤其是在一定程度上比较陌生的运算，学生首先要去想算什么、怎么算等问题，然后再进行运算。因此，面对具体运算，学生需要经历问题解决和推理的过程。这是一个比较复杂的思维过程，大致需要经历四个阶段，即理解运算符号、理解与表征数、寻求计算方法、做出计算结果。下面我们以 $\frac{1}{2} + \frac{2}{5}$ 为例，来说说这几个阶段（表 4-2-1）。

表 4-2-1　数学运算的认知过程

阶段	含义	示例
理解运算符号	观察算式中包含的运算符号，理解它们的运算含义、运算性质和运算顺序	这个算式是加法，即求和。因为 $\frac{1}{2} > 0$，$\frac{2}{5} > 0$，所以 $\frac{1}{2} + \frac{2}{5} > \frac{1}{2}$，$\frac{1}{2} + \frac{2}{5} > \frac{2}{5}$。也就是说，两个加数都大于 0，所以它们的和应该大于其中的任意一个加数
理解与表征数	观察算式中包含数，理解它们的含义，运用多种方式表征数，如图形、其他数等，进行等量表征	①借助小数来理解分数，$\frac{1}{2} = 0.5$，$\frac{2}{5} = 0.4$。 ②利用通分理解分数，$\frac{1}{2} = \frac{2}{4} = \frac{4}{8} = \frac{5}{10} = \frac{10}{20} = \cdots$，$\frac{2}{5} = \frac{4}{10} = \frac{6}{15} = \frac{8}{20} = \cdots$ ③利用画图理解分数，即图形表征。

续表

阶段	含义	示例
寻求计算方法	在理解运算符号和多种方式表征数的基础上，构想如何实施运算，用什么方法，大概经历几个步骤等	如何计算呢？实际上每一种表征都对应着相应的方法。第一种，化成小数，计算方法就是小数加法。第二种，通分，就是寻找同分母分数进行计算。第三种，画图，可以借助图形把阴影部分合并在一起，看看最终结果是多少
做出计算结果	根据构想的方法和程序，执行运算，也就是脚踏实地地进行运算，进行各种变形，一步一步实施，最终得到一个结果	① $\frac{1}{2}+\frac{2}{5}=0.5+0.4=0.9=\frac{9}{10}$。 ② $\frac{1}{2}+\frac{2}{5}=\frac{5}{10}+\frac{4}{10}=\frac{5+4}{10}=\frac{9}{10}$ 或者 $\frac{1}{2}+\frac{2}{5}=\frac{10}{20}+\frac{8}{20}=\frac{10+8}{20}=\frac{18}{20}$，… ③画图如下。

需要注意的是，三种运算方法从整体上看其实是一样的。0.5+0.4 也就是 $\frac{5}{10}+\frac{4}{10}$，第三种方法是几何直观，表示的也是 $\frac{5}{10}+\frac{4}{10}$。三种方法各有各的优缺点，从素养要求来看要知道有哪些方法，各种方法间有什么相通之处，结果会有什么差异。

从例子还可以看出，作为技能的运算，是会通分，通分后计算又快又对。作为能力的运算，是知道为什么要通分（通分是为了计算单位一致），知道怎么算，还知道原理是什么。作为素养的运算，是看到这个问题时开始不会做，但是知道想办法：可以看成小数，所以当作小数来做；可以把它们通分，化成同分母分数来做；可以画图，通过图形来剪拼。同时，作为素养的运算，还知道每种方法各有各的优缺点，对运算过程与结果有一定的预测和评价。

不仅如此，我们在面临一些计算方法的多样性和简便性时，也是遵循这个认知过程。下面我们以 "$10\times\frac{4}{9}-\frac{4}{9}$" 为例，说一说简便计算时，这个过程是如何体现的。

理解运算符号。首先从整体观察，理解这个算式整体上是求差。把 "$10\times\frac{4}{9}$" 看作一个整体，把 $\frac{4}{9}$ 看作一个整体，求的是 "$10\times\frac{4}{9}$" 的积与 $\frac{4}{9}$ 的差。因此，要先算乘法，后算减法。

理解与表征数。从数的特征、数的大小、数的特点，进行算式理解与表征。可以发现：①这个算式分两部分，两部分都有 $\frac{4}{9}$，前面部分有 10，后面部分没有 10。我们可以把后面部分凑出与前面结构相同的算式，所以后面部分就可以用 "$\frac{4}{9}\times1$" 表示，即 $10\times\frac{4}{9}-\frac{4}{9}\times1$。② 10

和 9 有什么关系呢？ 10=9+1。所以前面部分可以写成"（9+1）$\times \frac{4}{9}$"，根据 10 和 9 的大小关系，将算式表示为"（9+1）$\times \frac{4}{9} - \frac{4}{9}$"。

寻求计算方法。根据前面对运算符号的理解和对算式中数的理解与表征，可以发现有两种方法来计算。一种是直接计算"$10 \times \frac{4}{9} - \frac{4}{9}$"，另一种是用乘法分配律计算 $10 \times \frac{4}{9} - \frac{4}{9} \times 1 =$（10-1）$\times \frac{4}{9}$，或者（9+1）$\times \frac{4}{9} - \frac{4}{9} = 9 \times \frac{4}{9} + \frac{4}{9} - \frac{4}{9}$。

做出计算结果。计算出结果，就是开始计算了，即执行运算。对第一种方法，直接计算，即 $10 \times \frac{4}{9} - \frac{4}{9} = \frac{10 \times 4}{9} - \frac{4}{9} = \frac{40}{9} - \frac{4}{9} = \frac{40-4}{9} = \frac{36}{9} = 4$。对第二种方法，可以是 $10 \times \frac{4}{9} - \frac{4}{9} = 10 \times \frac{4}{9} - \frac{4}{9} \times 1 =$（10-1）$\times \frac{4}{9} = 9 \times \frac{4}{9} = 4$，也可以是 $10 \times \frac{4}{9} - \frac{4}{9} =$（9+1）$\times \frac{4}{9} - \frac{4}{9} = 9 \times \frac{4}{9} + \frac{4}{9} - \frac{4}{9} = 4$。

通过这个计算，我们还可以看出简便计算与一般计算的区别。一般计算不用动太多脑筋，依据一定的程序进行操作就可以，要求运算技能，过程可能比较复杂。简便计算需要动脑去想，怎样才能好算一些，没有固定的程序，要求运算素养，执行过程会比较简单。通俗地说，一般计算费的是体力，简便计算费的是脑力，而且容易出现差错。这就是有些学生不喜欢简便计算，甚至看到简便计算就出错的重要原因。

▶ 拓展阅读

小数除法 [①]

一、情境引入，提出问题

师：赵楠、张华、李辉、王立四位好朋友，马上就要大学毕业了，他们相约吃了一顿饭，赵楠同学去结账付了 100 元，找回 3 元。最后，他们四人商量想 AA 制。

教师让学生把这个问题中的重要信息记录下来。有的学生不会记录信息；有的学生像写日记一样记录一段文字；有的学生只摘录数学信息：4 人，100 元，找 3 元，AA 制。

师：你们觉得这里面有什么问题吗？

生：每人付款多少元？

【赏析】用数学的眼光看世界，发展学生从现实的情境中抽取数学信息，进而培养发现问题、提出问题的能力。

二、学生探究，解决问题

师：每人付款多少元呢？同学们想一想，自己做一做。然后我们再一起交流。

生 1：（100-3）÷4=24……1。（所有学生都同意这样列式，这是学生的已有经验）

师：（启发）这里面就没有点儿新的问题？如果你是赵楠同学，每人给你 24 元，你就同意了？

（学生再次发现问题：余下的 1 元怎么分？）

---

① 贾福录：《探索"问题引领式"儿童数学学习之路——吴正宪老师"小数除法"一课带给我们的思考》，载《小学数学教育》，2017（17）。本书引用时做了适当修改。

师：1 元平均分 4 份，每份是多少？

再次组织学生交流，教师同时展示两个学生的做法（图 4-2-6），教师先让生 1 交流。

> 生 1：1 元 =100 分，100÷4=25（分）
>
> 生 2：1 元 =10 角，10÷4= ?

图 4-2-6

生 1：大家对我的算式看明白了吗？

生：你的意思是不是 1 元 =100 分，100 分平均分成 4 份，每份 25 分。

针对生 2 的困惑，教师引发学生思考：1 元就是 10 角，你怎么不往下分了？

生 2：10 角分成 4 份，还有余数。

师：现在有想法了吗？

生 2：2 角 =20 分，20÷4=5（分）。

师：你们听懂他的意思了吗？

【赏析】教师充分利用学生资源组织学生交流，在学生出现困惑时，教师不是直接引领，而是启发学生深入思考。

三、逐渐抽象，形成算式

生 3：每人 2.5 角就是 0.25 元。

生 4：我用画图的方法（图 4-2-7）。

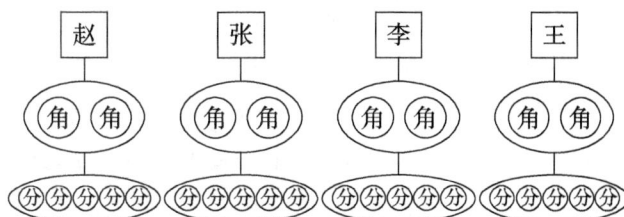

图 4-2-7

教师让学生评价画图的方法，继续引发学生深入思考，发现问题：对画图的方法你们有什么想说的吗？

生：有点儿复杂，不方便。能不能把这些过程写在一个式子里？

此时，教师发现一个学生一脸迷茫，就询问他"你还有什么新的问题吗？"这个学生思考了一会儿，在已有算式的基础上列出了下面的算式（图 4-2-8）。

图 4-2-8

【赏析】教师要关注每个学生的表情，读懂他们内心的困惑，让有困惑的学生也有体验成功的机会。

面对新的竖式，有的学生又发现了问题：应该每个人24元2角5分，怎么看着是2425元呢？

生：请小数点来帮忙，点上小数点就是24.25元了。

师：对小数点，你们有什么想说的吗？

```
        2425
      ┌──────
   4 ) 97
       8
      ──
      17
      16
      ──
      10
       8
      ──
       20
       20
      ──
        0
```
图 4-2-9

生：小数点，你可真有用啊，用你的时候你就来了。

师：你们还有问题吗？

在教师的启发下，有的学生发现问题：竖式中不应该有单位呀？学生经过思考，去掉了竖式中的单位（图4-2-9）。又有学生提出新的问题：1就是1，怎么变成10了？2就是2，怎么变成20了？这里的10，20表示什么？然后，逐一进行解决。

【赏析】在组织学生交流的过程中，教师不断启发学生思考，学生多次发现和提出问题。通过对这一系列问题的思考，学生对计算的道理越来越明了。

电子图书馆

王敏，吴敏霞，赵雨晴，等.分数除法算理表征方式的选择：教师的视角 [J].教学月刊·小学版（数学），2019（12）。

阳海林，章勤琼.基于学习路径分析的小学数学课例研究 [J].小学教学（数学版），2019（Z1）。

巩子坤，王旭，朱贤梅.中、新、美三国教材中"分数乘法"学习路径的比较研究 [J].小学教学（数学版），2019（Z1）。

第3节　小学数学运算的教学设计

小学数学运算教学要处理好算理和算法的关系。算法就是计算的方法，主要解决"怎样计算"的问题。算理就是计算的原理，主要回答"为什么这样算"的问题。小学数学运算教学，要"寓理于法"，即将算理融合到算法的过程中，主要经历"理解运算符号—理解与表征数—寻求计算方法—做出计算结果"的基本过程，让学生在经历探索思考、逻辑推理、问题解决的多样化过程中掌握算法、领悟算理。下面我们以三年级下册"整数乘法（两位数乘两位数）"为例，阐述小学数学运算教学设计的基本过程与方法。

一、教学内容分析

在小学阶段，整数乘法的学习从二年级上册开始到四年级上册结束。二年级上册学习乘法意义与表内乘法，三年级上册学习简单的两位数乘一位数的口算乘法和多位数乘一位数的笔算乘法，这些是整数乘法的第一个循环。本册学习两位数乘两位数的乘法是整数乘法的第二个循环，对第一个循环来说是一次质的飞跃，第三个循环（四年级上册学习三位数乘两位数）是一个知识的扩展，因此本节课就全部乘法教学来说起到了承前启后的作用。

"两位数乘两位数"建立在"两位数乘整十数"和"两位数乘一位数"的基础之上，是依靠问题解决的方式来进行的。学生掌握两位数乘两位数笔算方法的关键点有两个。第一，乘的顺序，先用第二个因数个位上的数乘第一个因数得到第一个积，再用第二个因数十位上的数乘第一个因数得到第二个积，两个积之和为最终结果。第二，用第二个因数十位上的数乘第一个因数得多少个"十"，乘得的数的末位要和因数的十位对齐。

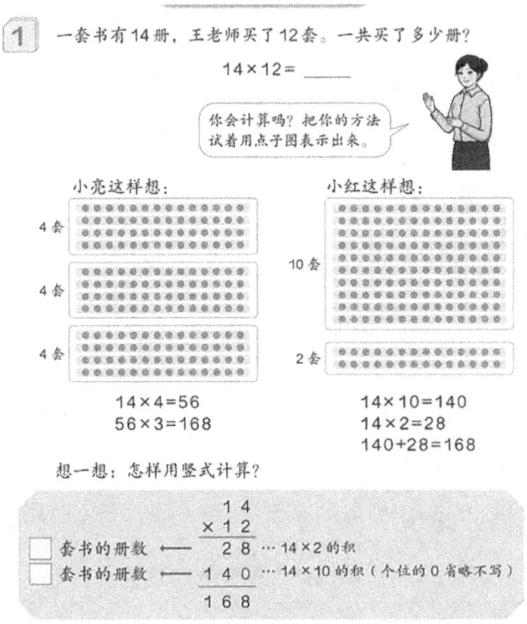

图 4-3-1

遵循由易到难的原则，教材分"不进位""进位"两个层次编排教学内容。例 1 是"不进位的乘法"（教材片段见图 4-3-1），呈现王老师买书的情境图，并引出解决问题——"一共买了多少册？"对应算式是 14×12。可见，教材把运算内容都置于实际生活的背景之下，让学生在现实问题情境中理解计算的意义和作用，探讨计算方法。运算教学与解决问题教学有机地结合在一起，有利于学生体会计算的作用，感受数学与现实生活的密切联系。

接着，教材呈现小亮和小红想法的点子图，其实就是直观地呈现算理。由此引导学生想到不同的运算方法，其实就借助推理从算理到算法。教材借助"想一想：怎样用竖式计算？"下面的竖式，突出笔算乘法的算理，有助于学生在理解的基础上，掌握乘的顺序和计算过程。这就体现了运算教学的"寓理于法"，同时也体现了运算方法的多样性。

二、学生认知分析

根据皮亚杰的认知发展理论，小学阶段儿童的心理发展尚处于具体运算阶段，思维特点处于以形象思维为主并向抽象思维过渡的阶段。儿童认知的发展一般离不开具体事物的支持，因此小学数学教学必须贯彻直观性原则。重视用乘法的直观模型（如点子图），既能从直观操作到理解抽象数学符号的意义，也能对书写的数学符号作直观形象的解释。

为了让学生的学习真正发生，最关键之处就是要充分暴露学生的"已知"，准确地寻找学情基点和知识的生长点。为了更好地了解学生的认知基础，对40名同学进行了教学前测，具体问题为"你能想出几种14×12的计算方法，请详细写出计算过程"。

通过前测可以发现：多数学生能运用"拆分"的方法进行"两位数乘两位数"的尝试，说明学生已经具备了算法多样化的基础；近30%的学生能够准确地通过竖式进行计算，但是说不清这样计算的道理，说明学生理解抽象算理的水平有限，但是具有一定的运算能力，可以进行自主探究。于是，"知其然，而不知其所以然"才是学生真实的学习状态，更是学生知识形成需要进阶的方向。

因此，本节课的教学定位绝不仅仅是依赖形式上的模仿，一味强化算法演练，还是加深算理的推导、丰富学生探索计算方法的过程。算理是计算教学内在的魂，计算教学中我们应为学生提供可以操作、圈画的素材，引导学生借助几何直观，把"怎样计算"与"为什么这样算"有机融合，做到"循理入法，以理驭法"。

三、教学目标的设定

本节课的教学，是让学生运用已有的知识和计算方法，探索新的计算方法。因此，学生应该充分从事数学活动，主动探索计算方法，经历计算方法的形成过程，逐步学会用数学去解决问题，并获得成功的体验。鉴于此，可设定本节课的教学目标与重难点（表4-3-1）。

表4-3-1　两位数乘两位数的教学目标

项目	细则
教学目标	理解竖式计算两位数乘两位数的算理，掌握计算方法，能够进行正确计算
	经历两位数乘两位数计算方法的探索过程，体验算法的多样化，渗透转化和数形结合思想，体会数学运算的价值，进一步发展数学思考与运算能力
	感受数学运算在日常生活中的应用，体验数学学习的乐趣
教学重点	基本掌握两位数乘两位数的笔算方法，能够进行正确计算
教学难点	理解两位数乘两位数的算理，尤其是第二层积各数的含义

四、教学过程设计

运算能力的形成需要经验的支撑和时间的积淀，是有理有据的建构过程，这个过程可以通过学生经历有价值的数学学习活动来实现。因此，在教学过程中要通过问题引领，引发学生学习的探究欲望，激发自主学习意识，引导学生关注计算方法的形成过程。

1. 提出问题

师：到目前为止，我们学习过哪些乘法知识？

学生可能回答：①乘法意义，表内乘法；②多位数乘一位数的笔算乘法；③两位数乘整十数的口算乘法。

师：今天我们继续研究乘法计算，看看你们能不能运用这些学过的知识来解决今天要研究的新问题。

（出示问题：一套书有 14 册，王老师买了 12 套。一共买了多少册？）

师：从题目中你能发现哪些数学信息？怎么列式呢？

引导学生回答：①每套 14 册，一共有 12 套，一共有多少册？②一共多少册就是求 12 个 14 相加的和，算式是 14+14+14+14+14+14+14+14+14+14+14+14=？③用乘法计算就是 $14 \times 12=$？

师：$14 \times 12=$？是一个两位数乘两位数的计算问题，它除了可以表示为"14+14+14+14+14+14+14+14+14+14+14+14=？"还可以怎样表示呢？

引导学生回答：①可以画图（图 4-3-2），然后数点子；②分解 12，转化成两位数乘一位数 $14 \times 4 \times 3$；③分解 12，转化成 $14 \times（10+2）=14 \times 10+14 \times 2$，变成两位数乘整十数加两位数乘一位数。

师：根据这些，你估计一下 14×12 的结果大约是多少？说一说你是怎么想的。

引导学生回答：①比 140 大一些；②大概 150，把 14 看作 15，12 看作 10，$15 \times 10=150$；③从图上看，大约 100，但不到 200……

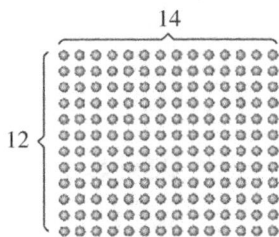

图 4-3-2

【设计意图】由实际问题引出 14×12，然后进行"理解运算符号"和"理解与表征数"，进而进行估算，寻求大致结果，为精确计算奠定基础。

2. 自主探究

师：我们估计了 14×12 的大致结果，但是究竟是多少呢？我们还需要进行准确的计算。请大家利用刚才这些点子图、算式，自己想办法计算，看看 14×12 的准确结果究竟是多少？

几分钟后，让学生交流汇报。

方法 1，用竖式加计算 14+14+14+14+14+14+14+14+14+14+14+14=168（图 4-3-3），12 个 4 相加为 48，12 个 10 相加为 120，48+120=168。

```
  1 4
  1 4
  1 4
  1 4
  1 4
  1 4
  1 4
  1 4
  1 4
  1 4
  1 4
+ 1 4
-----
  4
1 6 8
```

图 4-3-3

方法 2，计算 $14 \times 4 \times 3=56 \times 3=168$。相当于点子图上把 12 行平均分成 3 块，每块是 14×4（见图 4-3-4，相当于教材中小亮的想法）。

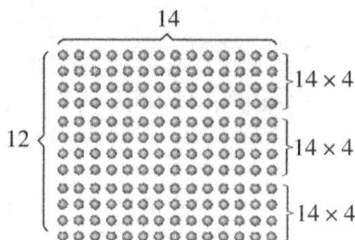

图 4-3-4

方法 3，$14 \times （10+2）=14 \times 10+14 \times 2=140+28=168$，也就是先算两行和十行，再求和（见图 4-3-5，相当于教材中小红的想法）。

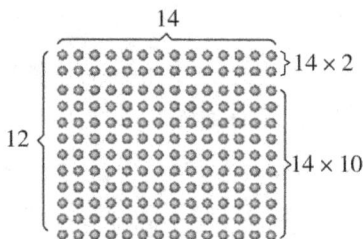

图 4-3-5

师：计算结果与我们的估算结果吻合吗？

【设计意图】这个环节其实是让学生探究算理，并培养问题解决能力，相当于运算认知过程中的"寻求计算方法"和"做出计算结果"。

3. 形成算法

师：你怎么看待这三种方法？

引导学生发现：

①三种方法本质相同，都是计算 14×12，即计算 12 个 14 之和是多少；

②只是分的方式不一样，第一种是不分，第二种是分成三份，第三种是尽量凑"十"；

③相对而言，第三种更优越，分解成乘整十数和乘一位数，前面我们已经学过这些了；

④第一种方法，如果数比较大，就不好用加来算，如 13×18 等；第二种方法，如果不好分解，就不行了，如 13×23 等。

师：看来我们以后最好用第三种方法进行计算。这种方法涉及三个计算，分别是 14×2，14×10 和 $28+140$，这三个口算容易算错，怎么才不容易算错呢？

生：笔算，竖式计算，好检查（图 4-3-6）。

$$\begin{array}{r} 14 \\ \times\ 2 \\ \hline 28 \end{array} \qquad \begin{array}{r} 14 \\ \times 10 \\ \hline 140 \end{array} \qquad \begin{array}{r} 28 \\ +140 \\ \hline 168 \end{array}$$

图 4-3-6

师：你怎么看用这三个竖式计算 14×12？

生：倒是不容易出错，但书写有点儿复杂，要写三个竖式。

师：其实，我们可以把这三个竖式组合成一个竖式，这样写起来就简单多了。试试看，你觉得怎样组合比较好？

学生尝试，交流汇报，最终形成共识（图 4-3-7）。

$$
\begin{array}{r}
1\ 4 \\
\times\ 1\ 2 \\
\hline
\end{array}
$$

□ 套书的册数 ← 2 8　…14×2 的积
□ 套书的册数 ← 1 4 0　…14×10 的积
1 6 8

图 4-3-7

利用图 4-3-8，数形结合，再次理解算式各部分表示的意义。

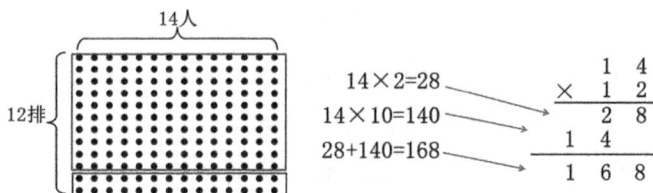

图 4-3-8

【设计意图】通过评价、交流和尝试，经历竖式的产生过程，进一步明晰算理，经历算法的形成过程。

4. 巩固拓展

①把下面的算式补充完整（图 4-3-9）。

$$
\begin{array}{r}
2\ 3 \\
\times\ 1\ 2 \\
\hline
4\ 6
\end{array}
\qquad
\begin{array}{r}
3\ 4 \\
\times\ 2\ 1 \\
\hline
3\ 4
\end{array}
$$

图 4-3-9

②竖式计算。

13×23　　　　　13×18

③解决问题。

商店运来 32 箱苹果，每箱 12 千克，这些苹果一共重多少千克？

【设计意图】及时巩固所学知识，并运用所学的知识解决现实生活问题，体会数学运算的价值。

五、学习评价设计

1. 在括号里填上每步算式表示的意思（图 4-3-10）

$$
\begin{array}{r}
2\ 1 \\
\times\ 1\ 3 \\
\hline
6\ 3 \\
2\ 1\ \ \\
\hline
2\ 7\ 3
\end{array}
$$

6 3 ----- 表示（　　　　　）
2 1 ----- 表示（　　　　　）

图 4-3-10

2. 计算

12 × 11　　　　　15 × 11　　　　　23 × 12

3. 课后访谈

①你觉得在计算两位数乘两位数的时候，什么是最重要的？

②今天学习的知识对于今后学习其他计算方面有没有什么启发呢？

注意：课后以书面检测和访谈的方式对学生学习效果进行追踪评价，重点关注学生是否能够正确计算两位数乘两位数，是否理解计算的道理。同时兼顾是否掌握了一些思考问题、解决问题的策略，是否具备运用已有知识和经验解决未知问题的能力。

电子图书馆

胡丹 . 中美小学数学教材"两位数乘两位数"的比较研究 [J]. 教学月刊•小学版（数学），2020（5）。

许科勤，秦惠 . 在多维思考中让概念走向"精致"——"认识除法"教学设计与说明 [J]. 小学数学教育，2018（20）。

曾小平，刘长红 . 竖式除法，学生为何从低位算起 [J]. 小学教学（数学版），2014（3）。

第 4 节　小学数学运算的教学实践

小学数学运算教学的重点在于让学生掌握算法、领悟算理。算理为法则提供了理论依据，法则又使算理可操作化。因此，教学中既要重视法则的教学，还要使学生理解法则背后的道理。在运算教学中，直观模型是帮助学生理解算理的一种重要方式，使枯燥的计算教学焕发出了新的生命力，让学生对运算的课堂变得有所期待。下面以"两位数乘两位数"为例，分析小学数学运算教学的实施过程。

一、创设情境，提出问题

师：学校举行了队列表演，这是三年级同学参加队列表演的图片（图 4-4-1）。请同学们认真观察，从图中你能发现哪些数学信息？

图 4-4-1

生：我发现每排有 14 个学生，一共有 12 排。

师：通过这些数学信息你能提出什么数学问题？

生：我提出的问题是，一共有多少个学生参加队列表演。

师：你能把数学信息和问题连起来，完整地说一说吗？

生：同学们参加队列表演，每排有 14 个学生，一共有 12 排。一共有多少个学生参加队列表演？

师：要想解决这个问题，你们会列式吗？

生：14×12。

师：大家观察一下这个乘法算式，和你们之前学习过的乘法算式相比，它的因数有什么不同的地方吗？

生：我们以前学习的是一位数乘一位数，两位数或者三位数乘一位数，还有我们刚刚学习过两位数乘整十数。这个算式是两位数乘两位数。

师：他回答得特别具体，提到了那么多我们学过的乘法计算问题，这个算式是我们没有学习过的。今天我们继续研究像这样的乘法计算，看看你们能不能用学过的知识来解决我们今天要研究的新问题。

二、探索新知，计算结果

师：先来估一估大概有多少个学生参加队列表演。

生：我觉得 100 多。

师：你是怎么估的呢？给大家介绍一下你估的方法。

生：因为 12 和 14 都比较接近 10，$10 \times 10 = 100$，所以人数比 100 多。

师：大家同意他的想法吗？还有其他的估法吗？

生：把 12 估成 10，14 不变，结果大约是 140 人，说明参加队列表演的人数比 140 人多。

师：老师先把这个结果记在一边，一会如果你的计算结果比 140 小，说明什么呢？

生：说明计算错了。

师：同学们要想知道具体有多少个学生参加队列表演，我们还需要进行准确的计算。同学们请看，如果我们把每一个人都看作一个点，就出现了这样的一幅点子图。现在你能想办法计算出一共有多少个学生参加队列表演吗？

　　师：老师给大家每人都准备了一张点子图（图4-4-2），请同学们拿出来看一看，数一数，一行有多少个点子呢？有多少行呢？

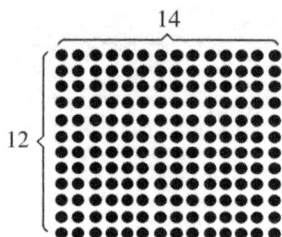

图4-4-2

　　生：一行有14个点子，有12行。

　　师：请同学认真读一读活动要求（图4-4-3）。

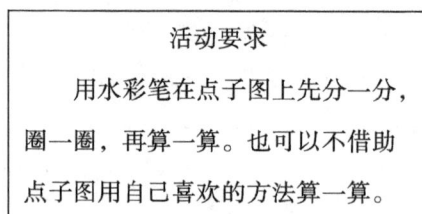

活动要求

　　用水彩笔在点子图上先分一分，圈一圈，再算一算。也可以不借助点子图用自己喜欢的方法算一算。

图4-4-3

　　师：现在我们用自己喜欢的方法来算一算吧。完成之后，同桌之间相互说说，交流一下你们的想法。

　　生：……

　　师：计算完了吗？我们一起来交流一下吧！

　　生：我把12行平均分成了3份，每份有4行（图4-4-4），先算每份有多少人，再算3份一共有多少人。我的列式是：$14 \times 4 = 56$（人），$56 \times 3 = 168$（人）。

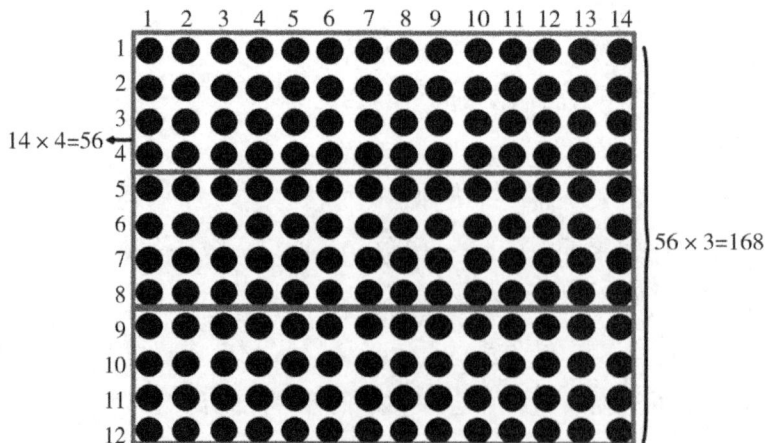

图4-4-4

生：把 12 分成两部分（图 4-4-5），先算 10 行有多少人，再算 2 行有多少人，最后把两部分合起来。列式是：14×10=140，14×2=28，140+28=168。

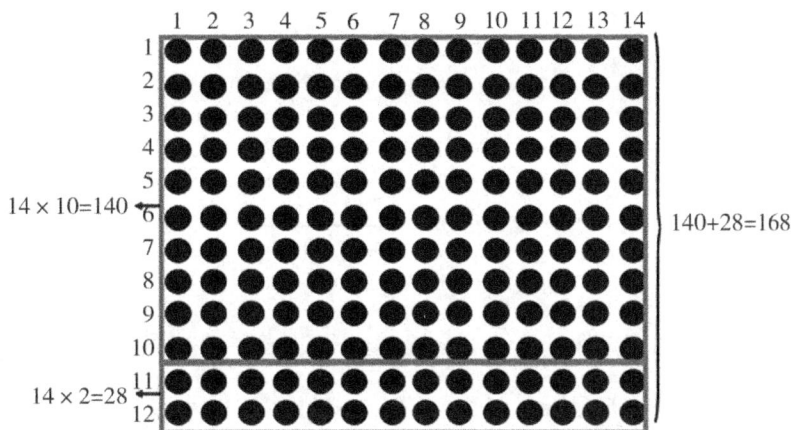

图 4-4-5

（学生还有其他方法，在此略）

师：同学们真善于思考，借助利用点子图等多种方法都计算出了 14×12 的结果。与我们之前的估算结果比较一下，的确比 140 大。同学们不仅能计算出结果，而且结合点子图把计算的道理讲得很清楚，这些方法同学们都学会了吗？

三、理解算理，明晰方法

师：请同学们观察这些方法，如果让你给这些方法分类，你打算怎样分呢？如果有想法了，同桌两个人先互相交流一下。

生：我也把这些方法分成了两类（图 4-4-6）。第一类是用我们以前学习的两位数乘一位数来计算的；第二类是用我们刚学习过的两位数乘整十数和两位数乘一位数来计算的。

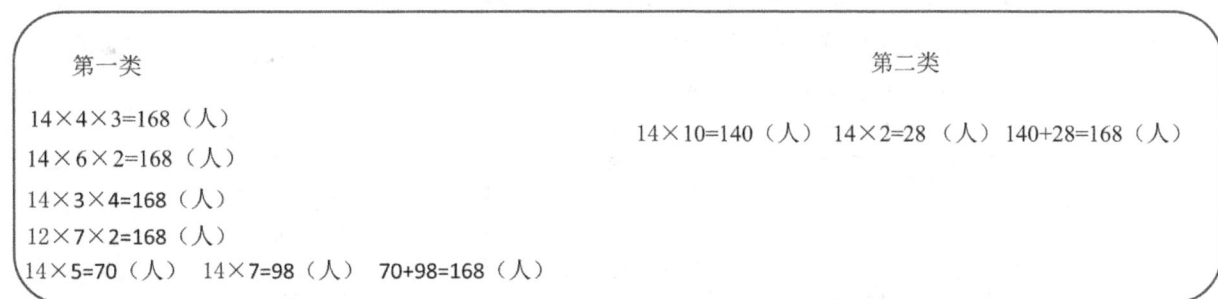

第一类

14×4×3=168（人）
14×6×2=168（人）
14×3×4=168（人）
12×7×2=168（人）
14×5=70（人） 14×7=98（人） 70+98=168（人）

第二类

14×10=140（人） 14×2=28（人） 140+28=168（人）

图 4-4-6

师：同学们真善于思考，借助点子图把不会算的两位数乘两位数这一新知识，转化成了学过的旧知识，从而解决了问题，点子图可真是帮了大忙。

师：上面的这些方法大家都掌握得特别好，老师看到还有同学用了竖式计算的方法。下面这些竖式，你同意哪种方法呢？请你从上面的口算方法中找一找，哪种口算方法和下面竖式计算中的方法思路是一致的，把口算和竖式中相同的地方连一连。

生：如图 4-4-7 所示，我认为这种方法和第三种方法的竖式思路是一致的。竖式中的第一层表示的是 14×2 是多少；第二层表示的是 14×10 是多少；第三层就是把两次得到的积相加，也就是 14×12=168 了。

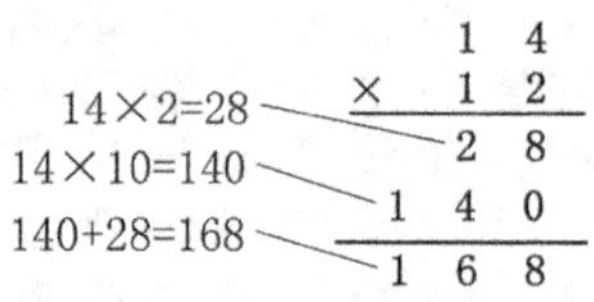

方法3

$$14×2=28$$
$$14×10=140$$
$$140+28=168$$

图 4-4-7

师：竖式中的 14×2=28 我明白了，14×10=140 这步是怎么来的呢？

生：用 12 的十位上的 1 表示 10，所以乘 14，结果就是 140 了。

师：解释得多清楚啊。通过找一找两种方法中相同的部分，就清楚地表达了竖式计算中每一步的意思了。

师：还有同学找到的是这两种计算方法之间的联系。如图 4-4-8 所示，老师想问了，这位同学怎么把 14×10 和 14 连起来了呢？这是怎么回事呢？

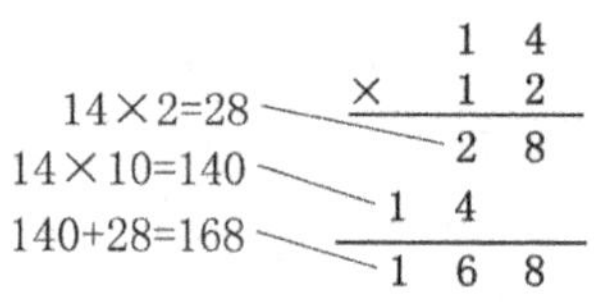

方法4

$$14×2=28$$
$$14×10=140$$
$$140+28=168$$

图 4-4-8

生：竖式里的这一步不是 14，其实是 140。因为 1 写在百位上，4 写在十位上，所以表示的是 140。

师：同学们在竖式计算中，也可以省略竖式中的加号和第二层积末位的 0，这样就更简便了。

师：我们再来比较一下计算这道题的方法（图 4-4-9），原本需要三个算式完成的事现在用一个算式就可以了，你们觉得竖式计算怎么样？

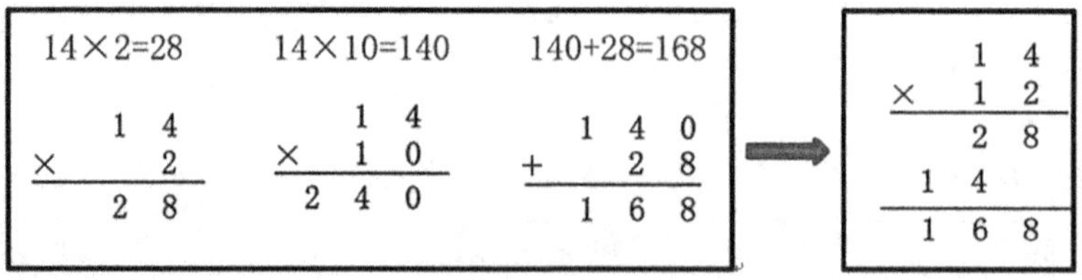

图 4-4-9

生：竖式计算真简便。

师：大家学会两位数乘两位数的笔算方法了吗？连线时为什么没有选择上面的方法 1 和方法 2 呢？

生：方法 1 没有计算完，方法 2 虽然结果正确但是看不出结果是怎么来的，没有计算过程。

四、巩固练习，加深理解

（内容见上一节，过程略）

五、全课小结，畅谈收获

师：我们来回顾一下这节课学习的过程，在计算 14×12 时，我们先借助点子图把新知识转化成了旧知识来口算出结果。然后通过连一连找到了整十数和一位数这种口算方法竖式之间的联系，研究了竖式计算的过程，不仅清楚地知道如何计算，还知道了每一步代表的意义是什么。在这个学习过程中，同学们有什么收获呢？

生：我们学会了如何用竖式计算两位数乘两位数了。（师板书：两位数乘两位数笔算乘法）

生：我知道了计算两位数乘两位数有很多种方法，竖式计算比较简单。

生：两位数乘两位数竖式计算时，十位上的数乘第一个因数表示的是多少个十，要注意末位和十位对齐。

生：我还知道了以后遇到不会的问题，就想想能不能变成我们会的问题，用会的方法来解决。

师：同学们的收获真多。到目前为止，我们已经学习了一位数乘一位数、两位数乘一位数、三位数乘一位数、两位数乘两位数的竖式计算。你还想研究关于乘法计算的哪些内容呢？

生：我还想研究三位数乘两位数、三位数乘三位数、三位数乘四位数，甚至更大的数乘更大的数。

师：同学们提出的问题很有价值，这些都是以后我们要研究的问题。大家课后尝试着用今天这节课研究的思路，研究三位数乘两位数。看看你能不能自己有思路，或者看看你的困惑在哪里？

电子图书馆

沈秋红. 让学生经历数学发现之旅——记一堂"两位数乘两位数"的练习课 [J]. 教学月刊·小学版（数学），2020（3）。

曾小平，韩龙淑. 除法竖式的发展与教学 [J]. 小学教学（数学版），2011（11）。

曾小平，韩龙淑. 多位数乘法的算法、算理与教学 [J]. 小学教学（数学版），2011（10）。

第 5 节 小学数学运算的教学研讨

数学教学活动的关键是启发学生学会数学思考。小学数学运算教学，要引导学生理解计算道理，掌握计算方法。在过程中引发学生不断地获得数学思考，从而培养学生的数感，发展学生的推理能力和运算能力。下面通过研讨"两位数乘两位数（不进位）笔算乘法"的教学实践，进一步探讨运算教学的具体实施。

一、创设情境，经历数学抽象

小学数学运算教学，提倡计算和解决问题不分家，算理和算法不分家。学生的数学学习需要情境：本节课开始，教师创设了"学校举行了队列表演"的情境；本节课结束前，教师同样抛出了一个"苹果一共重多少千克"的情境。这些学生熟悉的问题情境使学生产生亲切感，能够感受数学与生活的密切联系。

通过问题情境，学生提出问题和解决的过程就是学生经历"数学化"的过程。因为学生在课堂上经历抽象算式的过程，看到一个个算式，就能想到诸多具体的现实情境与问题。这样将生活世界引向符号世界，从而有助于培养学生的应用意识和解决问题能力。计算是帮助人们解决现实生活问题的工具，运算教学应与问题解决教学互相渗透。

有效的数学教学，要注意横向"数学化"和纵向"数学化"结伴而行，教学生用联系的眼光看待数学与生活之间的联系，用联系的眼光看待数学知识之间的联系。同时，小学数学教学，要注意联系现实生活，让学生体会到数学的现实性。这样有助于激发学生的创造力，引发学生的深度思考，促进学生数学素养的提升。

二、重视数感，凸显估算价值

本节课学生列出"14×12"的算式后，教师让学生先估一估"大概有多少个学生参加队列表演"。学生利用本节课刚刚学习的"两位数乘整十数的口算"知识，通过估算找到了算式的结果所在的区间。这样不仅可以巩固"两位数乘整十数的口算"方法，而且体现了"两位数乘整十数的口算"知识的价值，更为后面求出准确结果后判断结果是否正确起到了初步判断的作用。

在小学阶段，估算意识和估算能力的培养是比较困难的，不是只有讲估算教学才用估算。我们应该把估算教学贯穿在计算教学的整个过程中，重视学生估算意识的培养。估算被应用于解决实际生活问题，是估算的内在价值所在。运算不是盲目地算，让学生进行笔算前先估一估，培养学生的估算意识。

三、直观模型，加强算理理解

教师引导学生将"队列表演图"抽象成数学的"点子图"，让学生借助点子图寻求计算结果，探究计算道理。学生在点子图上进行圈一圈、写一写的过程，清楚地理解算式（口算和竖式计算）中每一步所表示的意义。点子图对于理解算理起到了重要的支撑作用，同时也有助于学生发现和形成算法。

由此可见，直观模型对于学生的数学学习起到了至关重要的作用，有助于加强学生对抽象数学内容的理解。在数学学习中，直观模型能使抽象的数学知识变得直观形象，便于学生理解和掌握其中的原理。因此，直观模型可以成为一种重要的数学工具，帮助学生习得分析与解决问题的方法，有助于学生在面对新的问题时有章可循、有法可依。

四、沟通联系，感悟数学思想

在本节课的教学过程中，教师为学生提供了数学思考、倾听、交流的机会。学生经历了解决问题策略和算法多样化的过程，培养了数感，感悟到了数学转化思想，经历了思考的过程。

学生利用点子图在独立计算 14×12 的结果时，出现了下面这些方法：① $14 \times 6=84$，$84 \times 2=168$；② $14 \times 10=140$，$14 \times 2=28$，$140+28=168$；③ $14 \times 4=56$，$56 \times 3=168$；④ $14 \times 5=70$，$14 \times 7=98$，$70+98=168$；⑤ $12 \times 7=84$，$84 \times 2=168$；⑥ $4 \times 12=48$，$10 \times 12=120$，$48+120=168$。教师提出了两个关键问题，引导学生进行交流：如果把这些方法分类，你有什么发现？这些方法之间有什么相同之处？

通过交流，学生有很多发现：①这些方法可以分成两类，一类是把其中一个因数拆成两个数的积，另一类是把其中一个因数拆成两个数的和；②这个算式中拆哪个数都可以，可以拆第一个因数，也可以拆第二个因数；③虽然其中一个因数被拆的形式不同，但无论怎么拆，都是先拆分再合到一起，转化成了我们之前学习过的两位数乘一位数或者两位数乘整十数来进行计算的。

教师关键问题的提出，将学生的思维引向数学知识之间的联系，很好地培养了学生的数学思考。这些关键性问题也起到方法的引领性作用，暗示学生"我们以后在利用多种方法解决问题后，应该停下来，认真思考各种方法之间的联系"。

布鲁纳认为，在人类的智慧生长期，有三种表征系统在起作用，即动作表征、表象表征和符号表征。罗什在布鲁纳表征系统的基础上，再增加两种表征，即口头表征和现实情境表征。有学者认为，要获得真正意义上的理解，就要灵活地实现五种表征方式之间的转化。这节课，正是很好地利用和培养了学生的这五种表征，因而取得了很不错的效果。

五、优化过程，体会数学之美

两位数乘两位数的笔算竖式是计算两位数乘两位数的简洁形式，是人类智慧的结晶，体现了数学的简洁美。本节课的教学很有层次，教师逐步优化计算过程，学生真正体会到了竖式计算的优越性。由于有两位数乘一位数笔算乘法的基础，笔算方法中第二层积是多少，写在什么位置？怎么写？这是本节课的知识生长点。教师巧妙地设计问题"找一找口算和竖式的联系，把口算和竖式中相同的地方连一连"（图 4-5-1）。竖式计算的方法和口算方法的过程是一样的，只是形式不同，也就是把一个因数先拆分成两个数的和，分别计算乘积，再把两部分的积加起来。

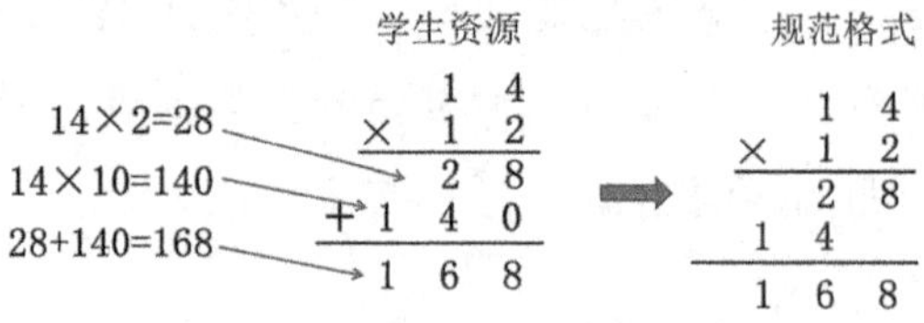

图 4-5-1

在沟通口算和竖式计算之间联系的过程中,竖式计算的第一步(第二个因数个位上的数乘第一个因数)是学生已有的经验,那么知识的生长点就是竖式计算的第二步(第二个因数十位上的数乘第一个因数算完后的积写在什么位置,怎么写)。此时,教师引导学生进行讨论,因为与口算过程对应着,这些问题就都迎刃而解了。因为理解算理,所以学生学会了计算方法。接着教师适时讲解规范的书写格式,通过把口算的计算过程和学生的竖式相比较,让学生看到竖式计算可以把三个算式合到一起,再次感受竖式计算的简洁之美。

更进一步地说,如何看待一节课?首先,要看教师的课堂教学结构是否完整,教学环节是否流畅,教学层次是否清楚,是否遵循了从易到难逐步深入的过程。看教学目标是否达到,实现得怎样,课堂节奏把控得怎样。其次,要看教师与学生之间的交流,教师在课堂上是否创设了良好的学习氛围,是否为学生提供了充分的时间和空间帮助学生经历知识的形成过程。本节课,教师能够及时发现和捕捉学生的生成问题,有智慧地进行处理。教师能够及时评价和鼓励学生的发言,师生间、生生间交流进行了良好的交流和互动。

电子图书馆

牛献礼. 为迁移而教——"三位数乘两位数"教学案例与反思 [J]. 小学教学(数学版),2019(Z1)。

常立钢. 夯实编制过程　增进意义理解——人教版教材二年级上册"9 的乘法口诀"观课反思 [J]. 小学教学(数学版),2019(12)。

贾福录. 探索"问题引领式"儿童数学学习之路——吴正宪老师"小数除法"一课带给我们的思考 [J]. 小学数学教育,2017(17)。

陈培群. 在细节里慢慢走向宽广——"认识乘法"教学实践与思考 [J]. 小学数学教师,2016(Z1)。

练习四

1. 请举例说明对数学教育中"数学运算"一词含义的理解(从技能、能力和素养三个角度进行说明)。

2. 根据数学运算的认知过程,说明以下运算的认知过程。

(1) $113-85$; (2) 1.8×1.2;

(3) $725 \div 25$; (4) $\dfrac{9}{20} \div \dfrac{3}{4}$。

3. 学生在进行计算时，常常出现一些错误（图 4-5-2）。

$\begin{array}{r} 3\ 2 \\ \times\ 2\ 8 \\ \hline 2\ 5\ 6 \\ 6\ 4\ \ \ \\ \hline 1\ 0\ 0\ 6 \end{array}$	$\begin{array}{r} 7\ 6 \\ \times\ \ \ 3\ 1 \\ \hline 2\ 2\ 8\ 1 \end{array}$
6.25−3.8=3.17	35−（15+7）=35−15+7

图 4-5-2

假如你是教师，请分析一下学生出现错误的可能原因，并给出教学建议。

4. 首先，分析"进位加法"的教材片段（图 4-5-3），写出教学设计。其次，6 个同学组成一个小组，进行模拟教学。最后，对教学效果进行研讨。

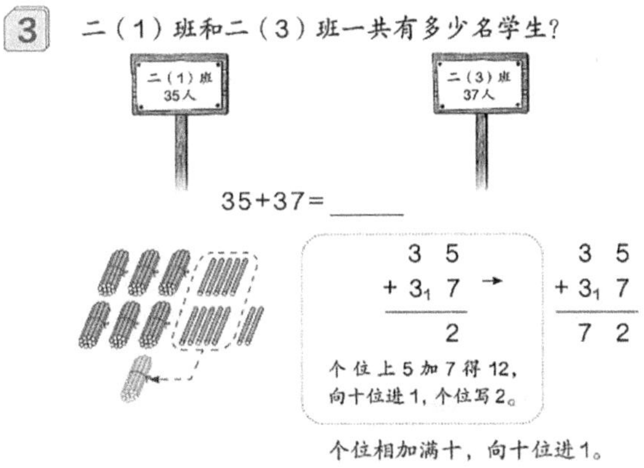

图 4-5-3

5. 首先，分析"分数乘法"的教材片段（图 4-5-4），写出教学设计。其次，6 个同学组成一个小组，进行模拟教学。最后，对教学效果进行研讨。

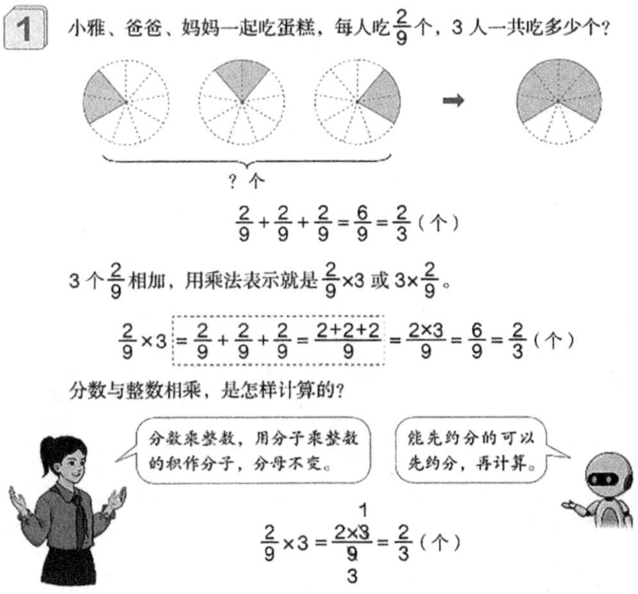

图 4-5-4

第 5 章

数学结论的教学设计与实施

第1节　小学数学结论的科学理解

数学结论，是指数学概念的性质或者数学概念之间的关系，是数学对象稳定的性质和联系。小学数学中的规律主要包括法则、定理、运算律、公式、性质等，它们是数学知识的重要组成部分。有的国家把这部分内容叫作数学事实，我国在中学阶段一般叫作数学命题。考虑到小学阶段的特殊性，我们把这部分内容叫作数学结论。

一、小学数学的常见结论

小学数学的结论很多，如运算结果、运算定律、运算性质、数的特性、几何图形的特征、图形的度量公式、图形变换的结论、常见量之间的进率、简单概率与统计问题的结论、方程的同解原理等。下面我们对主要结论进行归纳整理，希望读者慢慢体会其中的共同点。

1. 运算结果

小学数学的常用运算结果是指"几加几"和"几乘几"的结果。前者在小学教材中没有给出，主要靠学生平时的积累和记忆（表 5-1-1），后者就是九九乘法表。这些基本运算结果的学习在学生的初学阶段相当于学习数学定理，要经历一个探索发现的过程。这些基本运算结果是以后进行四则运算的基础。

表 5-1-1　加法口诀表

1+1=2								
2+1=3	2+2=4							
3+1=4	3+2=5	3+3=6						
4+1=5	4+2=6	4+3=7	4+4=8					
5+1=6	5+2=7	5+3=8	5+4=9	5+5=10				
6+1=7	6+2=8	6+3=9	6+4=10	6+5=11	6+6=12			
7+1=8	7+2=9	7+3=10	7+4=11	7+5=15	7+6=13	7+7=14		
8+1=9	8+2=10	8+3=11	8+4=12	8+5=13	8+6=14	8+7=15	8+8=16	
9+1=10	9+2=11	9+3=12	9+4=13	9+5=14	9+6=15	9+7=16	9+8=17	9+9=18

2. 运算定律

小学数学的运算定律主要指加法交换律、加法结合律、乘法交换律、乘法结合律和乘法分配律。这五大定律是进行竖式计算和简便计算的运算基础，其实质也是数学结论。

需要说明的是，学生学习这些运算定律时，不仅仅需要知道它们的外在语言表述（比如，加法结合律是三个加数相加，先加前两个数再加第三个数，等于先加后两个数再加第一个数），还要知道其实质（比如，加法结合律的实质是，三个数相加，可以先加任何两个数，再加上第三个数，结果不变）。这对教师和学生来讲，都是一个难点，更为重要的，还应该在整数范围内证明这些运算定律。

3. 运算性质

小学数学的运算性质主要有四个：和不变的性质、差不变的性质、积不变的性质和商不变的性质。此外，还包括去括号法则、添括号法则等。小学教材对商不变的性质做了教学要求，因为小数除法、分数的基本性质、比的性质、正比例等内容都和它有联系。实际上，其余三个性质也非常重要，它们是运算定律的基础。

例如，积不变的性质就是乘法交换律、结合律和反比例的本质所在。比如，$125 \times 32 = 125 \times 8 \times 4 = 1000 \times 4$，可以理解为"前一个数 125 放大 8 倍，后一个数 32 缩小 8 倍，变成 1000 和 4"，这样就好计算了。因此，从某种意上讲，乘法的简便计算，实质就是利用积不变的性质凑整，减少笔算负担。

4. 数的特性

小学数学中，数的整除特征、分数的基本性质和小数的基本性质、分数与小数互化的基本规律也可以看作数学结论。它们的本质和学习过程与其他数学规律的本质和学习过程是一样的。

其中，数的整除特征的内容比较丰富，包括整除的特征（主要是被 2 和 5、3 和 9、4 和 25、8 和 125 整除的数的特征），最大公因数与最小公倍数的性质和求法，数的奇偶性等。

5. 几何图形的特征

几何图形的特征是指简单几何图形的性质。比如，长方形的性质是"有四个直角、对角线平分且相等"，这是长方形的特征。圆的周长与直径的比值是一个不变的量（圆周率），这可以看作圆的一个性质。另外，各种统计图表的制作方法也有其特征。这些性质，也可以看作数学结论。学生学习时，也要经历一个探索发现的过程。

6. 图形的度量公式

图形的度量公式，主要指平行四边形、三角形、长方形、梯形和圆的周长、面积等公式，三角形和多边形的内角和公式。需要说明的是，推导这些公式有很多方法，学生推导方法的多样性与灵活性，正是他们几何思维水平的重要表现。这些公式的推导，需要经历比较严密的过程，这个过程也是培养学生推理能力的有效途径。因此，要注重对这些公式的推导，其重要性不亚于其应用。

二、数学结论的特点

数学结论是数学内容的重要组成部分，它有其自身的诸多特点，如严谨性、实用性、简洁性等。

1. 数学结论的严谨性

数学是一门研究数量关系和空间形式的科学，具有严密的符号体系、独特的公式结构、形象的图像语言，对培养学生思维品质具有不可替代的作用。

　　严谨性是数学科学的基本特点，它要求数学结论的叙述必须精练、准确，而对结论的推理论证和系统阐述都要求既严格又周密。即使是一些最基本、最常用，甚至不能借助逻辑方法加以定义的原始概念，数学科学也不满足于直观描述，而要求用公理来加以确定。对公理的选择，还必须满足"独立性""相容性""完备性"的严格要求。在数学结论的推证过程中，步步要有根据，处处应合乎逻辑理论的要求。数学科学的严谨性，还有日益加强的趋势。

　　学生对数学结论的严谨性要求，要有一个逐步适应、逐步深化的过程，尤其是在小学阶段的训练基础。学生在初期对一些较精确的数学语言，如"只有""任意"" 非 0 整数""存在""唯一""一定"等，往往缺乏足够的理解。例如，有的学生会认为"两个质数相乘的积一定是偶数"。学生出错的原因是，对这个数学结论中"一定"一词的理解不够深刻。学生对一些性质、法则往往局限于背诵条文和模仿范例解题，对法则的适用范围和具体要求往往考虑不够。因此，学生在综合运用时经常因互相混淆而出错，更谈不上灵活运用了。例如，学生仅仅根据性质"三角形两边之和大于第三边"来判断"三条长度分别为 8，4，3 的线段可以组成三角形"是错误的，没有体会到"任意两边之和"的准确含义。

　　对于数学结论的严格推证，学生更不适应。学生习惯于用不完全归纳法，从个别实例中归纳出一般结论，而认识不到论证的必要性。在证明过程中，学生又经常根据证明的需要而临时"创造"出新的论据。假如教学过程不进行足够的训练，并使学生逐步掌握教材的严谨性，那么到了高年级，他们会把一些数学结论推广到不适当的场合。例如，他们根据能被 2,5 整除的数的特征，推出能被 3 整除的数的特征为"一个数，如果末位数能被 3 整除，这个数就能被 3 整除。"又如，他们根据长方形的面积等于长乘宽（标准位置时为底乘高），推出平行四边形的面积等于底边乘邻边。

　　不过，对这些现象应当有一个正确的分析。一方面，我们应当认识到，由于年龄特点，学生对严谨性的要求确实有不适应之处，随着小学知识的螺旋上升设置，学生可以逐步增强对严谨性的要求。另一方面，我们也必须看到，这些现象的出现往往是教学中缺乏基本训练的结果，因此在小学数学教学过程中，需要适当增加这方面的学习。可见，对数学结论严谨性的要求，学生要有一个适应的过程。但是倘若要求合理、教法得当，适应过程可以大大缩短。

　　严谨性是数学的重要特征之一。由于学生受知识所限以及教学目标要求不同，教学中对一些数学概念不一定强调其严谨性。由于学生受到能力、知识的限制，有时教师越解释学生反而越糊涂，因此数学教学中一定要注意量力性。哪些地方需要强调严谨，哪些地方需要模糊，值得我们平时在教学中进行思考。那么，数学结论的严谨性，究竟要达到什么程度才合适呢？

　　（1）保证结论内容的科学性

　　考虑学生的理解能力和教学上的实际需要，数学结论的严谨性要求可以适当降低，但必须保证对相应的数学结论要有正确的理解和掌握。例如，我们在讲授圆的面积公式的时候，可以用"无限接近于"等较形象的语言来描述图形趋近的过程，因为小学阶段我们不能也无法用微积分概念对其进行严格定义。但是在结合实例进行描述时，必须渗透这是某些无穷变量的一种变化趋势，不要让学生误以为这是取无穷变量的近似值。

（2）逐步发展学生的逻辑思维能力

发展学生的逻辑思维能力，是小学数学课程的重要目的之一。数学结论的严谨性要求，正是发展学生逻辑思维的核心环节。逐步加强教学内容的严谨性，并使学生真正消化理解，是培养学生逻辑思维的重要措施，也为今后教学进一步提高严谨性创造了有利条件。不断地丰富学生的数学语言就是一项十分关键的工作，它不仅能达到上述目的，还有利于提高学生阅读数学书籍的能力。

（3）应当使学生尽一定的努力才能达到

数学结论的严谨性要求，应当是学生力所能及而又必须经过努力才能达到的。所以，必须充分估计学生的接受能力，要从发展的观点考虑学生的潜力，使数学结论的严谨性要求不断提高。"让学生跳起来才能摘到桃子"，数学结论严谨性的教学也是这样，首先要让学生意识到严谨性很重要，接着再想办法怎么才能更严谨。例如，小数乘法的计算法则是"先按照整数乘法的计算法则算出积，再看因数共有几位小数，就从积的右边起数出几位，点上小数点"。随着学生运算熟练程度和题目难度的增加，教师接着启发引导，使学生逐步发现"如果积的位数不够，就用 0 补足位数"，进而补充完善这一法则。

2. 数学结论的实用性

实用性是指数学结论能够被应用到数学学科和现实生活当中，并且能够起到一定的积极作用，具有一定的影响力、说服力。它能够运用到数学其他的证明过程当中，或者用于解决某些现实问题，这就是实用性的一些体现。

数学结论的学习要注重其实用性，培养学生的应用意识。一方面，有意识地利用数学结论解释现实世界中的现象和问题。另一方面，认识到现实生活中蕴含大量的与数量和图形有关的问题，这些问题可以抽象成数学问题，用数学的方法与结论给予解决。在整个数学教育的过程中，都应注重数学结论的实用性，培养学生的应用意识，提高学生掌握现代生活和学习中所需的数学知识与技能，发挥数学在培养人的思维能力和创新能力方面的不可替代的作用。

数学结论的实用性的实现，应当回归于现实生活，从而加深对数学结论的理解。教师要创设运用数学知识的条件给学生以实际活动的机会，使学生在实践活动中加深对新学知识的巩固理解。

例如，在教学完"相遇应用题"例题，得到了解决相遇问题可以归结为"路程等于速度与时间之积"的数学结论后，可以问学生"现实生活中，只有例题这一种行走的情况吗？"在教师的引导启发下，学生列举出了现实生活中其他的一些合情合理的实际情况后，教师可让学生将提出的问题重新编成应用题，自己探究解决，得出新的数学结论。只有真正运用数学知识解决生活实际问题，才能激发学生的学习热情，使学生切实感到数学就在自己的身边，体会到数学结论的实用性。

3. 数学结论的简洁性

数学结论的简洁性，是指数学结论的内容简练，表述的语言简朴。简洁性表现为，用尽可能少的词和尽可能简单的句式或一定的符号表达尽可能多的内容。例如，"对顶角相等"就是"如果两个角是对顶角,那么这两个角相等"的简要表达。数学结论是通过不断地推理和证明而得到的,最终所得到的结论是极为简练的,同时也具有一定的说服力和准确性。这样既方便了引用者,同时也增加了数学的趣味性。

恩格斯曾说过,言简意赅的句子,一经了解就能记住,变成口语,这是冗长的论述绝对做不到的。数学给人的第一感觉就是简洁,通过数学图形与数学符号把很多内容简单地表达出来,给人以简洁之美。数学结论的表述必须简洁,做到"丰而不余一言,约而不失一词"。

简洁性要求数学教学在学生"个性化"表述的基础上,让学生学会用数学语言表述,为培养学生数学思维能力奠定基础。例如,在表述分子、分母的变化规律时,要引导学生这样表述:分子、分母同时乘 2 得到分数的大小不变;分子、分母同时除以 2 得到分数的大小不变。最终引导学生得到:分数的分子和分母同时乘或除以相同的数(0 除外),分数的大小不变。又如,学生在总结工程问题时,首先表述为"工人所做工作总量除以所占用的时间,等于工作效率"。在教师的启发引导下,最终得到:工作总量 ÷ 工作时间 = 工作效率。

数学是"符号 + 逻辑"的。恰当地利用数学符号语言能够简洁、清晰地描述事实,且便于记忆。在利用归纳思想方法教学时,要有意识地引导学生经历"数学化"的过程,逐步学会用符号语言归纳概括结论,体会数学表示的简洁性,培养符号感。例如,在用归纳方法学习加法交换律时,要让学生学会用数学符号语言(字母)表示加法交换律,感受用"$a+b=b+a$"表示数学结论的简洁性。

📗 电子图书馆

郜舒竹 . "平行四边形面积"之难 [J]. 教学月刊·小学版(数学),2020(Z1)。

曾小平,韩龙淑 . 长方形面积公式的由来与教学 [J]. 教学月刊·小学版(数学),2011(10)。

朱国荣 . "抽屉原理"教学的问题思考与实践改进 [J]. 小学教学(数学版),2019(Z1)。

王丽娟 . 三角形内角和的发现与证明 [J]. 小学教学(数学版),2018(11)。

第 2 节　小学数学结论的认知过程

人们掌握客观结论一般有两种模式。一种是归纳模式,即先观察若干实例,然后抽象概括出一般结论;另一种是演绎模式,即先呈现结论,然后给出若干实例来验证或者说明结论,以加深对结论的理解。有学者认为,前一种对应的是发现学习,后一种对应的是接受学习。其实,这两种方式尽管有较大的差异,但在教学中应当综合运用。

一、发现数学结论的认知过程

在数学教学中，所谓发现数学结论，就是教师提供相应的情境信息，学生通过运算、观察、分析、类比、归纳等步骤，自己提出问题、探索规律、建立猜想和形成结论的过程。让学生经历数学结论的发现过程，有助于培养学生质疑猜想、观察归纳、探索发现的能力，这是创新和创造的基础。

学生学习数学结论，要经历探索与发现的过程，因而一般采用归纳模式。由于认知能力的差异和数学规律的潜隐程度不同，学生在学习时经历的过程会有一些差异，但总体上会经历"分析情境→发现表述→验证证明→巩固运用"四个基本阶段。下面以"乘法分配律"为例，来说明学生发现数学结论的基本过程（表5-2-1）[①]。

表5-2-1   发现数学结论的认知过程

阶段	含义	示例
分析情境	根据自身的认知基础，对已有的数学算式、图形、数据等信息进行富有个性的观察思考，提取信息、寻求联系、质疑猜想和发现隐含信息等活动。	教师提出问题：同学们的校服，每件上衣62元，每条裤子37元，大家算一算，咱们班35名同学，每名同学一套校服，需要花多少钱？ 学生解答：每套校服的钱乘总的套数，$(62+37) \times 35 = 3465$。所有上衣的钱加上所有裤子的钱，$62 \times 35 + 37 \times 35 = 3465$。 教师在黑板上写下$(62+37) \times 35 = 62 \times 35 + 37 \times 35$，然后教师再出示两个类似的问题，用类似的方法得到两个等式。例如，$(4+2) \times 25 = 4 \times 25 + 2 \times 25$，$(10+8) \times 50 = 10 \times 50 + 8 \times 50$。 教师再次提问：观察这三个等式，它们有什么共同的特点？
发现表述	在观察分析情境的基础上，提出疑惑、形成猜想，这就是发现。将发现的结论用图表、文字和符号等语言表达和叙述出来，便于理解和记忆，这就是表述。	教师提问：观察三个算式，你有什么发现？请用自己的话说一说。 学生有不同的表述：（甲数十乙数）×丙数＝甲数×丙数十乙数×丙数；$(\triangle+\square) \times \bigcirc = \triangle \times \bigcirc + \square \times \bigcirc$；$(a+b) \times c = a \times c + b \times c$；两个数的和与第三个数相乘，等于每个加数分别与第三个数相乘，再把所得的积加起来。
验证证明	从数学的角度，借助已有知识、原理和方法等，说明、解释、证明所发现与表述的结论的正确性。在小学阶段，有时要证明一个结论很困难，可以举例进行验证，但要让学生理解，验证不能代替证明。	教师提出问题：以$(a+b) \times c = a \times c + b \times c$为例，怎么说明这个结论是正确的？ 有的学生可能用乘法的定义来进行说明：$(a+b) \times c$可以看作c个$(a+b)$连加，也就是c个a连加，再加上c个b连加，可以看作$a \times c + b \times c$。 还有的学生会采用长方形的面积进行解释：如图所示，长为$a+b$、宽为c的长方形$ABCD$的面积为$(a+b) \times c$，也可以是两个长方形$ABFE$与$EFCD$的面积和，即$a \times c + b \times c$，从而$(a+b) \times c = a \times c + b \times c$。

---

①   曾小平、肖栋坡：《小学数学课程与教学论》，78～79页，北京，北京师范大学出版社，2015。

续表

阶段	含义	示例
巩固运用	运用数学结论和体现的思想方法去解决相应的数学问题和其他相关问题，加深对数学结论的理解。数学中的定理、法则、公式等都是基本结论，应用它们可以解决其他数学问题，同时发展逻辑推理能力。	教师总结：我们把这个规律叫作乘法分配律。下面请大家用乘法分配律计算 25×(10+8) 和 37×(20+3)，并用竖式计算 25×18 和 37×23，看看你有什么发现？ 学生计算后领悟：竖式的算法就是来源于乘法分配律（具体解释，略）。 教师再次提问：如果计算 38×102，你打算怎么算？ 学生思考后回答：把 38×102 写成 38×(100+2)，再用乘法分配律计算，这样比较简单。也可以直接列竖式计算，当然这样会比较麻烦。

　　在发现数学结论的过程中，验证证明是学习的难点之一，因为学生此时掌握的数学知识和思想方法是极其有限的，学生的逻辑思维能力还比较弱。但是这个过程不可或缺，因为这是学生发展逻辑思维能力、论证能力、推理能力和获取数学思想方法的重要途径。必要时，教师需要提供一些引导，来帮助学生进行数学结论的证明。

　　巩固运用阶段中，要注意例题和习题的层次性及深刻性。在数学课堂教学中，要对学生进行有目的、有计划、形式多样、层次不一、角度多变的例题和习题训练，帮助学生掌握数学结论、发展思维、提高能力。因此，例题和习题作为教材的重要组成部分，在数学结论教学中必须受到足够重视。

▶ 拓展阅读

3 的倍数特征 ①

【教学片段 1】复习导入，初步猜想

师：我们已经学过了 2 和 5 的倍数的特征，2 和 5 的倍数有什么特征呢？

生：个位是 0，2，4，6，8 的整数是 2 的倍数，个位是 0 或 5 的整数是 5 的倍数。

师：今天我们要研究 3 的倍数的特征。请大家大胆猜想一下，3 的倍数会有什么特征呢？

生：3 的倍数的个位是 3，6，9。

师：同学们，你们可以想办法验证自己的猜想吗？

生：我们可以列举一些 3 的倍数，看看这些数的个位是不是都是 3，6，9。也可以反过来，写出一些个位是 3，6，9 的数，看看它们是不是 3 的倍数。

师：请你写出几个个位上是 3，6，9 的数，看看它们是不是 3 的倍数。

生：有的是，有的不是。

师：请大家观察你们列举的这些数，对照刚才的猜想，你有什么发现？

生：不是所有的个位上是 3，6，9 的数都是 3 的倍数。

师：你们还能列举一些个位上不是 3，6，9 的 3 的倍数吗？

① 郭雪梅、曾小平：《激发学习动机　促进深度学习》，载《中小学课堂教学研究》，2019（8）。本书引用时做了适当修改。

生：12，15，18，21，24，…

师：对比个位上是3，6，9的数和3的倍数，你有什么发现？

生：它们不是一一对应的，仅从个位上看不出3的倍数的特征。我们的猜想并不正确。

师：那3的倍数到底有什么特征呢？看来大家需要换一个角度来研究。

评析：在学习新知识之前，学生已经有了"2，5的倍数特征与个位有关"的认知结构，学生会试图以这种原有的认知结构来同化对新知识的理解。然而，学生发现不能用原有的知识来解决新问题，从而产生认知上的失衡。这种失衡会使学生萌发探索未知领域的强烈愿望，进而积极主动地投入到学习新知识的过程中，主动地探究思考，积极建构新知识。

【教学片段2】观察思考，再次猜想

教师请一个同学从102，201，21，103，301，15，501，702，270，23，320，5中随机选择一个数在计数器（图5-2-1）相应数位上拨珠。教师背对学生，根据落珠声迅速做出"该数是否为3的倍数"的判断，让学生验证教师的判断是否正确。

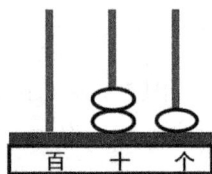

图5-2-1

师：对比老师的判断和你们的判断，二者有什么区别？

生：我们是看，老师是听声音，而且老师判断的速度比我们快得多。

师：你们看计数器，看到的是什么？而老师听，听到的是什么？

生：我们看到的是拨出的数具体是多少，而老师听到的只是响了几下，也就是听出了计数器上一共有几颗珠子。

师：那老师到底用不用知道你们拨出的数具体是多少呢？想一想珠子总数相同的时候，拨出的数是唯一确定的吗？

生：不是，102，201，21这几个数都是用3颗珠子拨出来的。这说明一个数是否是3的倍数和这个数具体是多少没有直接关系。

师：那与什么有关系呢？

生：可能是与计数器上有几颗珠子有关，珠子的总数决定了这个数是不是3的倍数。

师：珠子的总数有什么特征？这时候你有什么新的猜测？

生：响声是3的倍数，这个数就是3的倍数；计数器上所有珠子的总数是3的倍数，这个数就是3的倍数。

师：如果没有计数器，你怎么判断一个数是否是3的倍数？

生：根据所有数位上的数相加的和来判断。所有数位上的数相加的和是3的倍数，这个数就是3的倍数。

师：大家有了一个新的猜想，3的倍数的特征是"各个数位上的数的和是3的倍数"。

评析：通过拨珠游戏，学生由落珠的声音去关注珠子的总数，进而关注各位数之和。学生通过珠子总数是 3 的倍数进行猜想：各位数之和是 3 的倍数时，这个数是 3 的倍数。教师就像魔术师一样使数学知识变得神秘而有趣。这样的教学活动使学生经历了惊讶、疑惑、感悟的心理过程，趣味性更浓，学习动机也更强。

【教学片段 3】由果溯因，合理解释

师：为什么判断一个数是不是 3 的倍数，要看各位数之和？该如何证明我们的猜想呢？

生：能被 3 整除的数就是 3 的倍数。判断一个数是不是 3 的倍数，可以用这个数除以 3。如果没有余数，这个数就是 3 的倍数。所以只要证明所有"各位数之和是 3 的倍数"的数能被 3 整除就可以了。

师：我们能不能先来证明一下 132 是 3 的倍数？你能试着解释一下老师的演示过程吗？（图 5-2-2）

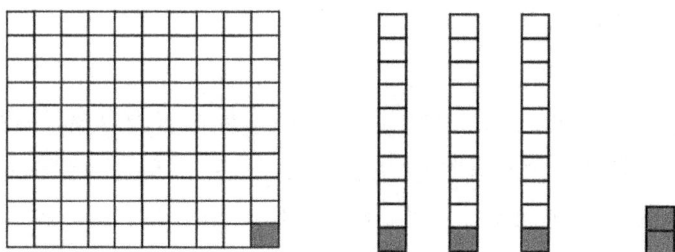

图 5-2-2

生：以 132 为例，$132 = 100 + 30 + 2$。先把 100 分成 99 和 1，再把 10 分成 9 和 1，3 个 10 分成 3 个 9 和 3。1 个 99，3 个 9 都是 3 的倍数，所以看余下的 1，3，2 的和是不是 3 的倍数就可以了。

师：如果是更大的数，能解释吗？同桌合作，一人出一个数，另外一人判断这个数是否为 3 的倍数并解释原因。（同桌合作，略）

师：现在可以解释为什么判断一个数是不是 3 的倍数要看各位数之和，而 2，5 的倍数只要看个位了吗？

生：由于 10，100，1000，…均为 2，5 的倍数，任意的整数，除个位之外的其他数位，所表示的数都是 2，5 的倍数。判断一个数是否为 2 或 5 的倍数，只要看个位就可以了。而 3 不具备这样的特征，在计算单位"十""百""千"……中，9，99，999 分别是 3 最大的倍数，每个数位余下的数恰好是各位上的数。所以，3 的倍数的特征是各位上的数的和是 3 的倍数。

评析：以整除原理为基础，结合图形，学生直观感知每个数位上除以 3 余下的数恰好是各个数位上的数。通过揭示知识本质，学生清除了障碍，能够较为轻松地透过现象理解结论的本质。

【教学片段 4】课堂小结，拓展延伸

师：我们已经学过了 2，5，3 的倍数的特征，你能不能独立研究 4，6，9 的倍数的特征？先以小组为单位从 4，6，9 这三个数中任选一个进行研究，再全班展示交流。

生：4 的倍数特征，即个位上的数与十位上的数之和是 4 的倍数。

生：6的倍数特征，即个位上是2，4，6，8，而且各个数位上数的和是3的倍数。

生：9的倍数特征，即各个数位上数的和是9的倍数。

师：我们今天不仅学会了书上的知识，还能借助已有的知识和经验去探索相关的知识，有兴趣的同学课下还可以研究其他数的倍数特征。

评析：在完成规定的目标任务之后，尝试设置新的疑问，将知识进行适度拓展，从课内拓展到课外。学生借助课堂上收获到的活动经验和思维方法探究出了4，6，9的倍数特征，利用正向迁移将倍数的知识有效整合，达到融会贯通的效果。

二、发现数学结论的教学策略

数学是思维的科学，数学教学是数学思维活动的教学。数学结论的发现，正好契合了学生好奇的心理和丰富的联想天性。只要教师创设的情境适当、提供的信息明确，学生就会主动参与、积极思考，展开丰富的联想，提出各种各样的猜想。

1.用实验发现数学结论

教师提供材料，组织学生进行实践操作，通过动手操作去发现基本结论。教师提供给学生相应的学具，学生操作学具来发现数学结论，是一种普遍的、有效的教学方法。

例如，在学习"三角形的内角和定理"时，先让学生把三角形的两个角剪下来，与另一个角拼在一起，发现这三个角刚好能拼成一个平角，通过实验活动触发学生"发现"这一定理。

2.用归纳发现数学结论

教师提供多个性质相同的材料，让学生观察、归纳、概括出隐藏的规律。在小学阶段，常用的归纳方法是不完全归纳法，这是学生进行发现式、探究式学习的重要途径。

例如，在学习"长方形的面积公式"时，教师可以让学生在方格纸上观察一些典型的长方形，然后写出它们的面积（表5-2-2），就能很容易归纳出"长方形的面积等于长乘宽"。

表5-2-2　长方形的面积

序号	长	宽	面积
1	2	1	2
2	3	2	6
3	4	3	12
…			
一般的	长	宽	长 × 宽

3.用类比发现数学结论

数学上，类比指的是，根据两个数学对象之间的相似性，推测一个对象也具有另一个对象的相似的数学特征。用类比的方法发现数学结论，需要找到两类事物之间的相似点，再利用相似点进行类比。

例如，在学习"比的基本性质"时，先回顾分数的基本性质，分数和比都可以看作两个数相除的商，由此产生类比，比也应该具备像分数那样的性质（图 5-2-3）。进而，引出比的基本性质，然后再论证它的正确性。

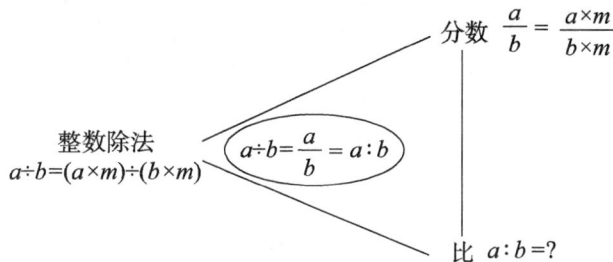

分数　$\dfrac{a}{b} = \dfrac{a \times m}{b \times m}$

整数除法
$a \div b = (a \times m) \div (b \times m)$

$a \div b = \dfrac{a}{b} = a:b$

比　$a:b = ?$

图 5-2-3

4. 用演绎发现数学结论

演绎方法，就是从一般性的前提出发，通过推导即"演绎"，得出具体陈述或个别结论的方法。在小学数学中，常常将陌生的、未知的、未能解决的问题，通过适当变形，转化为熟悉的、已知的、已经解决的问题。这种解决问题的方式中，常常涉及演绎方法。

例如，已经学习了长方形的面积公式，想知道正方形和平行四边形的面积公式，怎么办呢？正方形可以看作特殊的长方形，面积 = 长 × 宽 = 边长 × 边长。平行四边形的面积怎么计算呢？首先，构造一个长方形，调整长和宽，分别与待求平行四边形的底相等、高相等（图 5-2-4）。然后，把平行四边形和长方形移动重叠，可以发现它们的面积相等。最后，说明未重叠的两个三角形完全一样，即面积相等，这就说明平行四边形的面积等于长方形的面积。

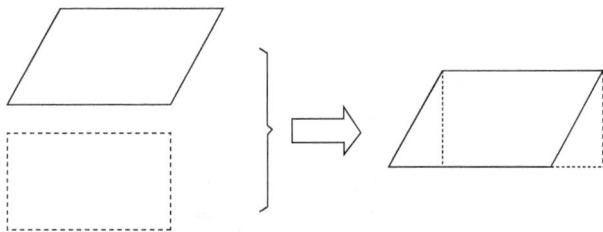

图 5-2-4

电子图书馆

唐慧荣，章勤琼. 基于学习路径分析的小学数学课例研究——以"三角形的面积"为例 [J]. 小学教学（数学版），2019（Z1）。

王国元. 基于学习起点　优化学法指导——以"三角形的面积"教学为例 [J]. 小学数学教师，2014（5）。

徐小琴. 关于乘法分配律的几点慎思与求索 [J]. 教学与管理（小学版），2020（11）。

第3节　小学数学结论的教学设计

　　每个学生都具有发现的潜质。数学结论的教学设计，要注意激发学生这种潜质。因此，我们要根据数学结论的认知过程，重视结论的发现与论证环节，培养学生合情推理与演绎推理的意识和能力。下面以四年级下册"三角形的内角和"为例，分析数学结论的教学设计过程和方法。

一、教学内容分析

　　"三角形的内角和是180°"是三角形的一个重要性质，它有助于学生理解三角形的三个内角之间的关系，也是进一步学习多边形内角和的基础。由于这个结论在初中还要进一步学习，本阶段仅以例题的形式（图5-3-1），让学生初步经历一个探索的过程，具体体现为以下三个活动环节。

图5-3-1

　　首先，量一量。教材先通过让学生度量不同类型的三角形的内角度数，并分别计算出它们的和，使学生初步感知到它们的内角和是180°。

　　其次，拼一拼。在测量和计算的基础上，教材再引导学生用实验的方法加以验证，即把一个三角形的三个角剪下来，拼成一个平角来加以验证，并概括三角形的内角和是180°。

　　最后，做一做。在概括出三角形的内角和是180°之后，教材注重引导学生利用结论解决问题，即在一个三角形中，已知两个角的度数，可以用"三角形的内角和是180°"求第三个角的度数。

　　但是，量一量、拼一拼，一定就能得到三角形的内角和为180°吗？实践中未必如此，测量是存在误差的。因此，量一量得到的结果一般在180°左右。大多数情况下不是180°，拼一拼也一样，存在缝隙和其他因素，大多数结果是"看起来像个平角"。

因此,"较真"的学生(其实是思维缜密的学生)会对这两种方法提出疑问,觉得它们存在漏洞。怎么才能弥补漏洞,还得靠数学的方法,那就是严格证明。利用平行线公理进行证明,这是初中的学习内容。小学数学中应该怎么证明(或者解释),这就需要学生动动脑筋。

二、学生认知分析

学生既是教学活动的对象,又是教学活动的主体。教学设计的目的就是切实调动和充分发挥学生学习的积极性和主动性。因此,每名教师必须重视对学生认知的分析。学生认知分析主要分析已有的知识基础、已有的经验基础和学生的思维特征。

1. 已有的知识基础

在上学期的学习中,学生已经掌握了角的分类及度量的知识。在本课之前,学生又研究了三角形的特性、三边间的关系及三角形的分类等知识。可以在比较抽象的水平上进一步认识三角形,探索新知。

经过近四年时间的学习,学生已经具备了初步动手操作能力、主动探究能力以及合作学习的习惯,因此教材很重视知识的探索与发现,安排了一系列的实验操作活动。教材在呈现教学内容时,不但重视体现知识的形成过程,还注意留给学生充分进行自主探索和交流的空间,为教师灵活组织教学留有余地。

2. 已有的经验基础

学生在学习本课前已经掌握了锐角、直角、钝角、平角和周角的度数,认识了三角形的基本特征及其分类。由于学生的数学知识、能力和思考问题的角度有一定的差异,比较容易出现解决问题策略的多样化。有不少学生已经知道了三角形的内角和是 180° 的结论,但是很可能都是知其然不知其所以然。

3. 学生的思维特征

四年级学生的大脑发育正好处于内部结构和功能完善的关键期,生理和心理特点变化明显,是培养学习能力、情绪、意志和习惯的最佳时期。同时,这个阶段的学生开始从被动的学习主体向主动的学习主体转变。

第二学段的学生,从心理特征来说,对于新鲜的知识充满着好奇心和强烈的求知欲望,他们的无意注意仍起着主要作用,有意注意正在发展,具备了一定的抽象思维能力。所以,可以启发引导学生完成三角形的内角和是 180° 的验证。

三、教学目标设定

三角形的内角和在小学阶段属于实验几何,在初中阶段属于演绎几何。小学阶段平面几何的研究一般从边与角的维度展开,三角形属于平面几何图形较为基础、简单的模型,有必要对三角形"角"与"边"的特征展开研究,为后继认识平面图形与立体图形研究埋下伏笔。

基于教学内容和课标的分析，根据学生的实际情况，以及培养学生能力的重点，教师可以制订相应的教学目标。通常先设定单元教学目标，再进行分解细化，进一步设定课时教学目标，从知识与技能、过程与方法、情感态度与价值观三个维度来设计（表 5-3-1）。

表 5-3-1　三角形的内角和的教学目标

维度	目标
知识与技能	了解三角形的内角和是 180° 这一结论，并能用它进行三角形中某些角度的计算。
过程与方法	1. 在动手获取知识的过程中，积累"猜想—验证"的基本数学活动经验，发展动手操作能力、观察比较能力和抽象概括能力。 2. 通过量一量、剪一剪、拼一拼、折一折的小组活动的方法，探索、发现和验证结论，并能运用它解决实际问题和拓展性问题。
情感态度与价值观	通过数学活动获得成功的体验，增强自信心、创新意识、探索精神和实践能力。

四、教学过程设计

小学生学习数学结论，要经历探索与发现的过程，一般经历"分析情境→发现表述→验证证明→巩固运用"四个基本阶段。分析情境是以学生熟知的三角板引入新的教学内容，引导学生自己提出问题，围绕着问题进行学习。发现表述是启发引导学生发现表述"三角形的内角和是 180°"这一结论。验证证明是引导学生分别对三种三角形采用多种方法去验证，感知数学严谨性。巩固运用是解决三角形的内角中"知二求一"的问题，还可以解决"一个三角形中可能出现两个钝角吗？"这样的问题。

1. 分析情境

教师创设情境，出示两个三角板（图 5-3-2），让学生观察各内角的度数，然后计算同一三角形的三个内角和，看看结果如何。

图 5-3-2

学生计算结果：90°+60°+30°=180°；90°+45°+45°=180°。

2. 发现表述

教师提问：观察两个图形和算式，你有什么发现？

引导学生发现结论，形成猜想，即直角三角形的内角和是 180°，所有三角形的内角和都是 180°。

3. 验证证明

教师引导学生把注意力集中到第一个提问"怎样才能说明，直角三角形的内角和是 180°？"并留给学生一些时间，让学生自主探究，之后进行选择性汇报交流。

方法一，剪拼。如图 5-3-3 所示，把三个内角剪下来，拼在一起，形成一个平角，得到直角三角形的内角和是 180°。

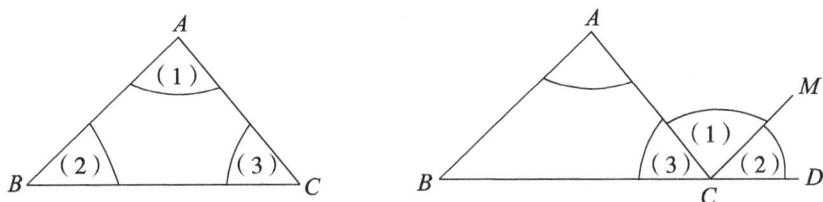

图 5-3-3

方法二，折叠。如图 5-3-4 所示，将三个内角折叠拼在一起，形成一个平角，得到直角三角形的内角和是 180°。

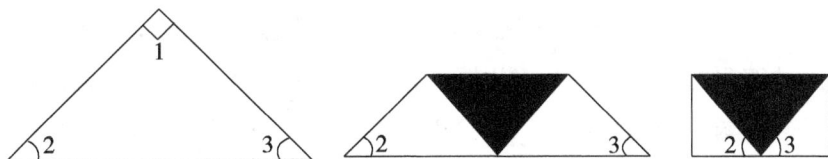

图 5-3-4

方法三，构造。如图 5-3-5 所示，构造两个完全相同的直角三角形，可以拼成一个长方形，长方形的内角和是 360°，得到直角三角形的内角和是 180°。

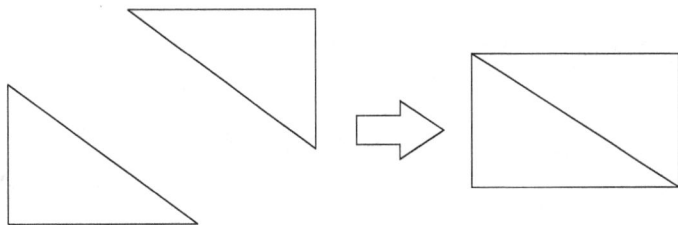

图 5-3-5

教师引导学生进行概括总结，得到"任意直角三角形的内角和是 180°"。

之后，再提问"由任意直角三角形的内角和是 180°，你可能想到或者是猜到什么？"学生可能会猜到"任意锐角三角形的内角和是 180°""任意钝角三角形的内角和是 180°"等。

教师继续提问：怎么说明"任意锐角三角形的内角和是 180°"和"任意钝角三角形的内角和是 180°"是否正确呢？

学生自主思考探究，交流汇报，发现除了上述方法外，还可以通过作高，把一个非直角三角形分成两个直角三角形（图 5-3-6），两个直角三角形的总内角和是 360°，减去中间的平角，得到要求的三角形的内角和是 180°。

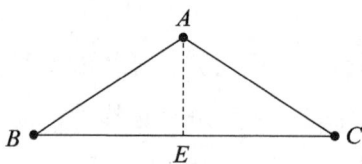

图 5-3-6

之后，教师引导学生进行概括总结，得到"任意三角形的内角和是 180°"。

4. 巩固运用

下面给出两个问题，第一个比较基础，第二个有一定的拓展性。

问题 1：在一个三角形中可能出现两个钝角吗？为什么？

问题 2：四边形的内角和是多少？五边形的内角和是多少？六边形的内角和是多少？……猜一猜，任何一个多边形的内角和是多少？

五、学习评价设计

学习评价设计，其实就是用什么方法说明教师的教学达到了预期目标。其中，知识与技能目标可以用课堂上的练习题和课堂小结来说明，情感态度与价值观目标则需要教师根据学生的学习情况来判断。对知识与技能的评价可以通过简单的测试题来检测，以下三题仅供参考。

1. 单选题

等腰三角形的一个底角是 40°，这个三角形又是（　　　）。

A. 锐角三角形　　　　　B. 钝角三角形　　　　　C. 直角三角形

2. 填空题

在一个三角形中，最多有 ___ 个钝角，最多有 ___ 个直角，最多有 ___ 个锐角。

3. 计算题

如图 5-3-7 所示，∠1=60°，∠2=50°，求其他角的度数。

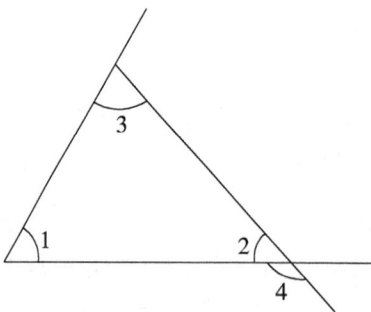

图 5-3-7

📖 电子图书馆

孙钰红. 透析公式内涵　理解本质意义——人教版三下"长、正方形面积的计算"教学设计与思考 [J]. 小学数学教师，2019（4）。

宋煜阳.论证视角下的"三角形内角和"教材理解与教学设计（一）[J]. 小学教学（数学版），2018（1）。

宋煜阳.论证视角下的"三角形内角和"教材理解与教学设计（二）——三角形内角和结论需要怎样的发现与验证 [J]. 小学教学（数学版），2018（3）。

第 4 节　小学数学结论的教学实践

学习数学结论教学的重点不是记忆结论的文字内容，而是让学生通过文字的叙述，对其表述的数学内容进行思考，构建对数学本质的理解。数学结论的教学，要充分掌握学情，在科学进行教学设计的基础上，灵活地进行课堂教学实施。下面我们以"三角形的内角和"[①]为例，剖析如何进行数学结论的教学实践。

一、创设情境

师：咱们上节课对三角形进行了分类，今天我们来继续研究三角形。（拿着等腰直角三角板等教具）这两个三角板的三个角的度数分别是多少呢？

生：30°，45°，60°，90°。

师：（指着三角板的直角）这个角是多少度？

生：90°。

师：（教师板书 90°，指着另一个角）这个角是多少度？

生：45°。

师：（教师板书 45°，指着另一个角）这个角是多少度？

生：45°。

师：（教师板书 45°）要说内角和，就是这三个角度数的——

生：和。

师：我们把它们加起来，看看得多少？

生：180°。

师：（教师板书 180°）我这儿还有一个直角三角形，你们知道它的三个内角的度数分别是多少吗？

生：知道。90°，30°，60°。

师：我们把它们加起来之后，等于多少呢？

生：180°。

（教师板书 180°）

---

① 执教：岳志刚（中国农业大学附属小学）。本书做了适当修改。

二、发现结论

师：这两个都是直角三角形，你有什么想说的吗？

生：两个三角板的内角和都是 180°。

师：（教师板书 180°）你还有什么想说的吗？

生：我觉得可能所有三角形的内角和都是 180°。

师：啊，我觉得，这是一个猜想，很不错的猜想。通过这两个直角三角形的内角和是 180°，你就能猜到所有三角形的内角和都是 180°。

生：我觉得应该是，所有直角三角形的内角和都是 180°。

三、验证证明

师：（强调）是不是所有直角三角形的内角和都是 180° 呢？你觉得我们下面应该干什么？

生：验证。

师：非常好，下一步需要我们去验证。你有什么方法能说明所有直角三角形的内角和都是 180° 呢？

生：（图 5-4-1）我把 3 个内角并拢起来，并拢起来之后我发现和三角形的底边合在一起了，变成了 180° 的平角，所以我断定直角三角形的内角和是 180°。

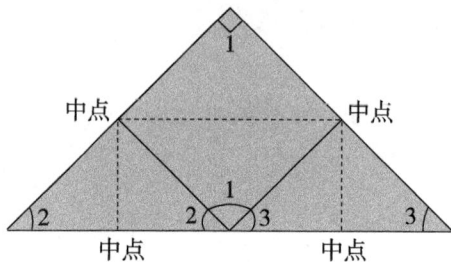

图 5-4-1

师：还有没有其他办法？

生：（图 5-4-2）我把其中的 2 个角剪下来，把这个角放在这儿，把这个角放在这儿，这 3 个角拼一块就成了 1 个平角，我用这样的方法肯定了刚才的猜想。

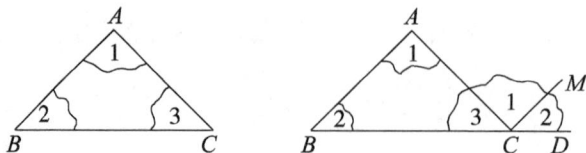

图 5-4-2

师：还有没有其他方法？

生：（图 5-4-3）我把记录单对折了一下，折之后我发现 2 个三角形都是直角三角形。记录单是长方形的，内角和就是 4 个 90°，等于 360°。然后它的一半就是 360° 除以 2，等于 180°。

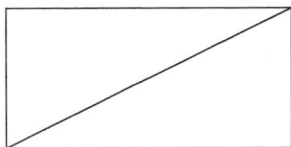

图 5-4-3

师：这种方法怎么样？

生：可以。

师：同学们刚才通过自己的研究，找到了这么多种验证的方法。下面我们就可以得出我们的结论了，对不对？我们的结论是什么呀？

生：每个直角三角形的内角和都是 180°。

师：直角三角形的内角和是 180° 了，（强调）你又有什么想说的呢？

生：锐角三角形的内角和是不是 180°？

师：好，还有别的吗？

生：钝角三角形的内角和是不是 180°？

师：是不是啊，还有其他的两类呀，我们把这个总结起来，用一句话来说，可以怎么说呢？

生：是不是所有三角形的内角和都是 180°？

师：下面我们要做一件什么事啊？

生：验证！

师：那我们刚才这些方法在这里还行得通吗？

（学生自己动手试一试，然后全班汇报交流，发现图 5-4-1、图 5-4-2 的方法都可以。教师适当总结，过程略。）

师：还有没有其他方法呀？

生：（图 5-4-4）从这个点向它的底边作垂线，把这个三角形分成了两个直角三角形。这两个直角三角形的内角和都是 180°，加起来是 360°。减去中间的平角得到 360°-180°=180°，所以这个三角形的内角和就是 180°。

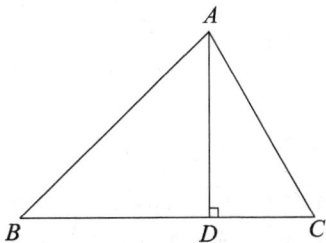

图 5-4-4

师：这种方法行不行？

生：行！

师：这么多种推理方法，这样我们就证明了——

生：三角形的内角和都是 180°。

四、巩固应用

师：老师这儿有一个问题，在一个三角形中可能出现两个钝角吗？

生：不可能。

师：为什么呀？

生：因为钝角都是比直角大的，比如说，钝角等于 91°，两个钝角就是 182°，182° 就超过了 180°，所以不可能同时有两个钝角。

师：嗯，同意吗？

生：同意。

师：老师要给你纠正一下。

生：最小的钝角不是 91°。

师：要是最小的整数度数，那就是 91°。

生：嗯，1 个直角是 90°，2 个直角就是 180°，在一个三角形中都不能出现两个直角，钝角比直角三角形要大，那就更不能出现两个钝角了。

师：这里还有一个问题，如果一个图形中出现了两个钝角，可能是什么图形呢？

生：可能是平行四边形。

师：嗯，可能是平行四边形。还有呢，你说？

生：可能是梯形。

师：啊，可能是梯形，你说说。

生：必须是四边形。

师：啊，必须是四边形。

生：我觉得也可能是五边形。

生：也可能是六边形、七边形。

师：啊，他一口气都给咱说了。

师：通过刚才的研究，我们发现所有三角形的内角和都是 180°。那四边形的内角和呢？

生：360°。

师：你想用什么办法来说明这件事？

生：四边形可能是正方形，正方形的四个角都是 90°，它的内角和就是 360°。

师：你能说正方形的内角和是 360°，那你能说这个四边形（不规则的四边形）的内角和是 360°？

生：我觉得任意一个四边形，这样画一下就可以分成 2 个三角形（图 5-4-5）。1 个三角形的内角和是 180°，2 个三角形的内角和就是 360°，所以四边形的内角和是 360°。

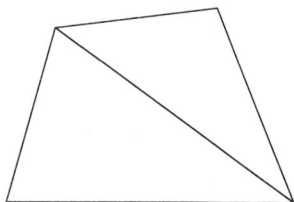

图 5-4-5

师：五边形的内角和是多少度？

生：540°。先连接五边形内任意一条对角线，就把五边形分成了 1 个三角形和 1 个四边形，三角形的内角和是 180°，360°+180°=540°。

师：是不是还有别的方法呀？

生：（图 5-4-6）我把 1 个五边形分成 3 个三角形，3 个 180° 等于 540°。

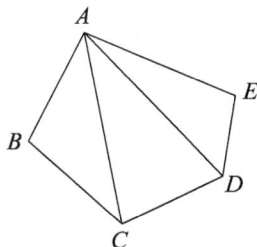

图 5-4-6

师：六边形呢？

生：也可以这样做。把 1 个六边形分成 4 个三角形（图 5-4-7），4 个 180° 是 720°，所以六边形的内角和是 720°。（继续用这种方法计算其他多边形的内角和，过程略）

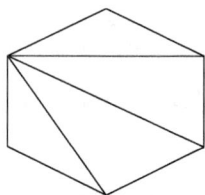

图 5-4-7

电子图书馆

曾小平，郭龙淑 . 三角形内角和的证明与教学 [J]. 小学教学（数学版），2011（12）。

任卫兵 . 奇思·方法·学习——"三角形内角和"教学实录与思考 [J]. 教学月刊·小学版（数学），2019（11）。

陈金飞 . "加法交换律"教学片段及反思 [J]. 小学教学（数学版），2020（1）。

第5节   小学数学结论的教学研讨

数学教育家波利亚曾经说过："学习任何知识的最佳途径是自己去发现，因为这种发现的理解最深刻，也最容易掌握其中的规律、性质和联系。"因此小学数学结论的学习，最佳的方式在于让学生经历一个数学结论的发现过程，让学生自己去发现、去探索。这样，学生才能更深刻地理解结论的内涵及其体现的数学思想方法。

一、亮点赏析

"三角形的内角和"这节课，是一节具有典型意义的启发式与探究式融合，有效进行数学结论教学的数学课，很好地培养了学生归纳推理与演绎推理的能力，培养了发现创造的意识。

1. 教学环节非常清晰

新课导入时，教师用大家熟悉的三角板导入，引导学生发现特殊的直角三角形的内角和是180°的数学结论，让学生通过运算、观察、分析、类比、归纳等步骤，自己提出问题、探索规律、建立猜想和形成一般的数学结论"所有三角形的内角和都是180°"。教学注重让学生经历数学结论的发现过程，培养学生质疑猜想、观察归纳、探索发现、创新和创造的能力。

本节课的教学环节非常清晰，学生经历了学习数学结论的四个阶段，即分析情境→发现表述→验证证明→巩固运用。其中，分析情境是前提，发现表述是重点，验证证明是难点，巩固运用是结果。这四个阶段环环相扣，层层推进，共同构成美妙的数学结论教学旋律。

2. 注重数学深层理解

引导学生从发现到猜想，进而进行质疑，最后寻找多种验证和证明的方法，教师在板书上明确教学活动的核心主线，即质疑→验证→推理证明。本节课的学习非常具有示范性，学生再遇到类似的数学问题或结论，会模仿和遵循这个过程，这对于学生理解和掌握数学结论是十分有益的。

在验证证明的过程中，不是教师直接给出证明，而是引导学生合作一起采用"撕、剪、拼"等多种方式进行验证，使学生加深对数学结论的理解，有利于培养学生的数学说理和论证能力，也让学生初步体会到数学的研究方法。

3. 符合学生认识规律

在完成"三角形的内角和是180°"学习之后的巩固应用教学环节，没有进行常规的例题学习，即解决已知三角形的两个内角求第三个角的问题，而是从增加图形的边数入手，从解决四边形内角和开始，引导学生用新学习的结论解决新问题，将四边形的新问题转化到刚学习的三角形的结论来解决，然后再到五边形、六边形，甚至到八边形。

经过一系列问题的积累，教学过程中应用旧知迁移的学习方法引导学生探索新知识，使用演绎的方法解决了新的问题。学生在教师的引导下，发现数学规律，从而掌握如何应用数学规律解答数学问题。同时，让学生体会学习数学结论的方法，将复杂的问题简单化，并引导学生用归纳的数学思想，总结出一般性的数学结论。

4. 关注培养推理能力

推理是指从一些事实和命题出发，依据规则推出其他事实和命题的过程。小学数学的推理主要包括两类：一类是从特殊到一般的合情推理，推理形式主要有归纳和类比；另一类是从一般到特殊的演绎推理，推理形式主要有演绎和计算等。一般来讲，合情推理得到的结果具有或然性，即得到的结果可能正确也可能不正确；演绎推理得到的结果具有必然性，即前提正确得到的结果正确。因此，合情推理常用于发现结论和寻找方法，演绎推理常用于证明结论和构建学科内容体系。

"三角形的内角和"这节课的教学，既注重合情推理的培养，又很注重演绎推理的培养。在我国的数学教学大纲和课程标准中，与推理关系密切的词语有推理能力、逻辑推理。"三角形的内角和"这节课的教学，很注重发现问题和提出猜想，探索结论的证明过程，并对结论进行灵活运用等。

二、几点拓展

小学数学教师在教学过程中采取有效的措施培养学生发现数学结论和探索数学规律的能力，能够有效地提高学生解决数学问题的能力、创造性思维能力。"三角形的内角和"的教学，还有很多地方值得我们深入学习，并且可以延展到其他数学结论的教学当中。

1. 创设问题情境，引导学生发现数学结论

小学数学教师在讲授数学知识过程中可以根据教学内容合理地设置问题情境，从而引导学生发现数学结论。问题情境教学具有较强的吸引力，能够激发学生学习数学知识的兴趣，充分调动学生的求知欲望和好奇心，能够使学生主动地去发现数学问题。

例如，"三角形的内角和"这节课，在学习三角形的内角和之前，以复习特殊三角形的内角度数的方式导入新课。这样既符合学生学习知识由浅入深、循序渐进的规律，又由旧知识导入新知识，为新知识打好了基础。同时，也激发了学生的求知欲，使学生产生积极寻找问题答案的强烈欲望。

这种方法运用到其他内容的教学当中，也会取得很好的教学效果。例如，"圆的周长"的教学，就可以合理地运用问题情境开展教学，培养学生发现数学结论的能力。首先，教师可以提问：圆周长与什么相关？学生在认真思考后发现圆的周长可能会与圆的面积、圆的直径以及圆的半径有关。然后，学生通过测量发现圆的周长可能与圆的直径和圆的半径成倍数关系，从而猜测出圆的周长的计算公式。最后，在得到圆的周长的计算公式 $C = 2\pi r$ 之后，学生就会提出 π 是什么意思？代表着什么？再据此开展圆周率的学习，并且顺利完成教学任务。

由此可见，在教学过程中合理设置问题情境，教师通过问题引导，使学生自觉地去发现数学结论，并且敢于大胆地去探索数学结论，这样能够有效地提高学生发现数学结论的能力和解决数学问题的能力，培养学生探索数学结论的能力、创新能力和发散思维能力。

2. 精心设计问题串，引导学生发现数学结论

小学数学教师在教学过程中可以根据教学内容合理应用提问的教学方式，将问题设置成一个系列，即问题串。这样的提问方式可以拓宽学生的思维空间，激发学生的思维潜能，能够有效地引导学生发现更有价值的数学问题。

在"三角形的内角和"的教学中，教师就设计了问题串，表现为：从两个直角三角形的内角和出发，你能想到什么？你有什么猜想或者发现？你怎么说明直角三角形的内角和为180°是正确的？从任意直角三角形的内角和为180°出发，你能想到什么？你有什么猜想或者发现？你怎么说明锐角或者钝角三角形的内角和为180°？从直角、锐角和钝角三角形的内角和为180°出发，你能想到什么？你有什么猜想或者发现？

这种方法可以运用到其他内容的教学当中，也会取得很好的教学效果。例如，"梯形的面积"的教学，就可以采用问题串激发学生的深度思考，提高学生发现数学结论的能力。可以这样设计问题串：（1）梯形的面积用数格子的方法还准确吗？（2）梯形能不能通过之前用过的剪拼、切割、补形等方法转化到以前学过的图形？（3）可否将梯形沿对角线分割成两个三角形，将梯形转化为三角形来计算面积？（4）可否用两个完全一样的梯形拼成一个平行四边形，将梯形转化为平行四边形来计算面积？（5）在转换过程中梯形的面积会不会发生变化？（6）为什么得到的梯形的面积公式中要除以2？

这些问题串的提出，使学生成为课堂的主人，使教师成为帮助学生解决这问题的辅助者。最后，教师根据学生发现的问题，引导学生解答这些问题，并且顺利地完成教学内容，同时理解和掌握数学结论。

由此可见，小学数学教师通过精心设计问题串，开展教学活动，不仅能够充分发挥学生的主体地位，而且还能培养学生发现数学结论和提高解决数学问题的能力。这样不仅有助于学生对数学学科知识技能与思想方法的学习，还有助于学生的智力不断发展和创造性思维不断提高。

3. 创设宽松的学习氛围，引导学生发现数学结论

人本主义心理学认为，只有个体得到充分的心理安全和心理自由，才能充分地发挥和发展个体的创造力。因为只有心理自由，才有思维自由，个体才能充分进行发散思维，才能表现出创造力，所以教学中要营造高度民主、轻松活泼、相互理解的教学氛围，这对于活跃学生思维、培养学生质疑反思的能力，有极为重要的意义。[1]

在"三角形的内角和"的教学中，教师注重营造一个和谐、民主的教学环境，消除学生在提问时的紧张感、焦虑感，帮助学生克服"怕笑、怕羞、怕错、怕难"的心理情绪。这样学生便敞开心扉，大胆地提出猜想、寻求验证方法、科学解决数学问题，高效地完成学习任务。

小学数学教师在教学过程中应该为学生营造一个宽松的学习氛围，激发学生的学习兴趣，从而提高学生发现数学结论的能力。例如，在"商的变化规律"的教学时，教师可以让学生回想

---

[1]　曾小平、吕传汉、汪秉彝：《初中生"提出数学问题"的现状与对策》，载《数学教育学报》，2006（3）。

"积的变化规律",引导学生发现"商的变化规律"。学生根据积的变化规律猜想出商的变化规律:在除数不变的情况下,被除数扩大到原来的几倍,商也扩大到原来的几倍;在被除数不变的情况下,除数缩小到原来的几分之一,商就会扩大原来的几倍;被除数和除数同时扩大或者缩小相同的倍数,商的值是不变的。学生通过自我思考发现商的变化规律,可以更好地掌握商的变化规律,能够充分发挥学生的创造力和想象力。

由此可见,小学生数学教学过程中,教师要为学生提供一个相对宽松的学习环境,充分调动学生学习数学知识的积极性和主动性。学生带着强烈的求知欲望,大胆质疑猜想、充分交流汇报、积极评价互动、积极反思交流。这样,学生的思维活了,数学课堂就活了,教学效率就会真正提高了。

电子图书馆

沈勤.多元表征,完善认知——以"乘法分配律"教学为例 [J].教学月刊·小学版(数学),2020(Z1)。

张梁,裘斐.基于算理理解的定律模型教学策略——以人教版"乘法分配律"教学为例 [J].教学月刊·小学版(数学),2020(6)。

张叶清,曹培英."平行四边形的面积"教学实录与评析 [J].小学数学教育,2011(Z1)。

潘小明.数学思维的发展不是空洞的——"平行四边形面积"教学实践及思考 [J].人民教育,2012(12)。

练习五

1. 请说明对小学数学教育中"数学结论"一词含义的理解,并举例说明它包含的主要内容。

2. 阐述发现数学结论的认知过程,并利用该过程分析以下结论的认知过程。

(1)分数的基本性质;　　　　　　(2)乘法结合律;

(3)长方形的面积公式;　　　　　　(4)三角形的面积公式。

3. 学生在学习带括号的减法时,会出现一些错误,如 23-(16-9)=23-16-9。

假如你是教师,请分析一下学生出现错误的可能原因。同时,针对去括号法则 $a-(b-c)=a-b+c$,给出你的教学建议。

4. 在学习"圆的面积"时,教师先给学生三个圆,让学生测量这三个圆的直径和周长,然后观察数据,看看圆的周长与直径之间有什么关系。学生测量得到三个圆的直径分别为 4 cm,5 cm 和 6 cm,对应的周长分别为 13 cm,16 cm 和 19 cm,然后发现"周长 =3× 直径 + 1"。假如你是教师,你会怎么办?请给出你的教学建议。

5. 首先,分析"用小棒摆图形"的教材片段(图 5-5-1),写出教学设计。其次,6 个同学组成一个小组,进行模拟教学。最后,对教学效果进行研讨。

用小棒摆图形。

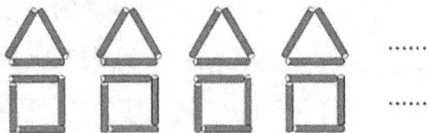

摆了 x 个三角形和 x 个正方形, 一共用了多少根小棒?

三角形用了 $3x$ 根小棒, 正方形用了 $4x$ 根小棒, 共用 ($3x+4x$) 根小棒。

摆一个三角形和一个正方形要用 7 根小棒, 一共用 $7x$ 根小棒。

$$3x+4x=(3+4)x=7x$$

这里运用了什么运算律?

当 x 等于 8 时, 一共用了多少根小棒?

图 5-5-1

6. 首先, 分析 "平行四边形面积" 的教材片段 (图 5-5-2), 学出教学设计。其次, 6 个同学组成一个小组, 进行模拟教学。最后, 对教学效果进行研讨。

下面两个花坛的面积哪个大?

我只会算长方形的……

用数方格的方式试一试。

在方格纸上数一数, 然后填写下表。(一个方格代表 1 m², 不满一格的都按半格计算。)

	底	高	面积
平行四边形			
	长	宽	面积
长方形			

你发现了什么?

不数方格, 能不能计算平行四边形的面积呢?

先沿高剪开, 把三角形向右平移, 再拼成……

可以把平行四边形变成一个长方形。

转化成长方形就能计算面积了。

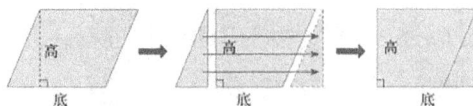

观察原来的平行四边形和转化后的长方形, 你发现了什么?

长方形的长相当于平行四边形的 ( ), 长方形的宽相当于平行四边形的 ( )。

平行四边形的面积 = _____

如果用 S 表示平行四边形的面积, 用 a 表示平行四边形的底, 用 h 表示平行四边形的高, 那么平行四边形的面积计算公式可以写成:

$$S=ah$$

图 5-5-2

第 6 章

数学问题解决的教学设计与实施

第 1 节　小学数学问题解决的科学理解

问题是数学的心脏，解决问题是数学的核心。解决数学问题，既是数学学习应该达到的目标，又是学习数学的基本途径。正因为如此，20 世纪 80 年代以来，问题解决在国际数学教育界受到普遍重视。一些国家和地区的数学课程标准对问题解决做了特别规定，使得其含义非常丰富。因此，为了更好地理解什么是数学问题解决，我们需要先理解与其相关的教育名词。

一、问题

什么是"问题"？《现代汉语词典（第 7 版）》对其的解释有 4 条：①要求回答或解释的题目；②须要研究讨论并加以解决的矛盾、疑难；③关键，重要之点；④事故或麻烦。[①] 由此可见，问题的含义还是很丰富的。

在数学教育中，"问题"是一个外来词，是我们根据英文翻译过来的。"问题"对应的英文单词有三个，分别是题目、疑问和猜想，具体含义见表 6-1-1。可见，数学教育中的问题，主要对应我们在《现代汉语词典（第 7 版）》中常使用的前面两种，并对其进行引申。

表 6-1-1　数学教育中的"问题"释义

要点	含义	示例
题目	询问某种信息的语句（a sentence, phrase or word that asks for information）	在一年级学习了简单加减法之后，教师出示应用题"小强有 5 个苹果，小红有 4 个苹果，两人一共有多少个苹果？"请你解答这个问题。
疑问	不容易理解或者处理的事情（a thing that is difficult to deal with or to understand）	在五年级学习了平行四边形的面积公式之后，学生提出疑问"怎么用平行四边形的面积公式计算红领巾的面积呢？"或者"怎么求一个三角形的面积呢？"
猜想	不是基于确定的知识，而是基于猜测的观点和想法（an opinion or idea that is not based on definite knowledge and is formed by guessing）	在刚开始学习勾股定理时，教师出示了两个三角形，说"观察这两个三角形，你能提出什么问题？" 学生说，"直角三角形最长边的平方等于另两边之和"或者"直角三角形两直角边的平方和等于斜边的平方"。

我们在这里阐述的"问题"主要是指疑问，它"立足于情境，由答题者（学生）为提问主体，可引发主体自主探究的动机，并需克服一定障碍才能获得结果的一类情境。其主要性质为主观性、动机性、困难性"。[②]

---

① 中国社会科学院语言研究所词典编辑室：《现代汉语词典（第 7 版）》，1376 页，北京，商务印书馆，2019。

② 丁芊兮：《小学生数学问题解决的现状研究》，硕士学位论文，北京，首都师范大学，2019。

主观性，是指"问题"在客观环境下主观思考的产物，是由"人"提出，由"人"解答，最后由"人"实践检验并应用到"人"的学习生活中去的。问题是否成立取决于主体——人（答题者，主要指学生）的选择与需求。因此，不同人对于同一情境可能会产生问题或没有问题，也可能产生不一样的问题。

动机性，是指在问题迎合学生主观思考的前提下，激发学生的求知欲与解题动机，即通过情境使问题引起学生在思维中的共鸣。通过此类问题，可以增进学生自主学习的意识，进而使学生感受数学活动的乐趣和数学性地处理实际问题的好处。

困难性，是指对于提出的问题，为达到一定的目标，需要克服一定的困难。此类问题情境对于解题的人来说并不能在短时间内找到答案或反馈出解题策略。此类问题情境能够让学生在陌生的情境下激发和调动探究意识，在没有仿照的前提下展开原始思考以及学习如何思考。

二、问题解决

问题解决，就是面对一个问题，经历一段探究思考，确定其是否可以解答，在能解答的情况下寻求一个或者多个解答，或者探究解决的途径。从心理学的角度讲，问题解决是指通过一系列有目的、有指向的认知操作序列以达到目标的过程。

问题解决有两种类型：一类是常规性问题解决，即使用已有的方法和程序去解决问题；另一类是创造性问题解决，即运用新的方法和程序去解决问题。例如，一个幼儿把凳子摆放在桌子上，取下高处的一件东西，当他第一次这样做时就是创造性的问题解决，以后再这样做就属于常规性问题解决了。

一种类型的应用题，反复练习，就不属于问题解决了。所以，我们这里讨论的问题解决，不是指反复练习的应用题，而是指完成一件事情，但事先并不知道具体的解决方法。为了寻找问题的答案，学生需要综合运用他们所掌握的知识与思想方法。[①]

教育学家约翰·杜威提出了关于问题解决的探究模式，具体包括五步：联想，面对一个情境，产生认知困惑，认识到问题的存在，并伴有解决的欲望；问题，分析情境，识别出问题所在，包括寻找目标标志和要达到的目标状态；假设，将情境中的问题与认知结构联系起来，激活有关的知识背景和先前的思维方法，提出解决的猜想、建议，或者尝试一种解答；推理，根据假设，一步一步展开设想解决问题的方法，以求得解决问题的方案；检验，根据明确的假设方案亲自动手去做，以检查全过程所达到的结果是否符合预期的目的，在做的过程中，发现这些设想、假设的真实性和有效性。

三、数学问题解决

在阐述数学问题解决的含义之前，我们先看一个具体案例。有两个居民区，中间有一条道路连接，现在要在路边建一个超市，你建议建在哪里？为什么？大部分学生答应建在中间位置，

---

①　曾小平：《小学生数学核心素养研究》，17～18页，北京，首都师范大学出版社，2019。

因为大家走得一样远，这样的回答有道理；有的学生答要看居民区人的多少，应该离人多的居民区近一点，这样的回答更好了；还有的学生答需调查哪个居民区去超市的人多，按比例来建，这样的回答就更圆满了。[①] 通过这个案例，我们就能很好地理解数学问题解决的含义与特点。

数学问题解决是在某一真实情境下产生疑问或遇到困难时，为解决该疑问与困难所进行的一系列操作过程。该过程结构完整，符合公共认知中的思维与逻辑，且结果具备一定的开放性，以及可用于建模进而方便后续相同或相似问题的解决。问题解决是在既定情境中，非模式化地发现与探究的过程。其区别于一般的解题，主要体现在情境真实、过程完整、结论开放、可以建模四个方面。

第一，情境真实强调问题解决中创设的情境并非为体现某一知识或能力编写出的理想化的问题情境，而是尽可能贴近生活甚至还原生活的真实的实际情境。此类情境有助于学生在数学问题解决的过程中体会实际问题"数学化"的过程，并在评价结果的过程中学会将数学结果实际化。最终达到使学生"会用数学的眼光观察现实世界，会用数学的思维思考现实世界，会用数学的语言表达现实世界"的目标。[②]

第二，过程完整区别于一般的解题过程，问题解决有更完整的流程。专家学者对数学问题解决的过程提出相关观点，尽管各阶段的名称不尽相同，但可以明确的是"问题解决过程中除了解答基本阶段外，更注重学生自主发现问题，以及解答后的评价推广等情感态度价值观的融入"。[③]

第三，结论开放是指问题解决的结论大多是非封闭的或没有绝对标准的。因为问题解决所具有的探究性，在探索与比较的过程中，学生可以随时改变或优化自己的解题方法，进而使自己的结论更加合理或贴切问题中的实际情境。这导致问题解决的结论通常是建立在原有知识基础上的，符合学生最近发展区的新论点，可帮助学生学习新知识。

第四，可以建模是指问题解决的解题策略可以转化为相应的模型，用于解决其他同类型题目。针对某一情境中问题的解决策略与解决过程，在遇到与之相似的情境时，该策略与过程可以被参考、被改进甚至直接执行。这需要解决者在选择策略与执行策略的过程中，使其内在的逻辑思维与公共认知相符合，进而在不同的决策者之间也可以在公共认知下相互理解，相互交流，相互借鉴。[④]

————————

① 史宁中：《学科核心素养的培养与教学——以数学学科核心素养的培养为例》，载《中小学管理》，2017（1）。

② 史宁中：《学科核心素养的培养与教学——以数学学科核心素养的培养为例》，载《中小学管理》，2017（1）。

③ 丁芊兮：《小学生数学问题解决的现状研究》，硕士学位论文，北京，首都师范大学，2019。

④ 丁芊兮：《小学生数学问题解决的现状研究》，硕士学位论文，北京，首都师范大学，2019。

▶ 拓展阅读

菜地和麦地

　　数学问题：有一块麦地和一块菜地，麦地的一半和菜地的三分之一放在一起是 13 亩（1 亩 = 666.67 平方米），麦地的三分之一和菜地的一半放在一起是 12 亩，请问麦地有多大？

　　对一个具有初中数学知识的人而言，这个问题仅仅是一个练习题，很容易想到列方程组的方法。

　　设麦地面积为 x 亩，菜地面积为 y 亩，可以列出方程组 $\begin{cases} \dfrac{x}{2}+\dfrac{y}{3}=13, \\ \dfrac{x}{3}+\dfrac{y}{2}=12。 \end{cases}$ 解方程组得 $\begin{cases} x=18, \\ y=12, \end{cases}$ 这就求出了麦地面积为 18 亩。

　　但是，如果问题解决者不具备二元一次方程组的知识，比如是一个五六年级的小学生，这个问题就是一个问题。他会怎么解决这个问题呢？首先他要抽取问题的数学本质，即 $\begin{cases} \dfrac{m}{2}+\dfrac{c}{3}=13, \\ \dfrac{m}{3}+\dfrac{c}{2}=12 \end{cases}$ 或者 $\begin{cases} m\div2+c\div3=13, \\ m\div3+c\div2=12, \end{cases}$ 然后想办法求 m 和 c 的值。学生经过仔细观察，可能想到去掉分母或者除数，这就需要等式两边同乘 6，即 $\begin{cases} 3m+2c=78, \\ 2m+3c=72。 \end{cases}$ 然后两个式子左边相加、右边相加得到 $5m+5c=150$，也就是 $m+c=30$。再变形为 $2m+2c=60$，与 $3m+2c=78$ 结合，就可以求出 $m=18$。这样就求出了麦地面积为 18 亩。

　　更进一步，如果问题解决者不具备分数运算的知识，比如是一个三四年级的学生，这个问题就是一个猜想。他会怎么解决这个问题呢？他就得依靠自己的感觉进行猜测。学生有很好的数感，他需要反复理解"麦地的一半和菜地的三分之一放在一起是 13 亩，麦地的三分之一和菜地的一半放在一起是 12 亩"这句话隐含的信息，即麦地面积和菜地面积不等，麦地面积更大，两个面积都是 6 的倍数。到了这一步就比较好办了，可以用一组数去试（12 和 6，18 和 12，24 和 18 等）。显然 18 和 12 合适，这样就猜出了麦地面积为 18 亩。当然这是一种答案，是否还有别的答案呢？可以再试试别的数，发现没有。

📚 电子图书馆

张侨平. 培养学生数学问题解决能力：数学活动题的启示 [J]. 课程·教材·教法，2018（1）。

郜舒竹. 鸡兔同笼问题中的辩证思维 [J]. 课程·教材·教法，2019（9）。

郑毓信. 评论外的评论——由吴正宪老师"'解决问题'教学"课例引发的思考 [J]. 小学教学（数学版），2019（12）。

殷娴，杨涛. 小学数学课程"数学思考"目标体系的构建 [J]. 课程·教材·教法，2017（3）。

第 2 节　小学数学问题解决的认知过程

对于数学问题的教学过程，认知心理学和数学教育心理学上有很多研究成果，值得我们学习和参考。但更为重要的是，要明白对同一个问题，不同年龄阶段的学生会怎么想、怎么解决。一名优秀的数学教师，应该尽可能把同一个问题，按不同年级学生的思考与解答方式进行设想，在教学中循序渐进地培养学生的数学问题解决能力。

一、基本过程

数学教育家波利亚提出了数学问题解决的"启研"模式，揭示了问题解决的心路历程，被西方誉为"自我启发解决问题的经典概括"。阐述该模式的专著《怎样解题》成为数学教育领域的经典之作，并引发了 20 世纪数学教育中"问题解决"的热潮。

波利亚关于数学问题解决的"启研"模式由四个部分构成，即理解题意、拟订计划、执行计划和回顾反思。下面以解决平均分油问题"有三个没有刻度的油瓶，分别可以装 8 L、5 L、3 L，用这三个油瓶，如何将 8 L 油两等分？"为例，解析波利亚关于数学问题解决的四个阶段。

1. 理解题意

第一步，理解题意，弄清楚问题是什么。具体包括：了解问题情境是指什么，认识数学问题，知道问题叙述的内容是什么，它的背景是怎样的，它可能与什么事件有关；明确问题的条件和目标，就是将已知条件和解决后的目标从问题情境中分离出来，同时明确从条件到目标的障碍是什么。

比如，对于"平均分油"问题，解决者需要明白：三个油瓶，装满了油，分别是 3 L，5 L 和 8 L；没有别的刻度，也没有别的工具可以在瓶子上标刻度；这些油瓶的形状是未知的，无法从油的高度来刻画油瓶里装了多少油。此外，还需要明白：当前状态是 8L 油瓶里装满了油，另外两个是空的；用这几个瓶子相互倒油的方法，将这 8 L 油平均分，即让 8 L 油瓶和 5 L 油瓶里各装 4 L 油。

2. 拟订计划

第二步，拟订计划，找出已知数与未知数之间的联系，如果找不出直接联系，你需要考虑辅助问题。你应该最终得出一个求解的计划。寻求解决的方法，是指探索什么方法可能突破障碍，实现预期目标，并对如何实施拟订一个比较完备的计划，设想主要经历哪些步骤，每个步骤大致出现什么结果。

比如，对于"平均分油"问题，解决者要思考：怎么才能产生 4 L 呢？3 L 加上 1 L 为 4 L，5 L 倒走 1 L 为 4 L，所以解决的关键在于找到 1 L。问题就变为，要倒出 1 L 油出来。怎么才能出现这 1 L 油呢？两个 3 L 去掉 5 L 剩下 1 L；两个 5 L 倒出三个 3 L 剩下 1 L。这样一来，方法就找到了。

3. 执行计划

第三步，执行计划，实行你的解决问题计划去解决问题。就是实施指定的解题计划，看看能否顺利解决问题。如果不能解决，再回到上一阶段，修订计划。如果能解决，检验一下结论是否合理。如果合理，就问题解决；如果不合理，再修正和调整，或者重新想办法。

比如，对于"平均分油"问题，有两个计划，实施这两个计划，就会得到两个解决方案（具体细节见表 6-2-1）。

表 6-2-1　平均分油问题解决方案

步骤	解决方案一	8	5	3	步骤	解决方案二	8	5	3
0	原始状态	8	0	0	0	原始状态	8	0	0
1	8 L 倒满 3 L	5	0	3	1	8 L 倒满 5 L	3	5	0
2	3 L 倒进 5 L	5	3	0	2	5 L 倒满 3 L	3	2	3
3	8 L 倒满 3 L	2	3	3	3	3 L 倒进 8 L	6	2	0
4	3 L 倒进 5 L	2	5	1	4	5 L 倒进 3 L	6	0	2
5	5 L 倒进 8 L	7	0	1	5	8 L 倒满 5 L	1	5	2
6	3 L 倒进 5 L	7	1	0	6	5 L 倒满 3 L	1	4	3
7	8 L 倒满 3 L	4	1	3	7	3 L 倒进 8 L	4	4	0
8	3 L 倒进 5 L	4	4	0					

4. 回顾反思

第四步，回顾反思，是对解决问题过程和方法的回顾和评价。其主要内容包括：问题是如何解决的，怎么想到的思路？用到了哪些方法，这些方法在哪里还用过，还有没有其他方法？问题是否可以拓展，问题的一般形式是怎样的？解决这个问题给我带来哪些启发，以后遇到类似的新问题可能会怎样？

比如，对于"平均分油"问题，解决者需要思考以下问题：这个问题还有没有其他解决方法？还有没有类似的问题？它隐藏的数学背景是什么？其实，这类问题还是有的。比如，有三个没有刻度的油瓶，分别可以装 10 L，7 L，3 L，用这三个油瓶，如何将 10 L 油平均分成两份？

这个问题隐藏了什么数学知识呢？或者说这个问题的数学背景是什么呢？仔细分析一下表 6-3-1 中的两种解法，不难发现，其实只是用 3 和 5 这两个数，经过若干次加减得到结果 4（用"高等代数"的观点说，就是把 4 表示成 5 与 3 的线性组合）。比如，第一种解法就是 $3 \times 3 - 5 \times 1 = 4$；第二种解法就是 $3 \times (-2) + 5 \times 2 = 4$。也就是说，问题的本质是一个不定方程 $5x + 3y = 4$，它的解很可能就是平均分油的方法。第一种解法对应的解是 $\begin{cases} x = -1, \\ y = 3 \end{cases}$，第二种解法对应的解是 $\begin{cases} x = 2, \\ y = -2 \end{cases}$；如果是这样，这个不定方程的一些解，便是平均分油的方法。

通过上例不难发现，一个看似与数学没有多大关系的趣味思考题，背后隐藏了很多数学知识与思想。如果这个问题仅仅定义为智力题，我们一般就得到一种或两种方法，有助于解决者思维的发展。但是，一旦把它定义为一个数学问题，挖掘背后隐含的数学信息，探究它的数学背景，这个问题就变得更有趣，也更有助于解决者进行严谨的思维。更为重要的，作为一个数学问题来解决，可以使个体体会到数学的魅力，增进对数学学习的情感态度与价值观。[①]

① 曾小平：《小学生数学核心素养研究》，19 页，北京，首都师范大学出版社，2019。

值得注意的是，国外有研究表明，解题的新手和专家在解决问题上的差别是很明显的。新手看到问题就开始尝试解答，解答失败后就放弃了。而专家遇到问题，则先明确已知和目标，然后花很长时间拟订解题计划，而实施解题的时间则比较短。更为主要的是，专家在解决问题后，会花大量时间进行回顾反思。由此可见，要成为优秀的数学问题解决者，理解问题、拟订计划和回顾反思是不可缺少而且需要花大力气的环节。我们的数学教学，要在这三个环节上好好下功夫。

二、逐渐递进

在理解了数学问题解决的基本过程之后，我们还要理解，同一个数学问题，不同年级的小学生会怎么思考、怎么解决。为了便于理解，我们以"按比分配问题"（甲、乙两班共植树 54 棵，他们植树的棵数比为 5∶4，请问每个班各植树多少棵？）为例进行解析。

1. 理解题意

"按比分配问题"的核心数量关系有两个：一是总数；二是两班植树棵数。此问题要求的是"甲班植树多少棵？乙班植树多少棵？"

"甲、乙两班共植树 54 棵"，可以理解为"甲班植树棵数加上乙班植树棵数等于 54 棵"。

而"他们植树的棵数比为 5∶4"就有不同的理解方式：小学低年级的学生可以理解为"甲班每植 5 棵树，乙班就植 4 棵树"；小学中高年级的学生可能理解为"甲班植树占 5 份，乙班植树占 4 份"；小学高年级的学生可以从比的定义角度进行理解，解释为"甲班植树棵数除以乙班植树棵数等于 5∶4"。

2. 拟订计划

小学低年级的学生以直观形象思维为主，可以根据"甲班每植 5 棵树，乙班就植 4 棵树"想到画图（实物图、简笔画、竖线、圆圈等来代替树苗，见表 6-2-2），然后逐渐增加，一边画一边数，直到总和为 54 为止。最后分别数出每个班植树的棵数，问题就解决了。

表 6-2-2 "按比例分配"问题尝试绘图列表

甲班	乙班

小学中高年级的学生以具体形象思维为主，并逐渐向抽象逻辑思维过渡，可能根据"甲班植树占 5 份，乙班植树占 4 份"也想到画图（线段图、矩形图、饼形图等，见图 6-2-1），图形是抽象的，只是表示数量关系。然后求出每一份是多少，就可以计算两班各植树多少棵了。有的学生也可以不求份数，联想到分数，利用分数的意义进行求解。

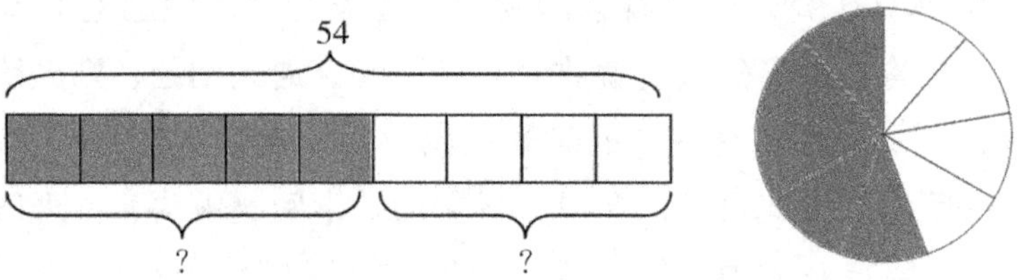

图 6-2-1

小学高年级的学生具有一定的抽象逻辑思维能力，可以根据"甲班植树棵数除以乙班植树棵数等于 5∶4"想到列方程，利用方程进行求解。有的学生利用比的基本性质（除法中商不变的性质），对比的前后项进行放大而使总和为 54（图 6-2-2），这样也可以求出结果。

$$\frac{5∶4}{9} = \frac{10∶8}{18} = \cdots$$

图 6-2-2

3. 执行计划

一年级的小学生可能要采用画图，一边画，一边数，直到总数为 54 才停止（表 6-2-3）。然后数出甲班植树棵数为 30 棵，乙班植树棵数为 24 棵。这样就解决问题了。

表 6-2-3　绘图列表解决问题

甲班	乙班

二年级的学生可能采用 5 的连加和 4 的连加来解决（5 和 4 的数目相同），直到总和为 54 为止。（5+4）+（5+4）+（5+4）+（5+4）+（5+4）+（5+4）=54，最后得到甲班植树 5+5+5+5+5+5=30（棵），乙班植树 4+4+4+4+4+4=24（棵）。当然有的学生会采用乘法来解决，即 5×6=30 和 4×6=24。

三年级的学生会根据图 6-2-2，发现甲班植树棵数可以看作 5 份，乙班植树棵数可以看作 4 份，共为 9 份。然后计算出每一份是 54÷9=6（棵），这样甲班植树 5×6=30 棵，乙班植树 4×6=24（棵）。

四年级的学生根据图 6-2-2，还可能想到此问题就是要求 5×□+4×□=54，其中□中数为同一个数。如果想到乘法分配律，此算式还可以简化为（5+4）×□=54，即 9×□=54。学生很容易想到□应填 6，这样就可以计算出甲班植树 5×6=30（棵），乙班植树 4×6=24（棵）。

五年级的学生根据图 6-2-2，可能想分数的意义，得到甲班植树占总数的 $\frac{5}{5+4}=\frac{5}{9}$，乙班植树占总数的 $\frac{4}{5+4}=\frac{4}{9}$。再利用分数乘法，计算出甲班植树 $54×\frac{5}{9}=30$ 棵，乙班植树 $54×\frac{4}{9}=24$ 棵。

五年级的学生还可能根据"甲班植树棵数除以乙班植树棵数等于 5∶4"想到列方程。设甲班植树 5x 棵，乙班植树 4x 棵，那么两班共植树 54 棵，也就是 5x+4x=54。解这个方程，得到 x=6，然后计算出甲班植树 5×6=30（棵），乙班植树 4×6=24（棵）。

六年级的学生可能根据图 6-2-2，利用比的基本性质继续写数，边写边算，得到结果为甲班植树 30 棵，乙班植树 24 棵（图 6-2-3）。

$$\underset{9}{5∶4}=\underset{18}{10∶8}=\underset{36}{20∶16}=\underset{72}{40∶32}=\underset{54}{30∶24}$$

图 6-2-3

4. 回顾反思

我们虽然得到甲班植树 30 棵，乙班植树 24 棵，答案是否正确呢？我们可以检验一下，先看总数 30+24=54，再看棵数比 30∶24=5∶4，可见答案是正确的。

"按比分配"问题表面看似是一道小学六年级的练习题，但是只要处理得当，小学各年级的学生都能用独特的方式进行解答。由此可见，问题解决并不是某个年级的事，而是小学阶段整体性的任务。

作为教师，要理解问题的数学本质，认真分析学生在各年级的思维方式，依据学生的心理特点和认知基础，整体规划、因材施教。这样才能更有效地培养学生的问题解决能力，学生才能在进阶性的问题解决中体会到随着学习的深入，解决问题的方法越来越多，而且越来越简单。这样，学生的数学学习才有收获，才具有成就感和幸福感，才能享受数学思考与数学学习的高层次乐趣。

📖**电子图书馆**

唐斌，聂湘玉.影响小学生数学问题解决能力发展的原因及对策研究 [J].基础教育课程，2020（2）。

姚铁龙.小学数学嵌入式游戏课程的实践与思考——以"折线统计图"的教学为例 [J].小学教学（数学版），2019（9）。

第3节 小学数学问题解决的教学设计

在小学数学教学中，数学问题解决的教学，涵盖了数学课标中的"四大领域"，成为数学教学的重要部分，贯穿于数学教学的主线。将数学问题解决的教学设计提炼为一种教学模式，以"问题"作为切入点，教学程序一般是：发现问题—提出问题—表征问题—分析问题—解决问题—反思问题。[①] 通过数学问题解决教学，为学生提供一个发现、探究、解决的课程及教学环境，是培养学生运用相关数学知识解决实际问题能力及创新意识、实践精神的有效途径。

数学教材涉及"问题解决"的例题、习题等编排内容，蕴含了学生在相应学段所应掌握的数学基础知识、数学思想、数学思维方法以及数学解题步骤。通过教学，有利于提高教师对数学问题解决的调控能力，最终发展学生的综合思维能力。因此，数学问题解决的教学设计，是以师生具有系统性和完整性的数学基础知识、基本技能等学科素养为基础。下面以五年级上册"数学广角——植树问题"为例，分析数学问题解决的教学设计和教学策略。

一、教材内容分析

对教材内容的分析，要注意在教材解读过程中关注提炼结构、建立模型、分类解答，透过教材的例题、习题，看透所蕴含的数学知识本质。其中，借助教材问题情境表象，建构相应的直观化数学模型，有助于学生加深对问题的理解。思考顺序是：先通过一般问题抽象成模型，再通过总结的模型解决一般的实际问题。

数学广角中"植树问题"的内容，相对独立。在数学运算能力准备上，主要应用除法意义和除法运算，不是重点。在教学过程中，渗透转化思想、数形结合思想和对应思想，将生活中的关联情境灵活对应3种不同的模型，则为难点。在教学中，如何以例1为"主情境模型"变式为两个"副情境模型"，在"变"中找"不变"，则是提升学生思维品质的重要策略。

教材在课时划分上，将3道例题划分为3个课时，分别体现"植树问题"中的3种类型：例1，主要呈现"一侧两端都栽"的模型，渗透化繁为简的思考策略；例2，则是"一侧两端不栽"的模型；例3，则是"一侧一端不栽（封闭图形）"的模型（教材片段见图6-3-1）。教材编写划

[①] 刘霞：《小学数学"问题解决"的教学设计与实践研究》，硕士学位论文，赣州，赣南师范大学，2016。

分为 3 课时教学的教学内容，重点总结 3 种典型的数量关系，问题类型相对多样化，促使数学思维方法的灵活多样。

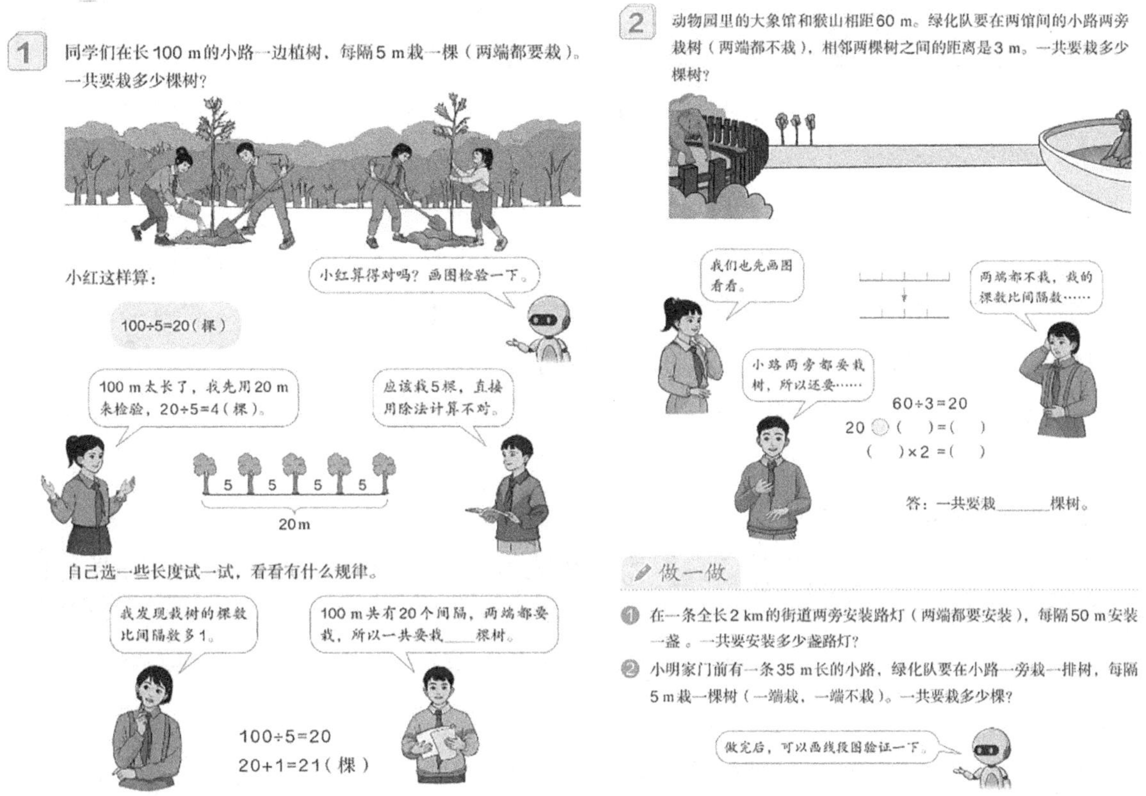

图 6-3-1

教材在"植树问题"的练习、习题编写的具体内容中，涉及如装路灯、挂彩旗、架设电杆、摆花盆、设置公交站台、走楼梯、锯木头等在平时的生活中碰到的问题情境，体现数学中要解决的问题，既来源于生活，又服务于生活，学生解决这些问题具有现实意义。同时，"植树问题"在思维层面上体现分类思想，具有思维价值：3 种情况，看似简单其实又不简单，要在问题解决中渗透数学思想方法，提高学生的自主性和创新性，培养学生的思维能力。

1. 问题解决的内涵分析

课标中明确提出"四基"：要求学生通过数学学习，掌握基本知识、训练基本技能、积累基本活动经验、感悟数学基本思想，而"数学广角"是落实"四基"的良好载体。

"植树问题"通常是指沿着一定的路线植树，这条路线的总长度被树平均分成若干段（间隔），由于路线的不同，植树的要求不同，路线被分成的段数（间隔数）和植树的棵数之间的关系也就不同。

"植树问题"中的"植树"可以是在一条线段上，分为"两端都栽、只栽一端、两端不栽" 3 种情形；同时，教材例 3 重点突出了在一条首尾相接的封闭曲线（如圆形）上植树，可以转化为在一条线段"只栽一端"的情况。

教材借助线段图，帮助学生直观理解"植树问题"不同情况下植树棵数、分割点和间隔数之间的关系，以此理解和建立"植树问题"的教学模型。

教材在做一做和练习中增加"每两棵梧桐树中间栽一棵银杏树""项链上的水晶"等实际问题，激发学生的探究兴趣，帮助学生多角度体会应用"植树问题"的思想方法。

2. 问题解决的模式构建

教材中3种情况的"植树问题"情境，怎样在真实课堂中让"四基"落地，课标、教材等没有给出具体的教学范式。部分教师在教学选材形式上不断翻新，却没有真正思考情境蕴含的数学本质。

本课时教学中，关注的重点不是基础知识、基本技能，而是如何"引爆"学生积累的活动经验，从哪个情境有效切入，用几乎每个学生都能懂的活动经验，则是教学起点。随后数学建模也将水到渠成。教师用书仅给出"两端都栽的共同规律，棵数比间隔数多1"的静态结论。

教师能否超越教师教学用书，利用思维过程可视化策略，聚焦问题建模本质，再向前动态追问"为什么棵数比间隔数多1？"能否找到直观简洁易于理解的活动经验情境让学生主动去悟透"多1"的原因，是教师"以学定教"的关键所在。

3. 问题解决的实践应用

作为小学阶段的数学问题解决，我们可以理解为学生通过相关数学知识技能的学习，好比事先在游泳池学会游泳。在各项技能基本形成后，再尝试去解决身边具有真实感的数学实际问题，好比到小河小溪去游泳，看能不能真正游起来。能解决问题，则形成良好的数学思维品质；若不行，反过来促使师生"教"与"学"方式的改进。

对于"植树问题"的教学，教材习题重点在空间上解决"有形"的问题，而对于在时间上对"无形"的问题解决则有所忽略。其目的是引导学生从更广阔的时空观念上去主动思考，立意高远。

二、学生认知分析

学生对数学问题解决由认知水平和知识、技能经验决定。教师要以真正了解学生现有的知识和具备的认知能力为前提，进行适合班级学生实际的教学设计。下面，以"植树问题"为例，对学生的认知做简单分析。

1. 知识基础

学生已掌握了"平均除"的意义和除法计算；能看懂并能初步画简单的线段图；初步理解几何中的"点""线"概念；会进行简单的四则混合运算，初步理解每一步的算理。

2. 经验基础

学生初步利用线段图直观理解"植树问题"不同情境的意义，能运用数形结合和一一对应的思维经验理解"两端都栽"的"主情境"。通过转化（化归）思想去迁移理解"只栽一端和两端不栽"以及将封闭图形上的"植树"转化为"只栽一端"的情况。

教材修订前"围棋盘的最外层每边能放19枚棋子，问最外层一共可以摆放多少棋子？"的例题，在修订后改编成带星号的习题，说明对思维经验的层次要求在降低。

3.思维特点

本教学内容重在对教材的例 1 中"长 100 m 的小路"通过线段图化繁为简去理解"棵数与段数"与线段图上的"点数与几段"相对应，在理解 3 种情况"植树"的规律后应用规律解决问题。作为五年级的学生，初步具有抽象和简单的类比推理能力，能以动态的图示理解、转化不同问题的题意与所建立的植树模型相对应。

4.学情调研

本课时内容按教材编写要求，安排在五年级上学期期末结束前一单元教学。本节课内容学生需用的知识点：①线段端点与长度概念；②简单线段图的读画；③表内除法及整数竖式除法；④空间与时间在分段上的类比思想。

但对于教材的例 1 中出现的"间距""间隔数""栽的棵数比间隔数多 1"，只是在教师总结出规律后进行记忆。没有根据线段图中"点数与段数"的关系灵活应用，因而容易造成学生不能理解"植树问题"的数学本质。

三、教学目标设定

每一个数学问题，都不是孤立地应用某一知识和技能就能解决的。数学教学中的问题解决，要有"大单元主题"的观念设定教学目标。所谓"大单元主题"的目标，就是将本节课中要学习的知识、技能、思维方法纳入本学科知识结构的整个教学背景中，梳理清楚本课时的教学要从以前的哪个知识点进行后继学习，或者是学生以前没有接触过的知识。因而，要从多数学生熟悉的生活经验引入。然后要明白学习本节内容后，为后面学习哪些内容进行准备。

教师要有一个系统关联的数学知识技能"地形图"，使得教师的教学目标设定不局限于一课时，而是立足学生数学学习的长远发展。教师可以通过对课程标准的阅读和对整个小学阶段各册的单元目录进行系统整理归纳。

教师在教学本课时内容前，要认真阅读本单元的所有例题，厘清每道例题之间要承载的知识与技能的逻辑联系。教师事先把教材中的做一做及习题独立做一遍，进一步明白哪些习题与哪道例题对应，哪些习题具有例题没有表达的后继学习内容，以便在课堂教学中渗透贯通。比较好的做法是，对教材内容进行全方位思考并纳入本册某章节的"自然单元主题"目标之下，进而设定课时教学目标。

对于人教版小学数学教材中的"数学广角"及六年级下册"数学思考"等单元，重点是强化学生对"数与代数""图形与几何""统计与概率"等"大单元主题"和其他学科之间适当整合的知识技能应用，在解决适合学生水平的"问题解决"情境中长见识、悟道理，促进思维品质的提高。

根据上述分析，制订"植树问题"的教学目标如下。

1.单元教学目标 [①]

（1）通过观察、猜测、试验、推理等活动，初步体会"植树问题"的模型思想。

---

① 《义务教育教科书教师教学用书数学五年级上册》，235 页，北京，人民教育出版社，2016。

（2）通过画线段图，初步培养学生探索解决问题有效方法的能力。

（3）让学生尝试用"植树问题"的方法来解决实际生活中的简单问题，培养学生解决实际问题的能力。

2. 课时教学目标

（1）画线段图理解线段数与端点数的区别。

（2）用"平均除"及线段图构建"植树问题"中段数与棵数 3 种基本模型，对模型进行变式。

3. 教学重点

理解线段数与端点数的本质区别。

4. 教学难点

应用"植树模型"解决实际问题。

四、教学过程设计

1. 寻找线段数与点数的关系

师：（创设情境：教师在黑板上随意点上一个点）老师在黑板上画了什么？

生：一个点。

师：（教师又随意画另一个点）这又有一个点，如果将这两点连接起来，将有几条线段？

生：1 条线段，2 个端点。

师：现在有几条线段，几个端点？

师：（教师顺次向右再画一个点）按刚才方法，将点连接起来，分成几段？

生：2 段，3 个点。

师：按上面方法类推，如果有 a 段，有多少个点呢？

生：（$a+1$）个点。

师：这点数与段数之间，有什么关系？

生：段数 +1 就得到点数。

2. 构建基本模型——"两端都栽"

师：（出示题 1）一条路长 15 m，每 5 m 分一段，可以分几段？

生：3 段，长度相同，就是 3 个 5 m。

师：（出示题 2）一条路长 15 m，每 5 m 栽一棵树，可以栽几棵？

生：3 棵。

生：4 棵。

师：有的学生认为是 3 棵，也有的学生认为是 4 棵的。到底是几棵？

生：加 1 就是 4 棵。

师：从哪里加 1？

生 1：刚才讲的"段数 +1"，也就是 3 段 +1。

生 2：用 15÷5+1=4（棵）。

师：这加的 1 表示什么？

生：棵数。

师：第 1 题中是"几段"，第 2 题中是"几棵"，有什么区别？

生：第 1 题中的"段"指的是 1 段、2 段、3 段；第 2 题中的"棵"指的是 1 棵、2 棵、3 棵、4 棵。

生："棵"就是开始讲的"点"。"段"就是点和点之间的线段。

师：在第 2 题线段图上的这些"点"，可以当作什么？

生：当作"树"，就是"植树问题"。

师：我们身边，有哪些情境也可看作"植树问题"？

生：栽花、摆花盆、路灯电杆、教室里的灯泡、课桌。

师：（师拍掌：啪——啪——啪）发现了什么？

生：第一次、第二次之间有时间间隔。

师："植树问题"不仅在空间上、时间上存在，我们身上也有"植树问题"，大家找找。

3. 构建变式模型——"只栽一端"和"两端不栽"

师：现在哪位同学愿意上来，用磁钉继续"栽树"？（请一个学生上讲台前用磁钉从起点开始栽树，有序地摆放至第 3 棵位置时，教师顺势在终点 4 的位置有意画示意图——挖了一个水塘）这里挖了一个水塘，还能栽树吗？

生：不能。

师：原来栽 4 棵树，现在只能栽 3 棵，为什么呢？

师：这算式又怎么写？

生：15÷5+1-1=3（棵）。

师：这里 +1 是什么意思？

生：原来栽了 4 棵树。

师：这后面 -1 又是什么意思？

生：水塘那里不栽 -1。

师：那你是按怎样的顺序想的？

生：先按照原来 4 棵的"规矩"栽，现在有水塘的地方不栽，-1 就行了。

师：现在，谁还上来栽树？（又一个学生上台来，正准备在起点处放磁钉时，教师先用红粉笔画一幢房子的示意图，只能在线段图中间放 2 颗磁钉）刚才，右边终点有一个水塘，不能栽。现在，左边起点有一幢房子，也不能栽。实际上栽 2 棵。怎么写这个算式？

生：15÷5+1-2=2（棵）。15÷5+1 得到以前能种的棵数；再 -2，是因为一边修房子一边有水塘，就只能栽中间的 2 棵。

师：假如老师现在再次出示这道题，一条路长 15 m，每 5 m 栽一棵树，可以栽几棵？在你的大脑里，将会出现几幅图像？

生：3 幅。

【梳理】教师板书：①两端都栽，15÷5+1=4（棵）；②只栽一端，15÷5+1−1=3（棵）；③两端不栽，15÷5+1−2=2（棵）。

4. 理解应用与拓展

教师结合教材的做一做和习题，指导学生及时练习，重点引导具体的问题情境与"植树问题"的3种情况相对应。计算不是本课时的重点，教师在学生口头表达过程中要予以过程性评价，在思路上适时梳理。

引发学生课后思考，可作为下节课的导入：假想将这条路"尾巴"和路的"头头"连起来，还是 5 m 栽 1 棵，又该栽几棵树？你又有什么发现？

五、学习评价设计

为了了解学生对本课时的学习效果，教师要通过及时性的课堂作业或学习单进行测试来完成。教师对题型的编制"重基础、精设计、题量小"，学生利用课间几分钟能解答。但教师要关注学生独立思考完成，避免抄袭，了解学生真实的学习效果。教师能把握时间，在课堂上完成效果更好（通过 PPT 显示，学生不抄题，直接在练习单上写出解答过程）。教师及时批阅，发现问题，及时补救。

根据"植树问题"，设计以下练习。

（1）一条路长 150 m，每 5 m 栽一棵树，两端都栽。可以栽几棵？ 1000 m 呢？

（2）一条路长 15 m，在这条路两边栽树，每隔 5 m 栽一棵，两端都栽。要栽多少棵？

（3）在这条路上排队，两端都排。总共排了 31 人，每两人之间距离 2 m。问这队形有多长？

（4）寒山寺新年的钟声要敲 108 下，每隔 3 秒敲一下。从 0 时开始敲响，要经过多长时间结束？

电子图书馆

姚建法. 解决问题的策略"教学的"三误"与"三策"[J]. 教学月刊·小学版（数学），2020（Z1）。

王永. 从程序性理解到关系性理解——"鸡兔同笼"教学设计与思考 [J]. 小学教学（数学版），2011（10）。

第4节　小学数学问题解决的教学实践

数学问题解决的教学不再是某个基础知识、基本技能的学习，而是在尝试问题解决的过程中培养学生的思维。同时，也可以通过学生在解决问题过程中的符号及口语表达，反映学生的认知水平和思维特点，对学生综合应用数学的能力进行分层了解，便于因材施教、精准施教。下面，我们以"植树问题"为案例[①]，剖析如何进行小学数学问题解决的教学实践。

一、体验建模

师：（师在黑板上随意画一个点）同学们请看，老师在黑板上画了什么？

生：一个点。

师：对！（师又随意画另一个点）这又有一个点，如果将这两点连接起来，将有几条线段？

生：一条。

师：哪位同学上来指指看，这条线段在哪里？（生 1 上黑板指出这条线段）

师：原来，从点到点之间连接的这部分长度，就是这条线段。

师：仔细看图，现在有几条线段、几个端点？

生 1：1 条线段，2 个端点。

师：（师顺次向右再画一个点）现在，老师一共画了几个点？

生：3 个点。

师：按刚才方法，将点连接起来，分成几段？（师请一个学生上台指出）

生 2：这里是 2 段，3 个点。

师：（师引导台上学生及全班学生观察）如果现在又加上一个点，现在分成了几段、几个点呢？

生 2：（指黑板）3 段，4 个点。

师：按上面方法类推，如果有 a 段，请问有多少个点呢？

生：（$a+1$）个点。

师：你怎么发现这个猜想的？谁给大家讲讲理由。

生：因为 1 条线段有 2 个点，2 段有 3 个点，3 段有 4 个点。

师：请问，这点数与段数之间，好像有什么关系？

生：段数 +1 就得到点数。（师引导全班学生看板书）

师：看来，同学们准确发现了段数与点数之间有这样的关系。

【思考】在大部分"植树问题"的教学设计中，很多教师是从一条路的一侧栽树，采用化繁为简的方法，花较多时间讲明定义"总长、间距、间隔数、棵数"4 个概念后，然后通过线段图分别揭示三种植树情形，总结记忆公式进行实际应用。对于"植树问题"教学，学生真正的难点是：①植树的"棵数"抽象在线段图上，到底是对应图中的线段数还是点数；②线段数与点数之间存在怎样的内在关系。所以，本环节先通过抽象建模，让线段逐渐在板书上看得见"生长"，真正引导学生理解"段数 +1= 点数"，这是本课时的核心。让线段、点数产生的画面在学生头脑中动起来，是建模的关键。

---

① 尹侠：《关注思维过程可视，聚焦问题建模本质——"植树问题"教学实录与思考》，载《贵州教育》，2019（16）。本书引用时做了适当修改。

二、类比明理

教师出示题1：一条路长15 m，每5 m分一段，可以分几段？全班学生首先独立练习。

生：15÷5=3（段）（教师随学生回答板书）。

师：我们画线段图来看看，要分成3段，在线段图上，分别是哪3段？（生3上台指出）

师：这3段，长度相同，就是3个5 m。你们是什么时候学的？

生3：二年级乘法，三五十五就做出来了。

教师出示题2：一条路长15 m，每5 m栽一棵树，可以栽几棵？学生首先独立解答，教师巡视学生完成情况：有的学生认为是3棵，有的学生认为是4棵。

师：刚才有的学生认为是3棵，也有4棵的。到底是多少棵呢？

（全班意见逐步统一，回答4棵）

师：谁能讲清道理，为什么是4棵？

生：加1就是4棵。

师：从哪里加的1？

生：刚才讲的"段数+1"，也就是3段+1。

师：（教师随即画出线段图）还是这条15 m长的路，刚才算出是3段。现在，你们算的结果怎么又变成了4棵？

生：用15÷5+1=4（棵）。

师：这加的1表示什么？

生：棵数。

师：比较第1题和第2题，题目的意思完全一样吗？

生：不一样。

师：第1题中的问题是"几段"，第2题中的问题是"几棵"，有什么区别？（教师用红粉笔圈出"段""棵"两关键字）

生：（上台指出）第1题中的"段"指的是1段、2段、3段；第2题中的"棵"指的是1棵、2棵、3棵，还有"尾巴"上的4棵。也就是在这条线段上，从左边开始的1个点、2个点、3个点、4个点（学生用磁钉摆出）。

师：这里的"棵"，相当于老师刚才讲的什么字？

生："棵"就是开始讲的"点"。

师：这里的"段"又指什么？

生："段"就是点和点之间的线段。

师：在第2题线段图上的这些"点"，我们把它们当作什么？

生：当作"树"，就是书上所讲的"植树问题"。（教师板书）

师：是不是做了这题，就只能植树呢？

生：还有栽花、摆花盆、路灯电杆。

师：还有吗？

生：教室里的灯泡，这一个灯泡与另一灯泡之间有一段。

生：教室里的课桌，还有窗帘，还有墙上画中写的字。

生：还有"人"。

师：哦！"栽人"，就是座位上前后两个同学之间也有一段。还有吗？

师：发现了什么？

生：啊！第一次、第二次之间有时间间隔。

师：栽树，在空间上有长度距离；拍掌，在时间上也有时段距离。

师：（教师指一个学生）你的生日是哪天？

生：12 月 7 日。

师：想一想，你今年 12 月 7 日过一次生日，明年 12 月 7 日又过了一次生日。总共过了几次生日？

生：2 次。

师：中间隔了——

生：一年。

师："植树问题"不仅是空间上的、时间上的，我们身上也有"植树问题"，大家找找。

生：2 只眼睛之间有 1 段……

师：原来，我们把空间上的某一点或某一时刻想成"一棵树"，都可以用黑板上的方法来解决。

【思考】本环节是将数学模型"段数 +1= 点数"推广到学生具有生活经验的"植树问题"上。通过题组变式：植树情境中，求"几段""几棵"分别对应线段图上的"段数""点数"，让抽象模型与情境对应，学生深刻理解"棵数—点数—段数 +1"逆向的逻辑思路，在类比中联想图找规律，学生头脑中具有动态画面感，让思维可视。同时，第 2 题自然引出"两端都栽"情形，学生列式 15÷5+1=4（棵）直接求出棵数，相比教材中 20÷5=4（段），4+1=5（棵）两步分算，避免了除法的商"3"所带单位是"段"还是"棵"在学术上的争议。因为，商"3"，如果从棵数与点对应来看，可以看成从起点开始植 3 棵，又可看成均分成 3 段。同时，通过教师的拍掌及生日情境在时间间隔上的类比，学生直观感知"植树问题"在时空上的存在，拓展学生的认知空间。

三、变式探源

师：现在老师请一个同学上来，用磁钉"继续栽树"。

一个女生上讲台前用磁钉从起点开始栽树，有序地摆放至第 3 棵位置时，教师顺势在终点 4 的位置有意画示意图——挖了一个水塘。

师：这里挖了一个水塘，还能栽树吗？

生：不能。

师：原来可以栽 4 棵树，现在只能栽 3 棵，为什么呢？

生：因为有水塘，就栽不了。

师：这时用算式又怎么写呀？

生板书：15÷5-1=2（棵）。

生 1：不对。

生 1：15÷5+1-1=3（棵）。

师：这里 +1 是什么意思？

生：原来栽了 4 棵树。

师：这后面 -1 又是什么意思？

生：水塘那里不栽，-1。

师：那你是按怎样的顺序想的？

生：先按照原来 4 棵的"规矩"栽，现在有水塘的地方不栽，-1 就行了。

师：现在，谁还上来栽树？

又一个女生上台来，正准备在起点处放磁钉时，教师抢先用红粉笔画了一幢房子的示意图，全班学生大笑。女生只能在线段图中间放了 2 颗磁钉。

师：大家观察。刚才，右边终点有一个水塘，不能栽。现在，左边起点有一幢房子，也不能栽，实际上栽 2 棵。怎么写这个算式？

生板书：15÷5+1-2=2（棵）。

师：你怎么解释写的算式？

生：15÷5+1 得到以前能种的棵数。再 -2，是因为一边修房子一边有水塘，就只能栽中间的 2 棵了。

师：同学们，千金难买回头看。现在，假如老师再出示这道题：一条路长 15 m，每 5 m 栽一棵树，可以栽几棵？在你的大脑里，将会出现几幅图像？

生：3 幅。

师：哪 3 幅图像？哪幅图像最重要？

生：3 幅。先栽 4 棵，头尾都栽最重要。

师：在数学上，我们将这情况叫作"两端都栽"。

师板书：①两端都栽。15÷5+1=4（棵）。

师：第二幅图像呢？

生：就是有水塘的情况。

师：也就是栽头不栽尾，或者栽尾不栽头的情况。你给取个名字？

生：栽一端。

师：四个字？

生：只栽一端。

师板书：② 15÷5+1−1=3（棵）。

师：第三幅图像呢？

生：两端不栽。

师板书：③ 15÷5+1−2=2（棵）。

师：同学们，黑板上有这 4 个算式：① 15÷5=3（段）；② 15÷5+1=4（棵）；③ 15÷5+1−1=3（棵）；④ 15÷5+1−2=2（棵）。哪个算式的功效最不得了？

生议论：第 1 个或第 2 个，犹豫不决，指名发表看法。

生 1：第 1 个。因为 15÷5=3 最先算出段数后，后面可以算出两端都栽、只栽一端、两端不栽 3 种不同情况。

师：看来，第 1 个算式是最重要的。剩下的 3 个算式，哪个更重要？

生：第 2 个。因为，我们可以全部假想成两端都栽的情况，先解决好。最后来解决剩下的两种情况。

师：看来，这 4 个算式分为三辈：第 1 个算式是"爷爷"；第 2 个算式是"爸爸"，生了两个孩子，老大叫"去一棵"，老二叫"去两棵"。

【思考】学生活动操作，目的是促进学生思维品质的提升。学生在头脑中根据简洁的情境具有动态画面感地在"脑中做实验"（主动去想），比课堂上全体学生热热闹闹剪小树在桌上摆进行"伪操作"，更有实效。在本环节中，教师以"两端都栽"为起点，用线段图创设合乎情理的情境，分层完成"只栽一段"和"两端不栽"的建模教学。更为重要的是，采用"先局部，后整体"思路对 4 个算式（模型）的横向类比，追根溯源理解植树问题以"平均除"为知识基础的原因，促进对"植树问题"的理解，以图式构建形成知识体系。

四、实践活用

师：同学们，学到现在是不是可以结束了？

生：没有，还要解题练习。

师：行！那将上题改一个数，50 m 改成 150 m。又栽多少棵呢？（题目变成：一条路长 150 m，每 5 m 栽一棵树，两端都栽。可以栽几棵？）

生：31 棵。

师：1000 m 呢？

生：201 棵。这太简单了。

师：一条路长 15 m，在这条路两边栽树，要求两端都栽，要栽多少棵？自己列式解答。（师巡视，板书一学生算式）

师：大家看这算式过程 $15 \div 5 + 1 \times 2 = 3 + 1 \times 2 = 4 \times 2 = 8$（棵），发现了什么？

生：错，差括号。要写出（$15 \div 5 + 1$）$\times 2 = 8$（棵），乘 2 表示路两边都栽。

师：那在这长 1000 m 的路上，只栽一边，5 m 1 棵，两端都栽时，有多少段呢？

生：200 段，直接用 $1000 \div 5$。

师：还是在这条路上排队，总共排了 31 人，每两人之间间隔 2 米。问这队形有多长？（师巡视，板书两生算式）

师：（师板书生 1 算式）（$31-1$）$\times 2$，什么意思？

生 1：$31-1=30$（段），先算段数，再用段数乘 2 就行。

师：乘 2 是站两边？

生 1：又没栽树。是站人，前后两人隔 2 m，所以乘 2。

师：（师板书生 2 算式）$31 \times 2 - 2 = 60$（m），又是什么道理？

生 2：用 $31 \times 2 = 62$（m），多 2 m，就是 31 人后面多 2 m，再减 2 m。

师：这两种算法中，你认为哪种方法简单，为什么？

生：第一种，（$31-1$）$\times 2$，先倒过来求段数简单。

师：思考，假想这条路可以弯曲，将路的"尾巴"和路的"头头"连起来，还是 5 m 栽 1 棵，又该栽几棵树？你又有什么发现？看谁想出来，且听下节分解。

【思考】"变"与"不变"，是数学的重要思想，是哲学上的辩证统一。学生"学知识"与"育素养"的区别，是将学生置于一个陌生的问题情境中表现出来。本环节是"植树问题"顺向思维和逆向思维的分层次综合训练。①保底层次：两端都栽，增加总长；两端都栽，两边棵数。②拓展层次：两端排队，知道人数，求总长；方法多样，注重优化。③课后延伸：教师提出封闭图形中的"植树问题"，课后思考，作为下节课新课开课的起点。总之，教师引导学生在"变化"的各类情境中，与思维图式中"植树问题"相对应，找到"不变"的思维路径，这是学生解决实际生活中的简单问题，培养学生解决实际问题的素养所在。

📗电子图书馆

潘小明."平均数"课堂教学实录与反思 [J]. 小学教学（数学版），2019（Z1）。

曾小平，韩龙淑.平均数的含义与教学 [J].教学月刊·小学版（数学），2012（9）。

施银燕.如何上出统计图的数学味——"条形统计图"教学实录 [J].小学教学（数学版），2013（11）。

第 5 节　小学数学问题解决的教学研讨

数学教师要真研究自己专业成长的"实践性反思"，以便于在今后教学中具有"反思性实践"学科眼光，并长期坚持用心地在每天的教案后面用红笔做好真正的反思记录。一位优秀教师与普通教师的"解决成长问题"的重要方式是做好"真实的写作"。

真正的论文写作材料，就来源于教师的听评课记录和每课时后面的反思记录。有人说，一节成功的课例可以记录。但一次艰辛的"磨课"历程，用叙事的方式完整记录，更能展示教师对一个教学内容的"思悟"全程，具有很好的实践意义。下面，以上一节的教学实践过程为案例，展开分析梳理。

一、亮点赏析

本节课是一节朴素的"家常课"。师生始终围绕"植树问题"的逐步建构展开。教师在教学进程中逐步超越教材的"空间形态"衍生到"时间形态"蕴含的"植树问题"，具有对教材处理的创新意识。仔细品析，发现以下几个方面的教学亮点。

1. 对教材内容进行重构

前面列出的教材例 1、例 2 的片段，教师教学用书要求是每道例题为一课时。在实际教学中，教师在"类比明理"环节，以"一侧两端都栽"为"主情境"，通过画线段图、用磁钉演示操作等过程，将"图"扎根在学生思维深处形成动态的画面，让学生充分理解"总长 ÷ 每段长度（间距）+1"的算理意义。

接着在"变式探源"环节，教师通过设计让学生充分理解轻松愉快的教学流程。在学生用磁钉在"摆"的过程中，教师合乎情理地创造"只栽一端"和"两端不栽"的情况，准确快速地完成了教师教学用书要求的后面两课时的教学内容。其目的在于让学生在系统地整体理解"植树问题"之后，为后面教学中的巩固练习在"模型"上做好准备。"问题解决"，"教"一个"引"一类，是一种对教材深度解读的构课方式。

2. 对现实情境几何化抽象

为什么教材例题编写有"总长、间距、间隔数、间隔数 +1"等概念，最后花 3 课时的时间让学生去记忆 3 种植树模型？其原因在于"具体—抽象"的教学定式限制了学生可以用"抽象—具体"来理解植树模型。

教师在改进第一次教学后，先入为主，通过"2 个点连 1 条线段"进行合情推理，发现"点数"与"段数"的规律。这样为"植树问题"的解决在思维工具上做好准备：将树抽象为"点"，"几棵"对应几个"点"；将"间隔数"抽象为"段数"，"几段"对应几个"间隔"。因为由课开始几何化"体验建模"阶段的"粮草先行"，通过题组变式：①可分几段？②可栽几棵？与"模型"对应，学生顺势理解了"植树问题"的本质。

3. 对合理变式灵活应用

数学中的问题解决，实质上是在不同的情境中（形式的变化）中找到不变的思维程式（模式的不变）。而我们教师要引导学生"会用数学的眼光观察现实世界"，并与所学的数学知识技能建立联系用"数学的思维思考现实世界"。学生在不断地经历猜想、推理、验证、修正、应用、提炼的过程中培养良好的数学思维品质，形成良好的核心素养，去解决异彩缤纷的现实问题。

例如，在上面案例中，"点数"与"棵数""段数"与"间隔数"进行变式；第 1 题的"平均除"与第 2 题的"可以栽几棵"进行变式；在学生理解"一侧两端都栽"的模型后变式为"只栽一端"和"两端不栽"；在课堂练习中又引入"两侧两端都栽"和"知道点数、间距，求总长"。教师通过简单的数据进行不断的变式，促进学生学得灵活生动。从哲学的角度看，是"现象"与"本质"的辩证思考。所以，数学问题解决的"模式"，就是数学这门思维科学中的基本思想——抽象、推理、建模——的实践应用。

二、几点讨论

数学问题解决教学，在前文探讨中有一定的教学程序。但具体到教学内容，可进行灵活的增减。比如，在计算课教学的导入阶段，教师往往以学生熟悉的情境导入，而本课时的教学重点是引导学生"借情境、明算理、懂算法、会计算"，属于程式化教学，在思维上"模型"的建构比较单一。教师在教学预设上要有所取舍。

1. "素课"与信息技术

本课时教学中，教师以合理的有条理的粉笔板书完成教学。学生可根据教师板书的 4 个算式，在思路的梳理上进行分层。但在后面的课堂练习中，教师仅为"口述"题意，板书关键条件，增加学生在思考解答时的思维负荷。建议将课堂练习环节和测试题用课件显示，增加教学容量。因此，教师传统的"粉笔加黑板"与"现代信息教学手段"需要融合共生。

2. 教学容量与后继学习

本案例中用 1 课时的时间完成 3 课时的教学内容，是在教师具有很好的课堂驾驭能力的基础上进行的。如果班级学生的基础较弱，建议将"只栽一端"的情况移到下一课时"封闭图形的植树问题"，便于揭示相同的"段数等于棵数"的本质，更进一步对学生解释"平均除"蕴含的算理过程。

3. 学生阅读教材与教师个性化教学设计

学生手中的数学教材如何使用、怎样引导学生是师生要思考的问题。有时，教师的教学处于尴尬状况，如果在本课时教学前让学生预习阅读教材，教材中呈现的概念会限制教师的"主导"，就会出现教师按教材进行"植树问题"的教学，完不成教学任务且效果不好。因此，教师对教学内容的个性化创新设计，一定要以教材例题为出发点适当创造。

总之，数学的发展是在不断地"问题解决"。数学教学，也是在"问题解决"的过程中让"四基四能三会六核"在课堂操作层面上"接上地气"。教师的教学是在不断地丰富、解决"学科本体知识""学科教学论知识""学生的心理认知知识"的基础上进行独立思考的创造，形成自己的教学风格。

电子图书馆

陈庆宪，卓秋月．创设简约素材　发挥自主解读——"重叠问题"教学实录与评析 [J]．小学教学（数学版），2019（Z1）。

朱国荣．"抽屉原理"教学的问题思考与实践改进 [J]．小学教学（数学版），2019（Z1）。

吴正宪，鲁静华，张秋爽，等．会说话的数据，让决策有依据——"复式折线统计图"课堂教学实录 [J]．小学教学（数学版），2019（11）。

刘加霞．基于核心概念实质设计学习任务，有效落实学科育人价值——以吴正宽老师执教的"复式折线统计图"为例 [J]．小学教学（数学版），2019（11）。

练习六

1.请举例说明对数学教育中"问题"一词含义的理解（从习题、疑问和猜想三个角度进行说明）。

2.根据数学问题解决的四个阶段，说明解决"百僧吃百馍"问题的基本过程。（注："百僧吃百馍"问题，即 100 个和尚吃了 100 个馒头，大和尚 1 人吃 3 个，小和尚 3 人吃 1 个，请问大和尚、小和尚各多少个？）

3.请根据不同年级小学生的认知基础，用不同的方法解决下面两个问题。

（1）师徒两人加工相同数量的零件，师傅要 10 分钟，徒弟要 18 分钟。如果师徒同时工作、同时结束，共同加工了 168 个零件。那么师傅加工了多少个，徒弟加工了多少个？

（2）求图 6-5-1 中阴影部分的面积。

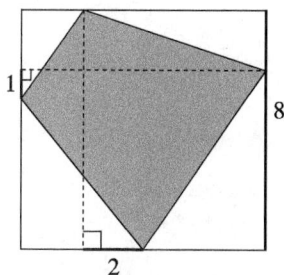

图 6-5-1

4.有这样一道数学题："放学了，小明和其他几个小朋友站成一排等候公交车，小明发现自己前面有 6 人，后面有 7 人，那么小明这一排一共有多少人等公交车呢？"一年级的学生常会列出两种错误的算式：① 6+7=13；② 6+7-1=12。假如你是教师，请分析一下学生出现错误的可能原因，并给出你的教学建议。

5. 首先，分析"鸡兔同笼"的教材片段（图 6-5-2），写出教学设计。其次，6 个同学组成一个小组，进行模拟教学。最后，对模拟教学的效果进行研讨。

图 6-5-2